कविता के प्रस्थान

[आलोचना]

कविता के प्रस्थान

सुधीर रंजन सिंह

राजकमल प्रकाशन

ISBN : 978-81-267-2828-2

मूल्य : ₹ 500

पहला संस्करण : 2016

प्रकाशक : राजकमल प्रकाशन प्रा. लि.
1-बी, नेताजी सुभाष मार्ग, दरियागंज
नई दिल्ली-110 002

शाखाएँ : अशोक राजपथ, साइंस कॉलेज के सामने, पटना-800 006
पहली मंज़िल, दरबारी बिल्डिंग, महात्मा गांधी मार्ग, इलाहाबाद-211 001
36 ए, शेक्सपियर सरणी, कोलकाता-700 017

वेबसाइट : www.rajkamalprakashan.com
ई-मेल : info@rajkamalprakashan.com

मुद्रक : बी.के. ऑफसेट
नवीन शाहदरा, दिल्ली-110 032

KAVITA KE PRASTHAN
Criticism by Sudhir Ranjan Singh

सुदीप बॅनर्जी को याद करते हुए

केदारनाथ सिंह
आग्नेय
और राजेश जोशी के लिए

भूमिका

'कविता के प्रस्थान' का पहला उद्देश्य आधुनिक हिन्दी कविता का वृत्तान्त प्रस्तुत करना है। 'प्रस्थान' पद का प्रयोग अलग-अलग प्रारम्भ अथवा प्रवर्तन के अर्थ में किया गया है। उसमें 'निरन्तरता' और 'विचलन' की धारणा भी सन्निहित है। दूसरा उद्देश्य भिन्न कालखंडों, उसके कवियों और ट्रेंड्स अथवा प्रवृत्तियों से सम्बद्ध दृष्टि और विवादों की समीक्षा के ज़रिए अपनी सामर्थ्य के अनुरूप उनका सहभागी बनना है।

आलोचना को पहले से काव्यशास्त्र प्राप्त नहीं होता, अपनी योजना और लक्ष्य के अनुरूप काव्यशास्त्र बनाना पड़ता है। सौन्दर्यशास्त्र के प्रतिमानों का सहारा लेने की विवशता आलोचना के सामने नहीं होती है। उसे जो चीज़ सबसे अधिक मदद पहुँचाती है वह रचना ही है। आलोचना को अपने बिम्ब और कथानक गढ़ने के लिए रचना-कर्म के समान ही काम करना पड़ता है।

दूसरी बात, तथ्य प्रायः जाने-पहचाने होते हैं। लेकिन तथ्य यह है, एक मुहावरे के सहारे कहें, तथ्यों के बयान एक जैसे नहीं हो सकते। सामान्य और विशेष के भेद से, जो आलोचनात्मक विश्लेषण की शर्त है, 'खोज' जैसी बात पैदा हो सकती है।

इस पुस्तक में विस्तृत काल-खंड का चुनाव किया गया है। पूरा आधुनिक काल है। समकालीन कविता का भी अध्ययन, थोड़ा ही सही, शामिल है। मुझे अपने काम के लिए इस समझ पर स्थिर होना पड़ा है कि काल अथवा रचनाकारों के बीच उपस्थित भेद के बावजूद विषयवस्तु और काव्यवस्तु के स्तर पर प्रभाव-ग्रहण और अनुसरण का मार्ग हिन्दी कविता में कभी अवरुद्ध नहीं हुआ। मार्ग-परिवर्तन और मार्ग निकालना भी परम्परा द्वारा दिखलाया हुआ मार्ग होता है। विस्तृत केनवास पर जो छवि बनती है उसमें भिन्न चित्रखंड सम्मिलित प्रभाव छोड़ते हैं—विरोधाभासी होने के बावजूद। महत्त्व की बात है उन्हें देखने का तरीका।

आलोचना अन्ततः देखने का तरीका है। रचना को उसके युग के सन्दर्भ में देखना तो ठीक है, लेकिन जितना अधिक सम्भव हो सके उसकी व्याख्या वर्तमान अनुभव को ध्यान में रखकर की जानी चाहिए। रचना और उसका काल कुछ भी हो, देखने के तरीके में समकालीनता अवश्य होनी चाहिए। प्रामाणिक तरीका हम जहाँ हैं वहीं से देखना हो सकता है। आलोचना और सौन्दर्यशास्त्र में यही अन्तर है।

पुस्तक तैयार करने के बाद मन में ये बातें आईं जिसे लिखकर फ़ुरसत पा रहा हूँ। यह अपनी किताब पर कोई टिप्पणी नहीं है। वैसे भी मैं अपने काम पर टिप्पणी करूँ, यह काम का हिस्सा नहीं है। आधुनिक हिन्दी कविता पर बहुत कुछ लिखा गया है। सहमति और विवाद के ज़रिए उनकी थोड़ी 'अपडेटिंग' हो गई हो तो उसी से मैं अपने काम को सार्थक मानूँगा।

—सुधीर रंजन सिंह

अनुक्रम

आधुनिक हिन्दी का उदय और कविता

विग्रह और संश्लेषण

हम जिसे आधुनिक हिन्दी साहित्य कहते हैं, उसकी पहचान का सिलसिला 19वीं शताब्दी के उत्तरार्द्ध से शुरू होता है। उससे पीछे के तीस-चालीस वर्षों में खड़ीबोली ने, जिसे आधार रूप में स्वीकार करके आधुनिक हिन्दी का विकास हुआ, शिक्षा और राष्ट्रीय जीवन के विकास में अपनी भूमिका निभानी शुरू कर दी थी। यानी साहित्यिक लेखन के प्रारम्भ से पहले किंचित् निर्धारित परिस्थितियों के भीतर उत्तर भारतीय एक सामान्य बोली को महत्त्व देते हुए समाज द्वारा बोली जाने वाली अन्य बोलियों और उनकी विविधरूपता को एक निश्चित साँचे में ढालने का काम शुरू हुआ, जिसमें सामाजिक-राजनीतिक ध्वनियाँ शामिल थीं। वस्तुतः जिसे हम आधुनिक हिन्दी कहते हैं, उसने 19वीं शताब्दी के प्रारम्भ में पौराणिक-धार्मिक पाठों के पुनर्लेखन, धर्म-प्रचार, पत्रकारिता, शिक्षा-माध्यम और न्यायिक कामकाज के अंग के रूप में 19वीं शताब्दी के पूर्वार्द्ध में सामाजिक संस्था की जिम्मेदारी निभानी शुरू कर दी थी। साहित्यिक संस्था के रूप में इसकी भूमिका बाद में दिखाई पड़ी।

19वीं शताब्दी के पूर्वार्द्ध में आधुनिकता का विधिवत पदार्पण नहीं हुआ था, लेकिन आधुनिक हिन्दी ने जिस प्रकार कई दिशाओं में अपनी भूमिका निभानी शुरू की थी और 'एक में अनेक का संश्लेषण'[1] का उदाहरण बनने लगी थी, इसे आधुनिकता के उदय की प्रक्रिया से जुड़ने के प्रयत्न के रूप में देखा जाना चाहिए। दूसरे शब्दों में, आधुनिक कार्य-योजनाओं से सहमति और आत्माभिव्यक्ति के देशी अन्दाज़ के भीतर आधुनिक हिन्दी का विकास हुआ। इसकी भाषाई संरचना और साहित्यिक भूमिकाओं में भी यह बात चिह्नित की जा सकती है।

आधुनिक हिन्दी केवल इसलिए नहीं उभरी कि उसमें सम्मुन्नत साहित्यिक भाषा बनने की ललक थी। यह बाद की बात है। सबसे पहले इसने शिक्षा और न्यायिक क्षेत्र में अपना दबाव बनाना शुरू किया, जिसके पीछे आधुनिक नागरता की चेतना सक्रिय थी। यह बात नवजागरण और राष्ट्रवाद के जन्म के कारणों से सम्बद्ध थी। नवजागरण और राष्ट्रवाद में विग्रह और संश्लेषण की प्रक्रिया अपनाई जाती है। आधुनिक हिन्दी के उदय और विकास का आख्यान इसका अपवाद नहीं है।

19वीं शताब्दी के प्रारम्भ में साहित्य की नई अवधारणा से हिन्दी दूर थी। 'सृजनात्मक' अथवा 'कल्पनाशील' लेखन की दृष्टि से उसमें कुछ भी उल्लेखनीय नहीं है। हिन्दी के विकास की दृष्टि से यही पर्याप्त था कि ईसाई मिशनरी प्रचारों, पत्रकारिता, शिक्षा माध्यम और न्यायिक कामकाज के क्षेत्र में इसकी जगह बनने लगी थी। न्यायिक कामकाज के क्षेत्र में समूची 19वीं शताब्दी में उर्दू का वर्चस्व बना रहा। साहित्यिक लेखन के मामले में भी उर्दू की स्थिति बेहतर थी। उसमें श्रेष्ठ कविताएँ कही जाने लगी थीं। हिन्दी कविता बहुत आगे तक ब्रजभाषा से चिपकी रही, जिसके ठोस वस्तुगत कारण थे।

कविता की शुरुआत के लिहाज़ से अमीर खुसरो पर, जो 13वीं-14वीं शताब्दी के कवि हैं, हिन्दी और उर्दू, दोनों की दावेदारी रही है। अरबी-फारसी के शब्दों के बहुतायत के कारण उर्दू-पक्ष का दावा मजबूत दिखाई पड़ सकता है। लेकिन इस आधार पर उर्दू-पक्ष कबीर पर भी अपना थोड़ा दावा तो ठोक ही सकता था। यह देखने को नहीं मिलता है। कबीर उर्दू के सांस्कृतिक मिजाज में सटीक नहीं बैठते थे। इससे यह तय होता है कि सिर्फ़ प्रयुक्त शब्दों के आधार पर भाषा तय नहीं होती, उसके लिए सांस्कृतिक मिजाज भी एक ज़रूरी कसौटी है। बहरहाल, उर्दू कविता खुसरो से शुरू हुई, यह धारणा भी निरापद नहीं है। अलहदा जुबान की तब बात ही नहीं थी। सूफी कवि मजे में अवधी और दूसरी देशी भाषाओं में कविता कर रहे थे। रामचन्द्र शुक्ल ने 'हिन्दी साहित्य का इतिहास' में अन्तिम सूफ़ी कवि के रूप में नूर मुहम्मद को स्थान दिया है। नूर मुहम्मद के बाद भी कई श्रेष्ठ सूफी कवि हुए, वह अलग विषय है। लेकिन भाषा और विषय के प्रति बदलते दृष्टिकोण की पुष्टि की दृष्टि से रामचन्द्र शुक्ल द्वारा उनकी 'अनुराग बाँसुरी' की इन पंक्तियों का चुनाव उपयुक्त है :

हिन्दू मग पर पाव न राखेउँ। का जो बहुते हिन्दी भाखेउँ॥
मन इस्लाम मसल के भाजेउँ। दीन जबेरी करकस भाजेउँ॥

मैं हिन्दी में लिखता जरूर हूँ, लेकिन हिन्दू मार्ग पर मैंने पैर तो नहीं रखे हैं। मन मेरा इस्लाम है, और मैंने इस्लाम का ही प्रचार किया है। पक्के मुसलमान होने का नूर मुहम्मद को जगह-जगह सबूत देना पड़ा है। इस मनोवैज्ञानिक दबाव का तात्पर्य क्या है? असलियत यह है कि विषय-चयन और भाषा-प्रयोग के कारण उनकी कविता में इस्लाम का दखल कम रह जाता है; उसमें अन्य सूफी कवियों और कबीर के समान महत्त्व गैर-इस्लामी सांस्कृतिक मिजाज का ही है। रामचन्द्र शुक्ल ने इससे ऐतिहासिक तात्पर्य यह निकाला कि 1750 ई. के आसपास मुसलमान हिन्दी से किनारा करने लगे थे। नूर मुहम्मद के एक और कथन को उद्धृत करते हुए उन्होंने यह स्पष्ट किया है कि उस समय तक उर्दू का साहित्य में कोई स्थान नहीं था।[2]

कामयाब कह कौन जगावा। फिर हिंदी भाखै पर आवा॥
छाँड़ि पारसी कंद नवातैं। अरुझाना हिंदी रस बातैं॥

फारसी के छंदों को बिना अपनाए हिन्दी की रसीली कविता लिखने वाले अन्तिम बचे-खुचे मुस्लिम कवियों में नूर मुहम्मद रहे होंगे—यह बात पूरी सच न भी हो, लेकिन उर्दू कविता का उद्‌भव-काल यहीं ठहरता है। दक्षिण में वली जैसे कवि पहले आ चुके थे। उनके साथ बहरी, सिराज, वजदी, बैलोरी, उजलत, आजिज आदि कई कवियों के नाम गिनाए जाते हैं। उत्तर में उर्दू कविता का ज़माना सौदा से शुरू होता है। फिर मीर, दर्द, सोज़, इंशा, मुसहफ़ी, जुरत, ग़ालिब, जौक, मोमिन का सिलसिला। नूर मुहम्मद तक उर्दू का साहित्य में कोई स्थान नहीं था, यह सही नहीं है। सही यह है कि उर्दू कविता को उस समय 'रेख़्ता' कहते थे। वली की ख्याति 'बाबा-ए-रेख़्ता' के रूप में रही है। रेख़्ता शब्द का प्रयोग वली से भी पहले सादी दक्खनी के यहाँ हुआ था।[3] सादी का समय वली से सौ साल पीछे ठहरता है। बहरहाल, तब कविता की भाषा को रेख़्ता कहते थे। कविता की भाषा को ही, न कि बोलचाल की भाषा को। बोलचाल की भाषा या उर्दू गद्य की भाषा के अर्थ में, जैसा कि पद्मसिंह शर्मा और एहतशाम हुसैन ने लिखा है, रेख़्ता शब्द का प्रयोग नहीं होता था। पद्य की भाषा को रेख़्ता कहा गया था।[4]

'रेख़्ता' फारसी शब्द है जिसका प्रारम्भिक अर्थ है बनाना, ईजाद करना, किसी चीज़ को लायक साँचे में ढालना, नई चीज़ बनाना और मौजूँ करना।

> *रेख़्ता शब्द की निरुक्ति या 'वजे तसमिया' यह बतलाई जाती है कि विभिन्न भाषाओं के शब्दों से—मुख्तलिफ़ ज़बानों के अल्फ़ाज़ से—इसमें 'रेख़्ता', पुष्ट या अलंकृत किया गया है; जैसे ईंट की दीवार को चूने या सीमेंट के पलस्तर से पायदारी और इमवारी, मज़बूती और सजावट के लिए रेख़्ता कहते हैं।... 'रेख़्ता' गिरी-पड़ी और बिखरी हुई मिली-जुली मुतफ़र्रिक़ चीज़ को कहते हैं। उर्दू भी मुतफ़र्रिक ज़बानों से मिल-जुलकर बनी है, इसलिए इसका नाम भी रेख़्ता पड़ गया।*[5]

मुहम्मद हुसैन आज़ाद की 'आबे-हयात' में भी लगभग यही बात कही गई है—"जैसे दीवार की ईंटें, मिट्टी, चूना, सफेदी आदि से परिपुष्ट करते हैं या यह रेख़्ता के अर्थ हैं गिरी, पड़ी विशृंखलित वस्तु।"[6]

गिरी, पड़ी, विशृंखलित वस्तु के रूप में शब्द-प्रयोग कबीर के यहाँ सर्वाधिक है, लेकिन उसे रेख़्ता नहीं कहा गया। खुद मुहम्मद हुसैन आज़ाद ने उदाहरण देकर बताए हैं कि कबीर और अन्य भक्त कवियों के यहाँ अरबी-फ़ारसी के शब्द भरे पड़े हैं।[7] कबीर के यहाँ थोड़ी खड़ीबोली भी है, लेकिन वह अरबी-फ़ारसी से लदी नहीं है। उसमें देसी भाषा का आग्रह है और संस्कृत भी खूब है। छंद उनका देशी है। इसलिए वे रेख़्ता-परम्परा के कवियों में शामिल नहीं हो सके। बहरहाल, रेख़्ता

में जिन भाषाओं के शब्दों का मेल हुआ, उनमें देशी भाषाओं के शब्द न्यून मात्रा में देखे गए।

रेख़्ता के रूप में, इसमें शक नहीं एक समर्थ काव्य-भाषा उभरकर आई। इसकी मजबूत नींव वली दकनी से पड़ी थी। वली औरंगाबाद के थे। उन्हें वली औरंगाबादी और वली गुजराती भी कहते हैं। वली का दिल्ली से भी सम्पर्क रहा था :

दिल 'वली' का ले लिया दिल्ली ने छीन
जो कहो कोई मुहम्मद शाह सों।[8]

वली के प्रभाव से दिल्ली-लखनऊ में रेख़्ता की सुदृढ़ परम्परा चल पड़ी। यह औरंगजेब का शासनकाल था। रेख़्ता के प्रचलन और प्रकृति पर रामचन्द्र शुक्ल की टिप्पणी है :

> *औरंगजेब के समय से फ़ारसी मिश्रित खड़ीबोली या रेख़्ता में शायरी भी शुरू हो गई और उसका प्रचार फ़ारसी पढ़े-लिखे लोगों में बराबर बढ़ता गया। इस प्रकार खड़ीबोली को लेकर उर्दू साहित्य खड़ा हुआ, जिसमें आगे चलकर विदेशी भाषाओं के शब्दों का मेल भी बराबर बढ़ता गया और जिसका आदर्श भी विदेशी होता गया।*[9]

देशी भाषाओं के शब्दों की तुलना में विदेशी की ओर अधिक झुकाव से भाषा में नयापन भले दिखाई पड़ने लगे, लेकिन यह साहित्य की मुख्यधारा में रहने की दृष्टि से चुनौतीभरा रास्ता है, जिसे उर्दू ने अख़्तियार किया। उर्दू कविता को लोकप्रियता तो मिली, लेकिन उसकी ज़मीन हमेशा कमज़ोर रही। काव्य-प्रयोग की दृष्टि से उसे ज़्यादा संघर्ष करना पड़ा। दूसरी बात, इसके बावजूद कि उर्दू की सफलताएँ महान हैं, उसमें एक प्रकार की रिक्तता रही है। रिक्तता को भरने का काम सिर्फ़ प्रयोग नहीं करता, परम्परा भी करती है। कविता में प्रयोग और परम्परा दोनों को सबसे अधिक शब्दों से बल मिलता है। फ़िराक़ गोरखपुरी ने उर्दू के सन्दर्भ में गहराई से इसे समझा है।

> *हमारी रूढ़ियाँ, हमारी संस्कृति, हमारे भाव और रस, हमारी कल्पना की दुनिया और हमारे जीवन की ध्वनि उर्दू साहित्य में कुछ तो आ सकती है और आई है लेकिन बहुत कुछ नहीं आ सकी है और उस वक्त तक नहीं आ सकती थी जब तक फ़ारसी अरबी शब्दों को घटाकर पाँच या दस फ़ीसदी न कर दिया जाए और संस्कृत शब्दों को बढ़ाकर पच्चीस-तीस या चालीस फ़ीसदी न कर दिया जाए। बाकी शब्द ठेठ हिन्दी के हों।*[10]

सिर्फ शब्दों के आधार पर भाषा तय नहीं होती, किन्तु शब्दों के चुनाव का भी महत्त्व है। शब्द एकाधिक भाषाओं को जोड़ने का काम करते हैं। वे भाषा और संस्कृति के सर्वाधिक शक्तिशाली उपकरण बनकर आते हैं। नकारात्मक रूप में लें तो शब्द सांस्कृतिक विच्छिन्नता भी पैदा करते हैं। यही उर्दू के साथ हुआ। मुहम्मद

हुसैन आज़ाद की मानें तो 'उर्दू भाषा ब्रजभाषा से निकली है'[11]; और उन्हें न भी मानें तो इतना तो कहा जा सकता है कि उर्दू ब्रज आदि की परम्पराओं के भीतर विकसित हुई। लेकिन आगे यह हुआ कि उर्दू ब्रज की परम्परा से लगभग बाहर हो गई, और इस तरह उसने खड़ीबोली के दूसरे रूप हिन्दी को अपने सामने खड़ा कर लिया।

रेख़्ता की लोकप्रियता से पहले ब्रजभाषा की कविता उत्कर्ष पर थी। हिन्दी पक्ष के द्वारा तब यह कल्पना नहीं की जा सकती थी कि ब्रजभाषा को स्थानापित करने वाली कोई दूसरी बोली भी हो सकती है। मतिराम, देव, घनानन्द, गंजन, भिखारीदास, रसलीन (सैयद गुलाम नबी) आदि वली के समकालीन थे। रीतिकाल के अन्तिम बड़े कवि पद्माकर तो मीर की पीढ़ी के हैं।

काव्य-क्षेत्र में ब्रजभाषा की कितनी महिमा थी, इसका अन्दाज़ भिखारीदास की इस उद्घोषणा से लगाया जा सकता है :

ब्रजभाषा हेतु ब्रजबास ही न अनुमानों,
ऐसे-ऐसे कविन की बानी हूँ सों जानिये।

ब्रजभाषा काव्य का आधार कई दृष्टियों से मजबूत रहा है। भारत के मध्यक्षेत्र के बाहर भी इसकी लोकप्रियता थी। आज यदि किसी हद तक हिन्दी क्षेत्र तैयार हुआ है तो उसमें भाषा-काव्य की बड़ी भूमिका रही है। 'हिन्दी' नाम खड़ीबोली से पहले ब्रजभाषा के लिए प्रचलित था। यह नाम मुसलमानों के द्वारा दिया गया था। हिन्दू इसे 'भाषा' नाम से पुकारते थे।

> *...'ब्रजभाषा' देश में साहित्यिक सामान्य भाषा के रूप में फैली। बंगाल, पंजाब, महाराष्ट्र, गुजरात आदि सभी प्रदेशों के संतों ने ब्रजभाषा में कविता की है। देश भर में अपनी बात पहुँचाने-फैलाने का वही साधन-माध्यम थी—इसलिए मुसलमान साहित्यिकों ने उस समय ब्रजभाषा को ही 'हिन्दवी' या 'हिन्दी' नाम दिया है। उस समय ब्रजभाषा हिन्दी थी और 'खड़ीबोली', अवधी आदि उसकी बोलियाँ थीं।*[12]

काव्य-उत्कर्ष की दृष्टि से ब्रजभाषा का जितना महत्त्व है, उतना ही शास्त्र के विकास की दृष्टि से। अधिकांश रीतिकाव्य ब्रजभाषा में है। रीतिकाव्य में काव्य-पद्धति के निर्माण के साथ-साथ शास्त्र-निर्माण का काम हुआ था। उस शास्त्र के असर से रेख़्ता/उर्दू की कविता मुक्त नहीं रही है। रेख़्ता ने खड़ीबोली में लगभग वही काम किए, जो ब्रजभाषा की रीति-कविता कर रही थी। रीतिकाव्य और उर्दू कविता के तुलनात्मक अध्ययन का खाता खुला हुआ है। इस पर काम की ज़रूरत है। मोटे तौर पर देखें तो दोनों में समान रूप से रीतिबद्धता है। यह एक तथ्य है कि आधुनिक उर्दू गद्य तो आधुनिक हिन्दी गद्य के निकट है, लेकिन उर्दू की कविता आधुनिक हिन्दी कविता के निकट नहीं है; वह ब्रजभाषा की रीति-कविता के निकट है। लेकिन दूसरा पहलू यह है कि उर्दू कविता में रीतिकाव्य की तुलना में मानवीय जीवन का उद्घाटन अधिक है। वह अपनी दार्शनिक चेतना में अधिक समृद्ध है। उसमें

युग-सत्य से साक्षात्कार की भावना है। राष्ट्रीय जीवन की विविधता में समरसता की दृष्टि से नज़ीर की कविता का तो उस ज़माने में कोई जवाब नहीं था, और आगे भी वैसा कम देखने को मिला। यही कारण है कि रामचन्द्र शुक्ल ने, जो उर्दू के प्रति कम उदार रहे, उन्हें खड़ीबोली हिन्दी का कवि कहा।[13]

शुरू में हमने जो 'एक में अनेक का संश्लेषण' की बात कही है, वह अपने ढंग से सबसे पहले नज़ीर अक़बराबादी में दिखाई पड़ती है। नज़ीर को हिन्दी का कवि भले न माना जाता हो, आधुनिक हिन्दी कविता की पृष्ठभूमि में वे मौजूद हैं। वे ब्रज और खड़ीबोली की साझा परम्परा और जन-हृदय के कवि हैं। नज़ीर की कविता पर फिराक़ गोरखपुरी की सटीक टिप्पणी है :

> *नज़ीर की कविताओं में उनके समय का जीवन, हर स्तर, हर वर्ग, हर तरह, हर रंग, हर ढंग, हर अवस्था, हर स्थिति का जीवन इतने भरपूर ढंग से अपनी पूरी गतिशीलता के साथ और इतने स्वाभाविक और सजीव रूप से चित्रित हुआ है कि भाषा, संस्कृति, सम्प्रदाय, जाति धर्म—सब भेद मिट गए हैं और नज़ीर एकमात्र ऐसे कवि माने गए हैं, जिन्हें उर्दू और हिन्दी वालों ने, किसानों, मज़दूरों, मध्यवर्ग, उच्चवर्ग, बच्चों-जवानों, बूढ़ों, स्त्रियों और पुरुषों—सबने समान रूप से अपनाया।*[14]

नज़ीर राष्ट्रीय जीवन और उसकी विविधता के कवि थे। रामचन्द्र शुक्ल का हवाला देते हुए 'नज़ीर ग्रन्थावली' के सम्पादक डॉ. नज़ीर मुहम्मद ने कहा कि वे हिन्दी के आधुनिक काव्य का शुभारम्भ करने वाले पहले आधुनिक कवि हैं, और उनकी रचनाएँ बीसवीं शताब्दी के कवियों की काव्य-चेतना से पीछे नहीं हैं।[15]

ये बातें बाद की हैं। नज़ीर के ज़माने में न उन्हें आधुनिक हिन्दी काव्य-परम्परा के प्रवर्तक के रूप में देखा गया और न ही उर्दू परम्परा का महाकवि माना गया। कहने वालों ने कहा कि उनके शे'र बज़ारियों के ज़बानज़द हैं, इसलिए उन्हें शाइर नहीं कहा जा सकता। कहा तो यहाँ तक गया कि यह बहुत अश्लील कविताएँ लिखता है।[16] दूसरी तरफ अंग्रेज़ विद्वान फैलन थे, जिन्होंने उन्नीसवीं शताब्दी के उत्तरार्द्ध में हिन्दी-उर्दू के सामान्य जानकारों के लिए एक महत्त्वपूर्ण पारिभाषिक शब्द-संग्रह तैयार किया था, नज़ीर की भाषा को देखकर चौसर और शेक्सपीयर जैसे भाषा-सम्राटों को याद कर रहे थे।[17]

नज़ीर महाकवि थे। उनके भाषा-आदर्श पर लोग चले होते तो हिन्दी-उर्दू का विवाद नहीं चल पाता। दूसरे सन्दर्भों में विवाद थोड़ा-बहुत चलता भी रहता, लेकिन जायसी और कबीर आदि के समान हिन्दी कविता में उसी समय नज़ीर को स्वीकृति मिल गई होती तो आधुनिक हिन्दी कविता बीसवीं शताब्दी के आने का इन्तज़ार शायद नहीं करती। नज़ीर का महत्त्व भाषा-प्रयोग तक सीमित नहीं है। युग-चेतना के धरातल पर भी नज़ीर बहुत आगे हैं। नज़ीर पहले आधुनिक कवि हैं। आधुनिकता

की, हमारी समझ से, परिभाषा ही है कि जो मध्ययुगीनता से टक्कर लेते हुए वैयक्तिकता, निर्वैयक्तिकता और जनतांत्रिकता के बीच विवादी सम्बन्ध पैदा करे। नज़ीर में अपनी तरह से यह बात थी।

उर्दू भी नज़ीर की परम्परा को आगे नहीं कर सकी। वह मुख्यतः ब्रजभाषा के रीतिकाव्य के टक्कर में आगे बढ़ी, और विजयदेव नारायण साही के सहारे कहें तो उसने ब्रजभाषा या ब्रजभाषा के पहले की सजीव और उद्दीप्त परम्पराओं से सम्बन्ध विच्छेद कर लिया।[18] हिन्दी ने नज़ीर को नहीं अपनाया, लेकिन उसके भीतर ब्रजभाषा और उसके पीछे की परम्परा सक्रिय रही। ब्रजभाषा को बहुत बाद तक अपनाए रखने के कारण हिन्दी कविता थोड़ी पिछड़ गई; लेकिन बाद में जब खड़ीबोली में कविता होने लगी, तो ब्रजभाषा की परम्परा ने उसे किंचित बल भी दिया।

खड़ीबोली अपने खड़ेपन के लिए कुख्यात थी। उसके खड़ेपन को दूर करने यानी उसमें लालित्य पैदा करने में ब्रजभाषा मदद करती थी। इस दृष्टि से सबसे अधिक मददगार रीतिकाव्य था। लेकिन खड़ीबोली काव्य के तरफदारों के द्वारा ब्रजभाषा और रीतिकाव्य, दोनों का विरोध हुआ। ब्रजभाषा का विरोध इसलिए हुआ कि गद्य और पद्य की भाषा को एक करना था। ब्रजभाषा पीछे चली गई, लेकिन उसके संस्कारों ने खड़ीबोली में पद-लालित्य पैदा करने में मदद पहुँचाई। रीतिकाव्य सुथरी भाषा और पद-लालित्य की दृष्टि से बहुत आगे था। लेकिन उसकी शृंगारिक अभिव्यक्तियाँ कम ही आधुनिक कवियों को पसन्द आईं। पद्धति में भी जड़ता दिखाई पड़ी। विरोध ऐतिहासिक था, विरोध के कारण ऐतिहासिक थे; लेकिन भाषा कौशल की दृष्टि से रीतिकाव्य के ऐतिहासिक योगदान से नहीं बचा जा सकता था। ऐतिहासिक योगदान—यानी हम जिसका विरोध कर रहे हों, उससे मदद लेने से बच नहीं पा रहे हों, यह बात देखी गई।

ब्रजभाषा आधुनिक काल में दूर तक मुख्यतः इसलिए नहीं चल पाई कि उसमें गद्य का विकास नहीं हुआ था। उसके कुछ कवियों को छोड़ दें, तो सामान्य रूप से वह घिसी-पिटी काव्य-परिपाटी तक सीमित हो गई थी। 19वीं शताब्दी तक आते-आते उसमें अर्थोत्पादन अथवा नवीनता पैदा करने की क्षमता लगभग समाप्त हो गई। 19वीं शताब्दी के प्रारम्भिक वर्षों में भारतीय समाज मामूली तौर पर आधुनिक युग में पैर रख चुका था। हिन्दी समुदाय की गति धीमी थी, लेकिन शिक्षा और पत्रकारिता आदि क्षेत्रों में उसकी उम्मीदें बढ़ने लगी थीं। ब्रजभाषा इस उम्मीद पर खरी नहीं उतरती थी। आधुनिक भाव-बोध की दृष्टि से वह पिछड़ गई थी। इसके बावजूद उसकी परम्परा मरी नहीं थी। उसकी परम्परा को मारकर आधुनिक हिन्दी आगे बढ़ भी नहीं सकती थी। आधुनिक हिन्दी को उसकी जगह लेनी थी; दूसरी भाषाओं—अवधी, भोजपुरी, मैथिली, राजस्थानी आदि—की भी उसे जगह लेनी

थी, और अपनी समावेशी प्रकृति के अनुरूप उन्हें समेटते हुए भी उसे चलना था।

हम जिसे आज आधुनिक हिन्दी कहते हैं, वह साधारण और इकहरी भाषा नहीं है। सबसे पहले तो यह कि उसने अपने इतिहास से बोलियों को जोड़ा, और इसलिए वह विभिन्न बोलियों से ग्रहण करने में सबसे आगे रही। दूसरी बात, विभिन्न बोलियों के बीच खड़ीबोली का गद्य विकसित हो सका। उर्दू से ठीक विपरीत हिन्दी में गद्य पहले आया, कविता बाद में। उर्दू कविता हिन्दी से पहले शुरू हुई। हिन्दी कविता का विकास गद्य काल में हुआ। इसलिए इसमें गद्य के गुण भी दिखाई पड़े। उर्दू में कविता पहले आ गई थी। इसलिए हिन्दी पर उसका भी असर पड़ा।

उर्दू गद्य का विकास उसकी काव्य-परम्परा से कटकर नहीं हुआ है। उसी तरह, हिन्दी गद्य-पद्य का विकास भी उर्दू से बिल्कुल पीछा छुड़ाकर नहीं हुआ है। फोर्ट विलियम कॉलेज द्वारा नियुक्त लेखकों में मीर अम्मन, मीर शेरअली 'अफसोस' आदि उर्दू के लेखक थे, और लल्लू जी लाल और सदल मिश्र हिन्दी के लेखक थे; लेकिन इंशाअल्ला ख़ाँ हिन्दी-उर्दू दोनों के लेखक माने गए। इंशा की 'उदयभान चरित' या 'रानी केतकी की कहानी' के सन्दर्भ में 'हिंदवी छुट और किसी बोली की पुट न मिले' वाली बात की बहुत चर्चा होती है। इस बात का सम्बन्ध शब्द-चयन तक सीमित है। उर्दू-प्रभाव से 'रानी केतकी की कहानी' मुक्त नहीं है। उसे सकारात्मक प्रभाव कहना चाहिए। इंशा और उनके पिता माशा अल्ला ख़ाँ उर्दू के बड़े शाइर थे। रामचन्द्र शुक्ल ने स्वीकार किया है कि 'खड़ीबोली में उर्दू कविता पहले से मँज चुकी थी, मुहावरे आदि बहुतायत से आने लगे थे, जिसका लाभ इंशा के गद्य को मिला।[19]

कोई चाहे तो 'रानी केतकी की कहानी' से खड़ीबोली पद्य का भी आरम्भ मान सकता है। इसमें ठेठ हिन्दी के पद्य की छटा है। शिवप्रसाद सितारेहिन्द ने 1867 में स्कूली शिक्षा के लिए हिन्दी गुटका तैयार किया था। गुटका नम्बर 3 में 'रानी केतकी की कहानी' के पद्य को स्थान दिया था। बाद में अयोध्याप्रसाद खत्री ने, जो खड़ीबोली पद्य आन्दोलन के अगुआ थे, अपने 'खड़ीबोली का पद्य' पहिला भाग में गुटका में प्रकाशित पद्य को अविकल छापा था।

हिन्दी और उर्दू में गद्य का विकास लगभग साथ-साथ हुआ। उर्दू गद्य की पहली किताब फ़ज़ली की 'करबल कथा' मानी जाती है, जो 1731 में तैयार की गई थी।[20] रामचन्द्र शुक्ल ने हिन्दी की पहली गद्य पुस्तक के रूप में गंग कवि की 'चंद छंद बहनन की महिमा' का उल्लेख किया है, और उसका रचनाकाल 1603 माना है। उसके बाद लगभग डेढ़ शताब्दी तक कोई गद्य-कृति दिखाई नहीं पड़ती। रामचन्द्र शुक्ल ने उक्त कृति से जो नमूना पेश किया है, उसे हिन्दी भी मान सकते हैं और उर्दू भी। रामचन्द्र शुक्ल का मत है, "यह भाषा उर्दू नहीं कही जा सकती; यह हिन्दी खड़ीबोली है।" कैसे है?—इस पर उन्होंने कुछ नहीं कहा और सीधे उतर

आए 1741 में रामप्रसाद 'निरंजनी' द्वारा लिखित 'भाषा योग वाशिष्ठ' पर, यह कहते हुए कि " जब तक और कोई पुस्तक इससे पुरानी न मिले तब तक इसी को परिमार्जित गद्य की प्रथम पुस्तक और रामप्रसाद निरंजनी को प्रथम प्रौढ़ गद्य लेखक मान सकते हैं।"[21] एक और पुस्तक की खोज की डॉ. पीताम्बरदत्त बड़थ्वाल ने, भगवानदास लिखित 'गीता वार्तिक'। इसका रचना-काल 1699 बताया गया है। बड़थ्वाल ने इसकी भाषा का जो नमूना पेश किया है, उस पर टिप्पणी करते हुए रामविलास शर्मा ने लिखा : "यह परिमार्जित हिन्दी नहीं है, किन्तु बड़ी सजीव 'सब स्टैंडर्ड' हिन्दी है—राजस्थानी और ब्रजभाषा से प्रभावित खड़ीबोली, वह हिन्दी जो जनपदों में सामान्य जनता की धार्मिक-सांस्कृतिक आवश्यकताएँ पूरी कर रही थी।"[22] यहाँ दूसरी बात यह भी कही जा सकती है कि भगवानदास की हिन्दी गंग कवि वाली नहीं है। यानी इसे उर्दू कहने की गुंजाइश नहीं है। लेकिन परिमार्जित गद्य की प्रथम पुस्तक 'भाषा योग वाशिष्ठ' को ही माना जा सकता है। 19वीं शताब्दी के प्रारम्भ के गद्य की प्रकृति इससे बहुत अलग नहीं है।

उर्दू गद्य-लेखन प्रारम्भ में फ़ारसी परिपाटी से अलग रहा। बाद में अरबी-फ़ारसी के शब्द बढ़ते गए, लेकिन फ़ारसी परिपाटी वाली बात यहाँ भी नहीं देखी गई। यह फोर्ट विलियम कॉलेज के भाषा-आदर्श पर चलने के कारण ही हुआ। हिन्दी की जड़ें देशी भाषाओं में होने के कारण शुरू में ब्रज, भोजपुरी आदि का उस पर प्रभाव रहा। लल्लू जी लाल की भाषा 'भाषा योग वाशिष्ठ' की कथा-वार्ता शैली में है और उस पर ब्रजभाषा का रंग है। उसी तरह सदल मिश्र की भाषा पर ब्रज और भोजपुरी का प्रभाव है। इंशाअल्ला ख़ाँ के समान फोर्ट विलियम कॉलेज से अलग रहकर लिखने वाले लेखकों में मुंशी सदासुख राय निसार थे। इनकी भाषा आधुनिक हिन्दी के ज़्यादा निकट है।

ब्रजभाषा से हिन्दी लेखकों की चेतना अभी गहरे तक प्रभावित थी। इसलिए उनके लेखन पर ब्रजभाषा का प्रभाव स्वाभाविक है। संस्कृत की अनेक कृतियाँ वाया ब्रजभाषा हिन्दी में अनूदित हुईं। 'बैताल पच्चीसी' संस्कृत की 'बैतालपंच-विंशतिका' के ब्रजभाषा अनुवाद का हिन्दी रूपान्तरण है। अनुवादक मजहर अली ख़ाँ 'विला' हैं और सहायक हैं लल्लू जी लाल। इसमें अरबी-फ़ारसी के साथ ब्रजभाषा के भी शब्द हैं। कुछ लोग इसे उर्दू की रचना मानते हैं। 'शकुन्तला' नाटक के ब्रजभाषा अनुवाद को लल्लू जी लाल ने हिन्दी में रूपान्तरित किया। ब्रजभाषा से रूपान्तरण के कारण इसमें भी ब्रजभाषा की तुक-पद्धति और लय दिखाई पड़ती है। सदल मिश्र की एक रचना है 'रामचरित्र'। यह 'अध्यात्म रामायण' का संस्कृत मूल भाषा से अनुवाद है। लेकिन इस पर भी पूर्वी बोली और ब्रजभाषा का प्रभाव है। वस्तुतः शुरू में खड़ीबोली के लिए देशी बोलियों से छुटकारा आसान नहीं था। थोड़ी बहुत यह बात उर्दू के साथ भी है। उदाहरण के लिए, जो लोग 'बैताल पच्चीसी' को

उर्दू की किताब मानते हैं, वे भी मानते हैं कि इसमें ब्रजभाषा के शब्द सुन्दर मालूम होते हैं।[23]

19वीं शताब्दी के पूर्वार्द्ध में खड़ीबोली में मुख्यत: अनुवाद के काम हुए। मौलिक गद्य लेखन शताब्दी के उत्तरार्द्ध में ही सम्भव हुआ। अनुवाद इस दौर में भी हुए, लेकिन पौराणिक कथाओं और फ़ारसी के क़िस्सों के स्थान पर संस्कृत क्लैसिक्स और अंग्रेज़ी की गम्भीर रचनाओं को हिन्दी में लाने की प्रवृत्ति बढ़ी। यह नवजागरण की चेतना के विकास का परिणाम था। दूसरे शब्दों में, प्राचीन और पाश्चात्य के प्रति आकर्षण के द्वारा आधुनिक अस्मिता के निर्माण का प्रयत्न था।

19वीं शताब्दी के पूर्वार्द्ध में लेखक भाषा-ज्ञान के मामले में भी परिपक्व नहीं थे। बहुत कम लोग संस्कृत में गति रखते थे। कुछ लोगों की ब्रजभाषा में भी ज़्यादा पैठ नहीं थी। कहना चाहिए कि वे लेखक से अधिक अभी विद्यार्थी थे। वे भाषा बनाने की कोशिश कर रहे थे। अभी साहित्यिक-आनुष्ठानिक पाठों के पुनर्लेखन का सिलसिला शुरू हुआ था। आगे हिन्दी को शिक्षा माध्यम का काम करना था, अदालती काम-काज की भाषा भी उसे होना था, और राष्ट्रवादी अभियानों का अंग भी बनना था।

जनपदीय आधार से ऊपर उठकर एक सामान्य भाषा के विकास की प्रवृत्ति क्रमश: ज़ोर पकड़ने लगी। यह आधुनिक चेतना से जुड़ाव के कारण हुआ, और इसे कारगर करने में अहम् भूमिका शिक्षा की थी। शिक्षा के क्षेत्र में हुए प्रयत्नों का हिन्दी को नया ढंग देने में जबर्दस्त योगदान रहा है। 'हिन्दी पब्लिक स्फीयर' की लेखिका फ़्रांचेस्का ऑर्सीनी का ज़ोर ही इस बात पर है।[24]

फ़्रांचेस्का ऑर्सीनी का हिन्दी जनक्षेत्र पर हैबरमास के सैद्धान्तिक ढाँचे में महत्त्वपूर्ण काम है। लेकिन शिक्षा-सम्बन्धी प्रयत्नों के सम्बन्ध में उन्होंने कोई अनुल्लेखित बात नहीं कही है। रामविलास शर्मा ने 1973 में लिखा था भारतेन्दु की इस उक्ति के सौ साल पूरा होने पर—'हिन्दी नई चाल में ढली 1873 ई.'—

> *निस्सन्देह उस समय भाषा को शुद्ध करने, शुद्ध हिन्दी लिखने की प्रवृत्ति ज़ोर पकड़ चुकी थी। इस प्रवृत्ति को बढ़ावा देने में शिक्षा विभाग का बहुत बड़ा हाथ था यानी हिन्दी को बोलचाल के रूप से, जनपदीय बोलियों, तद्‌भव रूपों और साहित्यिक ब्रजभाषा से दूर ठेलकर उसे शुद्ध हिन्दी बनाने में अंग्रेज़ी राज के मातहत शिक्षा विभाग के अधिकारियों का हाथ था।*[25]

हिन्दी को जनपदीय बोलियों से ऊपर रखकर देखा गया भाषा के विकास के स्तर पर, लेकिन उसकी परम्परा से बोलियों को अलग नहीं किया गया। यह बात शिक्षा और उसके पाठ्यक्रमों के भीतर घटित हुई। हिन्दी क्षेत्र अनेक समृद्ध बोलियों का गढ़ रहा है। इसलिए आवश्यक हुआ कि हिन्दी के पाठ्यक्रमों में बोलियों के श्रेष्ठ साहित्य को स्थान दिया जाए। यह काम भारतेन्दु-पूर्व शुरू हुआ और बाद तक

चलता रहा। इसके पीछे पर्याप्त भाषावैज्ञानिक समझ और सांस्कृतिक दृष्टि सक्रिय रही है। चार-पाँच बड़ी बोलियों के साहित्य की लगभग हज़ार साल की परम्परा को सामने रखा गया, और उनके अध्ययन की सामान्य भाषा खड़ीबोली हिन्दी हुई।

19वीं शताब्दी के प्रसिद्ध भाषाविद सर जार्ज ग्रियर्सन खड़ीबोली को किसी की मातृभाषा नहीं मानते थे। वे हिन्दी के ऐतिहासिक अस्तित्व को ही अस्वीकार करते थे। बोलियों के साहित्य को एक सर्वमान्य भाषा के अन्तर्गत पाठ्यक्रम में लाए जाने के पक्ष में नहीं थे। बिहार के स्कूलों में हिन्दी के पाठ्यक्रम में तुलसीदास पढ़ाए जाने से उनका विरोध था।[26] इससे पता चलता है कि उस समय एक कॉमन भाषा और बोलियों में तालमेल बैठाने में कितना संघर्ष करना पड़ा होगा।

एक सर्वमान्य भाषा और बोलियों के बीच तालमेल बैठाने में कविता की विशेष भूमिका रही है। पारम्परिक काव्य-बोध के कारण बोलियों की कविता का महत्त्व बना हुआ था, विशेषकर ब्रजभाषा की कविता का। ब्रजभाषा कविता की लगभग सर्वमान्य भाषा थी। कविता ब्रजभाषा को छोड़कर खड़ीबोली की ओर थोड़ा झुकी तो इसमें आधुनिक शिक्षा की भी भूमिका है। नागरता की चेतना आधुनिक शिक्षा से पैदा हुई। खड़ीबोली आधुनिक शिक्षा का मुख्य माध्यम बन रही थी। दूसरी बड़ी भूमिका अदालती काम-काज में हिन्दी की पैठ ने निभाई। नागर चेतना अदालती काम-काज से जुड़े लोगों में ज़्यादा प्रखर रही है। यह आकस्मिक नहीं है कि खड़ीबोली कविता के पक्षपाती बाबू अयोध्याप्रसाद खत्री ब्रजभाषा को गँवारू बोली कह रहे थे। अयोध्याप्रसाद खत्री ने मुज़फ़्फ़रपुर के जिला स्कूल में पढ़ाई की थी। उन्होंने थोड़े दिनों तक अध्यापन कार्य किया था। बाद में सदर-कलक्टरी में क्लर्की की, फिर पेशकार बने। खड़ीबोली में काव्य-रचना के अगुआ बने तो उसके पीछे उनकी पेशागत चेतना भी काम कर रही थी। उसी चेतना के अधीन उन्होंने मुंशी स्टाइल (हिन्दुस्तानी) की कविता को आदर्श माना था। क्लर्की और पेशकारी से तैयार मानसिकता ने ही अयोध्याप्रसाद खत्री को सिखाया था कि न तो ब्रजभाषा आधुनिक जीवन-बोध के अनुरूप है और न ही पंडित और मौलवी स्टाइल की कविता।[27]

अदालती-सरकारी कामकाज की दृष्टि से हिन्दी को बिहार में सबसे पहले महत्त्व प्राप्त हुआ था। 1873 में जब बिहार बंगाल का हिस्सा था, बंगाल सरकार ने आदेश जारी किया था कि पटना, भागलपुर और छोटानागपुर की अदालतों और दफ़्तरों में सभी विज्ञप्तियाँ और घोषणाएँ हिन्दी में जारी किए जाएँ।[28] यानी संयुक्त प्रान्त में हिन्दी के स्वीकृत होने से सत्ताइस साल पहले। 1873 को कई दृष्टियों से महत्त्वपूर्ण माना जा सकता है। भारतेन्दु के 'कालचक्र' में दर्ज़ 'हिन्दी नई चाल में ढली 1873 ई.'—लेखकों और बुद्धिजीवियों के बीच बहस का विषय रहा है। उल्लेखनीय तथ्य है, जिसकी ओर बहुत कम लोगों का ध्यान गया, इसी साल पटना के राधालाल माथुर ने हिन्दी का खाका राष्ट्रभाषा के रूप में खींचा था।[29]

बिहार ब्रजभाषा के केन्द्र आगरा-मथुरा से सबसे दूर है। इस कारण वहाँ के बुद्धिजीवियों में ब्रजभाषा-प्रेम कम देखा गया। उर्दू का दबदबा भी खत्म करने में बिहार सबसे आगे था। वहाँ सबसे पहले हिन्दी अदालत की भाषा बनी थी। इसलिए यह स्वाभाविक था कि खड़ीबोली कविता का आन्दोलन भी सबसे पहले बिहार में शुरू हो।

अयोध्याप्रसाद खत्री द्वारा सम्पादित 'खड़ीबोली का पद्य' में शामिल महेश नारायण की 'मुंशी शैली' में लिखी कविता 'स्वप्न' की आज विशेष ख्याति है। मुक्तिबोध की 'अँधेरे में' याद दिलाती कविता, 'हिन्दी की पहली आधुनिक कविता' वगैरह कहा गया है इसे, जिसमें सच्चाई है। यह देखने वाली बात है कि इस कविता का लेखन ब्रजभाषा केन्द्र से सर्वाधिक दूरी पर हुआ। काव्यभाषा के रूप में ब्रजभाषा से अपरिचय और अंग्रेज़ी के ब्लैंक वर्स से परिचय—यह बात 'स्वप्न' के टेक्श्चर में देखी जा सकती है।

महेश नारायण अंग्रेज़ी पढ़े-लिखे व्यक्ति थे। उनके बड़े भाई बिहार के पहले एम.ए. डिग्रीधारी थे। महेश नारायण भी उच्च शिक्षा के लिए कलकत्ता गए थे। कहते हैं बिहार के आत्मसम्मान के लिए उन्होंने बीच में ही पढ़ाई छोड़ दी थी। बिहार अलग राज्य हो, इसके वे प्रथम स्वप्नद्रष्टा थे। 'स्वप्न' के अतिरिक्त उन्होंने शायद कोई कविता नहीं लिखी। अंग्रेज़ी के अच्छे पत्रकार थे। 1884 से मृत्युपर्यन्त (1907) अंग्रेज़ी पत्र 'बिहार टाइम्स' का उन्होंने सम्पादन किया था।

बहरहाल, 'स्वप्न' यदि हिन्दी की पहली आधुनिक कविता है और उसमें वह बात पैदा हो गई थी, जो बाद में मुक्तिबोध जैसे अपवादी कवि में दिखाई पड़ी, तो यह मानने में आपत्ति नहीं होनी चाहिए कि ब्रजभाषा केन्द्र से हटकर ही प्रथम स्तर पर आधुनिक हिन्दी अपनी ऊर्जा प्रकट करने में सक्षम हुई। लेकिन दुर्भाग्यवश इस कविता को अपने समय में और उसके भी साठ-सत्तर साल तक स्वीकृति कम प्राप्त हुई। 'मुंशी स्टाइल' की कविता जो ठहरी! ब्रजभाषा केन्द्र स्वभावतः खड़ीबोली की ओर खिसक रहा था, लेकिन उसके स्वभाव में उर्दू से निकटता रखने वाली हिन्दी की स्वीकृति शामिल नहीं थी। अगर यह बात हुई होती तो आधुनिक हिन्दी की परम्परा में आज नज़ीर जैसे महाकवि शीर्ष आसन पर विराजमान होते।

शिक्षा-प्रसार, सुधार आन्दोलन और कविता

आधुनिक हिन्दी के विकास में प्रेस और पत्रकारिता के साथ-साथ शिक्षा की बड़ी भूमिका रही है। शिक्षा का अर्थ खड़ीबोली में शिक्षा-भर की बात नहीं है। समग्र रूप से जिसे आधुनिक शिक्षा कहते हैं, उससे जुड़कर अपनी भाषा-अस्मिता के लिए एक वातावरण तैयार करने का काम हुआ। पत्रकारिता और गद्य की नई साहित्यिक विधाओं के विकास में भी यह चेतना सक्रिय रही है।

19वीं शताब्दी के अन्त तक हिन्दी की पढ़ाई स्कूलों तक सीमित थी। स्कूलों में भी कुछ ख़ास उत्साहवर्धक वातावरण नहीं था। अंग्रेज़ी स्कूलों में तीस में से पाँच-छह विद्यार्थी ही हिन्दी और संस्कृत पढ़ते थे। शेष उर्दू-फ़ारसी पढ़ते थे। उनमें मुसलमान, कश्मीरी ब्राह्मण और कायस्थ शामिल थे।[30] कई मिडिल स्कूलों में न के बराबर बच्चे हिन्दी प्रथम भाषा के रूप में पढ़ते थे। 20वीं शताब्दी के दूसरे दशक में आकर हिन्दी की दशा में सुधार हुआ। प्राथमिक स्कूल की निचली कक्षाओं में हिन्दी में पढ़ाई होने लगी और कॉलेज-विश्वविद्यालय स्तर पर भी हिन्दी विषय को मान्यता मिल गई।

यहाँ यह स्पष्ट करना आवश्यक है कि जो लोग हिन्दी भाषा और साहित्य की उन्नति के लिए प्रयत्नशील थे, पुनरुत्थान, नैतिकवादी और सुधारवादी आग्रह के कारण तत्कालीन श्रेष्ठ साहित्य को अपने एजुकेशन एजेंडा में मुश्किल से शामिल कर पाते थे। एक ओर खड़ीबोली आन्दोलन था तो दूसरी ओर खड़ीबोली के साहित्य का पाठ्यक्रमों में घोर अभाव रहा। फ़्रांचेस्का ऑर्सीनी ने बी.एच.यू. की 1922 की प्रवेशिका पुस्तिका में रखे गए कवियों का ब्यौरा पेश किया है। उससे समझा जा सकता है कि पाठ्यक्रमों में आधुनिक साहित्य की किस सीमा तक उपेक्षा की जाती थी।

> *हिन्दी काव्य के पर्चे के अन्तर्गत चंदवरदाई, कबीर, सूरदास, तुलसीदास (104 पन्नों वाले पाठ्यक्रम में 56 पन्ने तुलसी को ही समर्पित थे), बिहारीलाल, केशवदास—सभी पुराने कवि मौजूद थे। आधुनिक काल के कवियों में से एक ही शामिल हुआ था—मैथिलीशरण गुप्त। उनकी 'भारत-भारती' के अतीत खंड से 'भारत महिमा' का अंश। कथा-उपन्यास और समकालीन कविता के लिए कहीं भी जगह नहीं।*[31]

20वीं शताब्दी के दूसरे-तीसरे दशक में पाठ्यक्रम की दृष्टि से कविता का मुख्य अर्थ था राष्ट्रीय उत्थान। मैथिलीशरण गुप्त, त्रिशूल (गयाप्रसाद शुक्ल) आदि की कविताएँ निचली कक्षाओं के पाठ्यक्रम में आराम से खप जाती थीं। बी.एच.यू. की प्रवेश पुस्तिका में सन्तुलन का अभाव अधिक था। अन्य रीडर में आधुनिक कविता के लिए ज़्यादा जगह थी। हालाँकि उन पुस्तकों में भी हावी भक्तिकाल की कविताएँ ही रहीं। केशवप्रसाद मिश्र और पीताम्बरदत्त बड़थ्वाल की 'पद्य परिजात' (नागरीप्रचारिणी सभा, काशी, 1931) पहला रीडर है जिसमें छायावादी कविताएँ शामिल की गई थीं।

19वीं शताब्दी के अन्त तक शिक्षा के क्षेत्र में दो धाराएँ बन गई थीं, जो 20वीं शताब्दी के तीसरे दशक तक विस्तार पाती रहीं। एक धारा सरकारी शिक्षा विभाग की थी। इससे जुड़कर हिन्दी की उन्नति करने वालों में राजा शिवप्रसाद सितारेहिन्द अव्वल थे। दूसरी धारा स्वतंत्र शिक्षण संस्थाएँ स्थापित करने वालों की थी। उत्तर

भारत में आर्यसमाज ने, जिसके संस्थापक स्वामी दयानन्द सरस्वती थे, गुरुकुल की स्थापना की थी। 20वीं शताब्दी में इसी की परम्परा में काशी विद्यापीठ बनी। असहयोग आन्दोलन के दौरान राष्ट्रीय स्कूल स्थापित हुए। उनका ढर्रा और भी अलग था।

हिन्दी में शिक्षा और हिन्दी की साहित्यिक प्रगति की दृष्टि से शिवप्रसाद सितारेहिन्द की अत्यन्त महत्त्वपूर्ण भूमिका थी। हिन्दी आन्दोलन अथवा जिसे रामविलास शर्मा हिन्दी नवजागरण कहते हैं, कायदे से देखें तो इन्हीं से शुरू होता है। सितारेहिन्द शिक्षा विभाग में ज्वाइंट इंस्पेक्टर थे, बाद में इंस्पेक्टर ऑफ स्कूल बने। शिक्षा विभाग में आने से पहले 1845 में उन्होंने 'बनारस अख़बार' नाम से साप्ताहिक निकाला था। यह हिन्दी प्रदेश से प्रकाशित होने वाला पहला साप्ताहिक था। इसमें कुछ लोगों को इतनी उर्दूपरस्ती दिखाई पड़ती थी कि वे इसे हिन्दी का पत्र नहीं मानते थे। सितारेहिन्द हिन्दुस्तानी भाषा के पक्षपाती थे, जिसे कम ही लोगों ने समर्थन दिया। हालाँकि उन्होंने शिक्षा विभाग में आने के बाद हिन्दी की जो पाठ्य-पुस्तकें तैयार कीं, उसकी भाषा पर उर्दूपरस्ती का आरोप कोई नहीं लगाता। खुद रामचन्द्र शुक्ल ने स्वीकार किया है, ''राजा शिवप्रसाद ने उर्दू की ओर झुकाव हो जाने पर भी साहित्य की पाठ्य-पुस्तक 'गुटका' में भाषा का आदर्श हिन्दी ही रखा।''[32]

खड़ीबोली कविता के सन्दर्भ में शिवप्रसाद सितारेहिन्द की चर्चा नहीं होती है। वे कवि नहीं थे, लेकिन चूँकि भाषा-निर्माता थे, इस नाते साहित्य की सभी विधाओं के सन्दर्भ में उन पर विचार की आवश्यकता है। रामचन्द्र शुक्ल ने कुछ हद तक उनकी 'ठेठ हिन्दी' का समर्थन किया है।[33] महावीरप्रसाद द्विवेदी खड़ीबोली कविता के उन्नायक माने जाते हैं। उन्होंने अपने प्रसिद्ध निबन्ध 'हिन्दी भाषा और उसका साहित्य' में भारतेन्दु के साथ बराबर रूप से आधुनिक हिन्दी के विकास में सितारेहिन्द का ऋण स्वीकार किया है। उक्त निबन्ध में वे खड़ीबोली कविता के लिए बाबू अयोध्याप्रसाद खत्री को भी याद करते हैं।[34]

अयोध्याप्रसाद खत्री ने खड़ीबोली पद्य आन्दोलन का सूत्रपात किया था और उसके समर्पित नेता थे। 'खड़ीबोली का पद्य' पहले भाग में उन्होंने सबसे पहले 'राजा शिवप्रसाद सितारेहिन्द कृत' शीर्षक से 'रानी केतकी की कहानी' के पद्य (शिवप्रसाद सितारेहिन्द संगृहित गुटका नं.-3 से) को 'ठेठ हिन्दी' की कविता के उदाहरण के रूप में स्थान दिया था।[35] खत्री ने खड़ीबोली पद्य की पाँच शैलियाँ गिनाई थीं—ठेठ हिन्दी, पंडित जी की हिन्दी, मुंशी जी की हिन्दी, मौलवी साहब की हिन्दी और यूरोपियन हिन्दी। खत्री मुंशी-शैली के समर्थक थे, जिसे ठेठ हिन्दी के करीब माना जा सकता है। इस तरह वे शिवप्रसाद सितारेहिन्द की नीति के निकट दिखाई पड़ते हैं। इसे देखते हुए कहना चाहिए कि खड़ीबोली पद्य के नेता खत्री थे तो उसके प्रथम प्रेरणा-पुरुष सितारेहिन्द थे।

अयोध्याप्रसाद खत्री के ऐतिहासिक महत्त्व को प्रतिष्ठित करने की दृष्टि से वर्तमान में बिहार के रामनिरंजन परिमलेन्दु ने महत्त्वपूर्ण शोध किया है। इन्होंने 'खड़ीबोली का पद्य' में संगृहित सितारेहिन्द के पद्य से जुड़े प्रसंग को सहानुभूतिपूर्वक सामने रखा है।[36] उसे देखने की ज़रूरत है। खत्री ने सितारेहिन्द की ख्याति के प्रभाव में उनके द्वारा संकलित पद्य को अपनी 'खड़ीबोली का पद्य' पुस्तक में सबसे पहले स्थान दिया था। उन्होंने सम्मति के लिए शिवप्रसाद सितारेहिन्द के पास पुस्तक भी भेजी थी। लेकिन सितारेहिन्द ने उसे पढ़ने और उस पर कुछ लिखने से यह कहकर मना कर दिया था कि 'अब मैं बहुत एकान्त जीवन बिता रहा हूँ।'[37] अयोध्याप्रसाद ने उसे छापा और उस पर टिप्पणी लिखी :

> *इस चिट्ठी के छापने का प्रयोजन यह है कि लोग ऐसा न कहें कि राजा शिवप्रसाद सितारेहिन्द से इस विषय में राय क्यों न ली गई। बाबू हरिश्चन्द्र और राजा शिवप्रसाद दोनों ने हिन्दी की ममता छोड़ दी। भारतेन्दु तो स्वर्ग Transfer हो गए, परन्तु राजा साहब ने इस मृत लोक में रहते ही हिन्दी का सेह (स्नेह) छोड़ दिया।*

'अब मैं बहुत एकान्त जीवन बिता रहा हूँ' और 'हिन्दी का सेह छोड़ दिया'— दोनों में एक ही बात व्यंजित हो रही है। शिवप्रसाद सितारेहिन्द को जीवन के आखिरी पन्द्रह वर्षों में घोर अपयश का शिकार होना पड़ा था। यह उनकी भाषा-नीति के कारण जितना नहीं था, उससे अधिक भारतेन्दु से उनके सम्बन्ध खराब होने के कारण हुआ। शिवप्रसाद सितारेहिन्द को चाहने वाले भी थे, लेकिन भारतेन्दु के चहेतों की संख्या अधिक थी। कुछ लेखकों के द्वारा सितारेहिन्द को अपमानित करने में कोई कसर नहीं छोड़ी गई। इस कारण उनका एकान्त में चले जाना और हिन्दी से स्नेह छोड़ देना स्वाभाविक था।

द्विवेदी युग तक शिवप्रसाद सितारेहिन्द की हिन्दी को स्वीकार करने वाले लोग दिखाई पड़ते हैं। उनमें से अधिकांश गद्यकार थे। खड़ीबोली कविता के पैरोकारों में उल्लेखनीय व्यक्ति अकेले अयोध्याप्रसाद खत्री थे। उन्हें भी घोर उपेक्षा का शिकार होना पड़ा। मिली-जुली भाषा ('मुंशी स्टाइल') की पक्षधरता और ब्रजभाषा-द्वेष के कारण कम ही लोगों ने उन्हें पसन्द किया।

एकान्त में सितारेहिन्द ही नहीं गए, अन्तिम दशक में खत्री भी एकान्त का शिकार हुए। इस बीच उनकी गतिविधियाँ अत्यन्त सीमित रहीं। 1901 से 1904 तक (जनवरी, 1905 में उनकी मृत्यु हुई) हिन्दी बुद्धिजीवियों और नागरी प्रचारिणी सभा का समर्थन जुटाने में ज़रूर लगे रहे। उनकी आवाज़ बहुत कम लोगों ने सुनी।[38] 'खड़ीबोली का पद्य' नाम की दोनों किताबों को भी, जिनकी आज फिर से चर्चा होने लगी है, खत्री की मृत्यु के बाद मृत घोषित कर दिया गया था।[39]

शिवप्रसाद सितारेहिन्द सरल भाषा और नागरी लिपि के हिमायती थे। उन्होंने

1868 में सरकार को एक मेमोरेंडम दिया था, जिसमें उर्दू (फ़ारसी) लिपि की जगह सरकारी और अदालती कामकाज में नागरी लिपि को प्रचलित करने की माँग की थी। उन्हें विश्वास था कि नागरी स्वीकार कर ली जाती है तो हिन्दी को मनचाहा रूप दिया जा सकेगा। सितारेहिन्द के बाद एक सिलसिला दिखाई पड़ता है, जिसमें नागरी की स्वीकृति के लिए ज़ोर लगाया गया। इसी उद्देश्य से नागरी प्रचारिणी सभा गठित हुई थी। मेरठ के पंडित गौरीदत्त ने तो नागरी प्रचार के लिए अपनी सारी सम्पत्ति रजिस्टरी करा दी थी और नागरी प्रचार का झंडा हाथ में लिये घूमते थे।[40] 19वीं शताब्दी के अन्तिम वर्षों में नागरी आन्दोलन को मदनमोहन मालवीय का नेतृत्त्व प्राप्त हुआ था।[41]

मदनमोहन मालवीय ने एक पुस्तिका तैयार की थी—'कोर्ट कैरेक्टर एंड प्राइमरी एजुकेशन इन नार्थ-वेस्टर्न प्राविन्स'। पुस्तिका में मुख्यतः इस बात पर बल था कि अगर नागरी में अदालती काम होगा तो बहुसंख्य जनता को आसानी हो जाएगी। पुस्तिका तैयार होने के बाद एक अभ्यर्थना-पत्र लिखा गया और हिन्दी समर्थकों के हस्ताक्षर लिये गए। 2 मार्च, 1898 को एक डेपुटेशन, जिसमें सत्रह व्यक्ति शामिल थे, और जिसके नेता मालवीय जी बताए जाते हैं,[42] पश्चिमोत्तर प्रान्त के लेफ्टिनेंट गर्वनर सर ऐंटनी मेकडानल से मिला। उसी का प्रभाव था कि 18 अप्रैल, 1900 के सरकारी आदेश से पश्चिमोत्तर प्रान्त में अदालती काम में नागरी के प्रयोग की अनुमति मिल गई।

मालवीय सरल और ठेठ हिन्दी के पक्षधर थे। उनका मेमोरेंडम शिवप्रसाद-मेमोरेंडम से अलग नहीं है। वह अयोध्याप्रसादी भाषा-विचार के भी करीब है। आलोक राय का कथन उल्लेखनीय है कि अयोध्याप्रसाद खत्री कुछ-कुछ मायने में उसी आन्दोलन के हिस्से हैं, जो मालवीय के 'कोर्ट कैरेक्टर' मेमोरेंडम में दिखाई पड़ता है। वे सन्निकट आधुनिकता के प्रति व्याकुल थे। मुंशी स्टाइल का पक्ष वे इसलिए लेते थे कि वह बेहद सरल थी, और साहित्यिक परम्परा में निहित जड़ता से मुक्त थी। इसी के साथ उसमें शैलीगत तोड़-मरोड़ के बिना यथार्थ को प्रस्तुत करने की क्षमता थी।[43]

अयोध्याप्रसाद खत्री की दृष्टि आधुनिक थी। लेकिन ब्रजभाषा का तिरस्कार उनके लिए महँगा साबित हुआ। वे ब्रजभाषा को 'गंवारी बोली' कहते थे। इस रूप में वे परम्परा-ध्वंसी थे। यह काम शिवप्रसाद सितारेहिन्द ने नहीं किया था। उनकी भाषा चाहे जिस ओर झुकी हुई हो, अवसर पर ब्रजभाषा पद लिखने से नहीं चूकते थे। उदाहरण के लिए, 'भूगोल हस्तमालक' की भूमिका के अन्त में उन्होंने एक सोरठा रखना ज़रूरी समझा :

जे जन दोहु सुजान, लीजो चूक सुधार-धरि।
बालक अति अज्ञान, अजान जानत न कछु॥

अयोध्याप्रसाद खत्री लड़ाकू थे, रणकुशल नहीं थे। उन्होंने ब्रजभाषा का मुखर विरोध नहीं किया होता और स्टाइल-अड़ियल नहीं होते तो शायद उनकी चल गई होती। ब्रजभाषा खुद अपनी जगह छोड़ रही थी, लेकिन जन-मन में उसके लिए ऊँचा स्थान था। इस बात को महावीरप्रसाद द्विवेदी समझते थे। इसलिए वे ब्रजभाषा की कविता को कुछ समय तक उदारतापूर्वक 'सरस्वती' में जगह देते रहे। उन्होंने खत्री की विध्वंसक प्रवृत्ति की भी सटीक खबर ली थी। खड़ीबोली पद्य की खत्री ने पाँच शैलियाँ गिनाई थीं, उसमें भारतीय समाज के वर्ण-विभाजन का ढाँचा झलकता है। धर्म, वर्ण और जातियों की दुनिया के रूपक के निकट होना विरोध झेलने के लिए पर्याप्त था। सरस्वती : सितम्बर, 1902 ई. में उक्त पाँच शैलियों को आधार बनाकर एक व्यंग्य चित्र छापा गया था, जिसमें दो पैर एक धड़ और पाँच सिर का व्यक्ति यूरोपीयन जूते, चूड़ीदार पैजामे, शेरवानी और कंठीमाला धारण किए है। नीचे अनुशीर्षक के रूप में महावीरप्रसाद द्विवेदी की ये पंक्तियाँ हैं :

दो पैरों पर एक धड़, फिर सिर पाँच अनूप।
मुझ पंचरंगे पद्य का, देखो सुघर स्वरूप।[44]

पाँच रंग ही नहीं, एक रंग और भी था—लोक-कविता का। उस पर अयोध्याप्रसाद खत्री समेत किसी ने खास ध्यान नहीं दिया। भारतेन्दु-खत्री युग के पहले से खड़ीबोली में बड़ी मात्रा में लोक-कविता लिखी जा रही थी। साहित्यिक स्तर पर उर्दू में खड़ीबोली कविता की रचना हो रही थी, तब हिन्दी खड़ीबोली में लोककाव्य परम्परा अपनी शक्ति दिखा रही थी। नागरी प्रचारिणी सभा के त्रैवार्षिक खोज-विवरणों (विवरण संख्या 13 और 14) में पचासों कवियों की खड़ीबोली कविताएँ शामिल की गई हैं, जो लोक-परम्परा की हैं और भारतेन्दु-युग से पहले की हैं। ये कविताएँ ख्याल, संगीत, बारहमासा, कवित्त, सवैया, लावनी छंदों में हैं और जनपदीय बोलियों से प्रभावित हैं, विशेषकर ब्रजभाषा से। रामविलास शर्मा की टिप्पणी है—"लोककाव्य में ब्रजभाषा और खड़ीबोली एक-दूसरे के गले में बाँहें डाले हुए आगे बढ़ती हैं।"[45]

ब्रजभाषा के गले में बाँहें डालने वाली 'गंवारी' कविता का अयोध्याप्रसाद खत्री की दृष्टि में क्या महत्त्व!

बहरहाल, अयोध्याप्रसाद खत्री राजा शिवप्रसाद की परम्परा के जबरदस्त आन्दोलनधर्मी व्यक्ति थे। खड़ीबोली कविता के विकास में उनके महत्त्व को उनके समय में कम समझा गया। राजा शिवप्रसाद को भारतेन्दु का शत्रु मान लिया गया था। खत्री को भी भारतेन्दु की शत्रु-परम्परा में रख दिया गया। यह ज़माना सुधार आन्दोलन की दृष्टि से दयानन्द सरस्वती का था। भाषा-विकास और उसके रूपों को ध्यान में रखकर देखें तो भारतेन्दु से अधिक शिवप्रसाद-विरोधी हैं स्वामी दयानन्द सरस्वती और उनके द्वारा स्थापित आर्यसमाज।

आर्यसमाज ने उत्तर भारत में हिन्दी के प्रचार-प्रसार में बड़ी भूमिका निभाई थी। इसने शिक्षण संस्थाएँ कायम करके सरकारी शिक्षा विभाग की तुलना में हिन्दी में शिक्षा के प्रति ज़्यादा उत्साह दिखाया था। यह बात साहित्यिक गतिविधियों को भी प्रभावित कर रही थी। इसलिए यहाँ उसका उल्लेख अनुचित नहीं होगा।

आर्यसमाज के संस्थापक दयानन्द सरस्वती गुजराती थे और संस्कृत के पंडित थे। ब्राह्मोसमाज के नेताओं के सम्पर्क में आए थे। केशवचन्द्र सेन ने उन्हें हिन्दी के प्रचार के लिए प्रेरित किया था। बंगला नवजागरण के लोग राष्ट्रवादी विचारों के प्रचार की दृष्टि से हिन्दी के महत्त्व को समझते थे। स्वयं राममोहन राय, जो संस्कृत शिक्षा के खिलाफ़ थे, हिन्दी में 'बंगदूत' पत्र निकालते थे। दयानन्द संस्कृत तो नहीं छोड़ सकते थे, लेकिन उन्होंने जातीयता के विकास की दृष्टि से हिन्दी को ज़रूर स्वीकार किया।

दयानन्द सरस्वती आधुनिक सुधार आन्दोलन से प्रभावित थे, लेकिन वे कम ही आधुनिक मत के व्यक्ति थे। वे वैदिक मत के प्रचारक थे और संस्कृतनिष्ठ हिन्दी का आग्रह रखते थे। उन्होंने अपना ध्यान हिन्दी क्षेत्र, मुख्यत: पश्चिमोत्तर प्रान्त पर केन्द्रित किया था, लेकिन उन्हें सबसे अधिक सफलता पंजाब और उससे लगे पच्छाहीं हिन्दी के क्षेत्र में मिली। उनका मूल उद्देश्य वैदिक मत का प्रचार था। वे वैष्णव सनातन धर्म के प्रतिकूल विचारधारा को लेकर आगे बढ़े थे, जिससे हिन्दी के कम ही बुद्धिजीवी सहमत थे। भारतेन्दु और शिवप्रसाद सितारेहिन्द दोनों ने उनका विरोध किया था। लेकिन यह एक अच्छी बात थी कि उनके वैदिक मत के प्रचार का लाभ हिन्दी को मिला। ग़ैर-हिन्दी क्षेत्र में भी हिन्दी आगे बढ़ी थी। पंजाब और पश्चिमी उत्तरप्रदेश में उर्दू का चलन था। दयानन्द संस्थापित आर्यसमाज उर्दू में जो पत्र-पत्रिकाएँ और पुस्तकें छापता था, उनमें संस्कृत शब्द भी ठूँस देता था। इससे उर्दू वालों की नाराज़गी ज़रूर प्रकट होती थी, लेकिन हिन्दी का प्रचार तो हो ही जाता था। एक लेखक थे पं. भीमसेन शर्मा, जो शुरू में दयानन्द सरस्वती के काफी करीब रहे थे और 'आर्य सिद्धान्त' नाम से मासिक पत्रिका निकाला करते थे। वे फ़ारसी शब्दों को भी संस्कृत रूप देना चाहते थे—'जैसे दुश्मन को दुःश्मन, सिफारिश को शिप्राशिश, चश्मा को चक्ष्मा, शिकायत को शिक्षायत्न इत्यादि।'[46]

इसमें शक नहीं कि हिन्दू कुरीतियों के विरोध की दृष्टि से दयानन्द सरस्वती की प्रगतिशील भूमिका थी। लेकिन मूर्तिपूजा-विरोध और उपनिषद् और पुराणों को अमान्य करने के कारण उन्हें व्यापक समर्थन हासिल नहीं हो सका। उसी तरह, आर्यसमाजी साहित्य की भाषा में जैसी संस्कृतनिष्ठता थी, वैसी हिन्दी के मान्य लेखकों के यहाँ नहीं दिखाई पड़ी। भाषा-प्रसार की दृष्टि से दयानन्द की भूमिका अच्छी मानी जा सकती है, लेकिन भाषा-विकास की दृष्टि से उसे ठीक नहीं माना जा सकता। दयानन्द के अभियानों के कारण हिन्दुओं और मुसलमानों की भाषा में दूरी बढ़ी। हिन्दी के मान्य लेखकों की भाषा भी परोक्षत: संस्कृत की ओर झुकी।

कविता के सन्दर्भ में दयानन्द सरस्वती पर वैचारिक और भाषागत दृष्टि से सोचने की ज़रूरत है। प्रश्न है यदि वैदिक मत की विजय हो गई होती तो काव्य-परम्परा पर क्या प्रभाव पड़ता? हिन्दी कविता का बड़ा आधार पौराणिक रहा है। पुराण भारतीय काव्य के अक्षय मिथक-कोश हैं। काव्य-रचना में कई दृष्टियों का योग होता है। मिथक उनमें से किसी से कम महत्त्वपूर्ण नहीं। पौराणिक आधार को छोड़कर भारतीय कविता परम्परा-रीढ़ से रहित हो जाती है। उर्दू के साथ कुछ ऐसा ही हुआ। उसने कबीर की सेकुलर परम्परा को भी लगभग अस्वीकार किया था। हिन्दी कविता में वैदिक मत के विजय का अर्थ है कि उसमें निर्गुण कवियों वाली ऐन्द्रिकता भी शायद नहीं होती, उर्दू-वाली 'इश्क़िया शायरी' के आसपास फटकने का तो सवाल ही नहीं होता। हिन्दी कविता आर्यसमाजी नहीं हुई, यह अच्छी बात थी; लेकिन परोक्षत: आर्यसमाजी चिन्तन का कवियों पर प्रभाव पड़ा था।

आर्यसमाज और उसकी शिक्षा-संस्थाओं का विस्तार दयानन्द सरस्वती की मृत्यु (1883) के बाद के तीस-पैंतीस वर्षों में हुआ। आर्यसमाज से प्रभावित लेखकों में से आधे उत्तर-भारतेन्दु काल के हैं और आधे द्विवेदी युग के हैं। उत्तर-भारतेन्दु काल के अधिकांश हिन्दी लेखक भारतेन्दु या शिवप्रसाद के प्रभाव से मुक्त नहीं हुए थे। भावबोध और भाषा, दोनों स्तरों पर। लेकिन महावीरप्रसाद द्विवेदी और उनके युग के कवियों पर, उनके आर्यसमाजी नहीं होने के बावजूद, 'आर्य मिथक' और वैदिक चेतना का प्रभाव था। खुद महावीरप्रसाद द्विवेदी की एक कविता है 'आर्य्य भूमि' (सरस्वती, अप्रैल, 1906), जो 'मैसेज़ टू यंग मैन' नाम के मराठी पत्रक के दसवें अंक के भावार्थ के रूप में लिखी गई थी।[47]

मैथिलीशरण गुप्त की 'भारत भारती' के अतीत खंड पर वैदिक प्रेरणाओं का अन्दाज़ सहज लगाया जा सकता है। एक वैष्णव कवि की चेतना में कैसे आर्यसमाजी विचार सक्रिय हो सकते हैं, इसका बड़ा उदाहरण है—'भारत भारती'।[48] फ्रांचेस्का ऑर्सीनी ने इस ओर संकेत करते हुए लिखा है :

> *...आर्यसमाज की शिक्षा-संस्थाओं का हिन्दी साहित्य पर कोई सीधा प्रभाव भले न पड़ा हो, उसके सांस्कृतिक प्रभाव को नज़रअन्दाज़ नहीं किया जाना चाहिए। उनकी विशेष देन 'आर्य मिथक' को प्रचलित और मान्य कराने में हुई। गुरुकुल के सुशील ब्रह्मचारियों को देखकर यह मानने में तनिक भी संकोच नहीं हो सकता था कि वर्तमान हिन्दुस्तानी जनता ऋषियों की संतान थी। आगन्तुकों के सामने गुरुकुल का वातावरण प्राचीन भारतीय आदर्शों की झाँकी-सी दिखाई देता था जिसका 'वर्णन' मैथिलीशरण गुप्त की 'भारत भारती' में पढ़ा जा सकता था।*[49]

मैथिलीशरण गुप्त वैष्णव थे। पुस्तकों के शीर्ष पर 'श्रीराम' और 'श्रीहरि' लिखते थे। लेकिन 'द्वापर' से पहले की रचनाओं में उन पर आर्य समाज का पर्याप्त प्रभाव रहा था। फ्रेंचेस्का ऑर्सीनी ने 'भारत भारती' के पद-बंधों की संख्या गिनाकर

बताने की चेष्टा की है कि मैथिलीशरण गुप्त की चेतना का व्यापक हिस्सा आर्यसमाजी चिन्तन से आच्छादित है।[50] 'भारत भारती' के बाद मैथिलीशरण गुप्त ने 'साकेत' और 'यशोधरा' में उर्मिला और यशोधरा की व्यथा लिखी, लेकिन उसके निमित्त वैदिक ब्रह्मचर्य-मर्यादा का भी गुणगान किया। आर्य-धर्म को सबसे ऊँचा ठहराने और उसकी परिधि में अन्य जातियों को लाने का भी भाव दिखाई पड़ता है : "बहुजन वन में है बने ऋक्ष-वानर से/ मैं दूँगा आर्यत्व निज कर से/ उच्चारित होते चले वेद की वाणी/ गूँजे गिरि-कानन-सिन्धु-पार कल्याणी/ अम्बर में पावन होम धूम घहरावे।"

मैथिलीशरण का एक काव्य-ग्रन्थ 'गुरुकुल' है। यह सिक्ख गुरुओं से सम्बन्धित है। 'गुरुकुल' की भूमिका में ग्रन्थ के नामकरण के सम्बन्ध में स्पष्टीकरण देते हुए गुप्त जी ने लिखा, "गुरुकुल एक संस्था विशेष का बोधक होने पर भी उपयुक्त जान पड़ा, क्योंकि सिक्खों के सम्बन्ध में वह गुरुकुल भी वैसी ही संस्था है।...आर्य समाज के सम्बन्ध के कारण गुरुकुल नाम एकदेशीय हो उठा है। अतएव धार्मिक विवाद के कारण यह भिन्न सम्प्रदाय वालों के निकट अप्रिय न होने पावे, इस कारण से भी लेखक ने इसे रखना उचित समझा।"[51]

सिक्खों का गुरुकुल भी वही है जो वैदिक परम्परा का गुरुकुल है। 'गुरुकुल' सभी सम्प्रदायों को मान्य होना चाहिए। यह अर्थ बनता है मैथिलीशरण गुप्त के कथन का; इसी विचार से आर्यसमाज भी आगे बढ़ा था।

मैथिलीशरण गुप्त को दयानन्द सरस्वती से दृढ़ रूप में जोड़ने का काम किया है रामधारी सिंह दिनकर ने। यह मानते हुए कि गुप्त जी आर्यसमाजी नहीं, सनातनी कवि हैं, और यह दिखाते हुए कि उनकी कविताओं में दयानन्द सरस्वती के मतों के विपरीत भाव भी प्रकट हुए हैं,[52] उन्होंने अध्ययन प्रस्तुत किया कि दयानन्द सरस्वती के पुनरुत्थानवाद के प्रतिनिधि कवि मैथिलीशरण गुप्त हैं।[53]

युग-चेतनाएँ कैसे विरोधाभासी रूप से काम करती हैं, इसका उदाहरण है मैथिलीशरण गुप्त का काव्य। इस सम्बन्ध में नन्ददुलारे वाजपेयी की टिप्पणी युक्तिसंगत है। दयानन्द सरस्वती ने वेदान्तिक तर्कशीलता से ईसाई और मुस्लिम धर्म चिन्तकों को मात करने का प्रयास किया था। इस बात से 'व्यापक हिन्दुत्व' प्रभावित हुए बिना नहीं रह सका। आर्यसमाज की बाकी बातें असर कम डाल सकीं, लेकिन 'आर्य मिथक' से जुड़े तर्क जोरदार साबित हुए। उसका असर गैर-आर्यसमाजी कवियों पर भी पड़ा। वाजपेयी जी ने लिखा है, "जैसी काव्य-भावना इस तर्क प्रधान वातावरण में विकसित हो सकती थी, वैसी ही गुप्त जी में हुई।"[54]

द्विवेदी युग के दूसरे महत्त्वपूर्ण कवि हैं अयोध्यासिंह उपाध्याय हरिऔध। उनकी प्रबन्ध-रचना 'प्रियप्रवास' को खड़ीबोली का पहला महाकाव्य कहा जाता है। 'प्रियप्रवास' के कृष्ण, कवि के शब्दों में, ब्रह्म नहीं एक महापुरुष हैं। राधा भी

विरहिणी से अधिक समाज-सेविका हैं। राधा और कृष्ण के ऐन्द्रिक और अनुभूतिजन्य प्रेम को चरितार्थ करने में, जो कृष्ण-काव्य का प्राण है, कवि की दिलचस्पी नहीं है। इसकी भाषा कई स्थलों पर आर्यसमाजी हिन्दी को भी इस कदर मात करती है कि रामचन्द्र शुक्ल को भी लिखना पड़ा :

> *किसी प्रकार की रचना को हद पर—चाहे उस हद तक जाना अधिकतर लोगों का इष्ट न हो—पहुँचाकर दिखाने की प्रवृत्ति के अनुसार उपाध्याय जी ने अपने इस काव्य में कई जगह संस्कृत शब्दों की ऐसी लम्बी लड़ी बाँधी है कि हिन्दी को 'है', 'या', 'किया', 'दिया' ऐसी दो एक क्रियाओं के भीतर ही सिमटकर रह जाना पड़ा है।*[55]

हरिऔध उर्दू कविता की ख्याति के प्रभाव से पहले उर्दू छंदों में लिखते थे। ठेठ हिन्दी को आदर्श मानते थे। शृंगारिक कविताएँ लिखते रहे थे। 'प्रियप्रवास' में उनकी ठेठ हिन्दी पीछे हटी, 'वैदेही वनवास' में शृंगारिकता से बिल्कुल ही पल्ला छूट गया। 'वैदेही वनवास', उसी के एक पद को उधार लेकर कहें, 'योग-योग्यता' की सिद्धि का काव्य है; काव्यशास्त्रीय भाषा में कहें तो उसमें उद्दीपन विभाव के अन्तर्गत सिर्फ़ पशु-पक्षी जीवन्त हैं। आर्यसमाजी मॉडल ही है यह।

समग्रतः द्विवेदी युग की कविताएँ आर्यसमाजी तर्क के वातावरण में लिखी जा रही थीं। रामविलास शर्मा उस युग के सन्दर्भ में जिस 'रीतिवाद-विरोधी अभियान' की बात करते हैं, वह बहुत-कुछ उसी वातावरण की उपज है। भारतेन्दु काल में आर्यसमाजी शिक्षाशास्त्र तैयार हुआ, हृष्ट-पुष्ट हुआ द्विवेदी युग में आकर। सांस्कृतिक प्रभाव की दृष्टि से और भाषा-संस्कार की भी दृष्टि से।

भाषा कैसे आर्यसमाजी चेतना के क्रमशः अनुकूल होती चली गई थी, इसका अन्दाज़ सरकारी स्कूल की पाठ्य-पुस्तकों से भी लगाया जा सकता है। 1909 में 'आर्यसमाज पाठावली' के सम्पादक की शिकायत थी कि सरकारी विभाग की पाठ्य-पुस्तकों की भाषा न हिन्दी है और न ही उर्दू, क्योंकि वह किसी क्लासिकी भाषा पर आधारित ही नहीं है। उसी आर्यभाषा की पाठावली के 1923 के संस्करण की भूमिका में सन्तोष व्यक्त किया गया कि सरकारी पाठ्य-पुस्तकें अब संस्कृतगर्भित और परिमार्जित हिन्दी में हैं। 1927 के संस्करण में सन्तोष-भाव में वृद्धि हुई।[56]

भाषा का स्वाभाविक विकास हिन्दी-उर्दू के झगड़े के कारण प्रभावित हुआ। आर्यसमाज ने हिन्दुओं की सांस्कृतिक चेतना पर दबाव के द्वारा उसमें योगदान दिया। भारतेन्दु की चेतना भी हिन्दुत्व-उन्मुखी थी लेकिन भाषा के सम्बन्ध में उनकी दृष्टि अपेक्षाकृत सन्तुलित थी। शिवप्रसाद सितारेहिन्द की उर्दू-परस्ती से उनका किंचित् विरोध था, लेकिन वे दयानन्दी हिन्दी के भी उतने ही विरोध में दिखाई देते हैं। शिक्षा के सवाल पर इन दोनों की तुलना में भारतेन्दु किंचित् उलझे हुए व्यक्ति थे। हंटर कमीशन के समक्ष दिया गया उनका बयान (1882) इसका उदाहरण है।

यहाँ हम प्रसंगवश हंटर कमीशन वाले बयान की कुछ बातों की चर्चा करना चाहेंगे। सबसे पहले तो यह कि भारतेन्दु ने शिवप्रसाद सितारेहिन्द के द्वारा शिक्षा के प्रसार की दृष्टि से किए गए प्रयास की प्रशंसा की थी, लेकिन सरकारी पाठ्य-पुस्तकों पर अपनी राय देने में दिलचस्पी नहीं दिखाई थी। भारतेन्दु के आलोचक वीरभारत तलवार ने माना है कि राजा शिवप्रसाद के मातहत बनाए गए पाठ्य-क्रमों के कारण ही भारतेन्दु ने यह रुख अपनाया।[57] इसमें किंचित् सच्चाई है। लेकिन इससे यह तय नहीं होता कि भारतेन्दु दयानन्द सरस्वती के समान ही संस्कृतनिष्ठ हिन्दी के हिमायती रहे हों। दूसरी बात, वे अंग्रेज़ी राज द्वारा नियंत्रित शिक्षा को स्वतंत्र करने के हिमायती नहीं थे। उसके पीछे यह डर था कि शिक्षा के क्षेत्र में विभिन्न समुदायों में बँटे देश में अराजकता फैल सकती है। उनका ज़ोर अपनी बात मनवाने पर अधिक था। तीसरी बात, उन्होंने उर्दू-हिन्दी में वास्तविक भेद नहीं माना था। लेकिन वे उस भाषा के पक्षधर नहीं थे जिसमें 'भारी-भारी उच्च ध्वनि के फ़ारसी शब्दों का प्रयोग इस हद तक किया जाए कि वाक्य में हिन्दी की केवल क्रिया रह जाए।'[58] 'रानी केतकी की कहानी' की भाषा का वे समर्थन करते थे।[59] वे यह भी मानते थे कि फ़ारसी के सब शब्द हिन्दी से बाहर करना किसी की भी शक्ति से बाहर की बात है।[60] हिन्दी में फ़ारसी शब्दों का सुन्दर प्रयोग सम्भव है, इसके लिए उन्होंने सूरदास की कविता का उदाहरण रखा था।[61]

भारतेन्दु की ये कुछ बातें हैं जिनके आधार पर 19वीं शताब्दी का हिन्दी गद्य गढ़ा जा रहा था। यह बात कविता के सन्दर्भ में भी मायने रखती है। यह इसलिए कि आज हम जिसे हिन्दी कविता कहते हैं, उसका आधार बोलचाल की भाषा नहीं, लिखित गद्य है।

भारतेन्दु युग और कविता

भारतेन्दु ने हंटर कमीशन के द्वारा पूछे गए पहले प्रश्न के उत्तर में अपना परिचय दिया था : "मैं संस्कृत, हिन्दी और उर्दू का कवि हूँ और पद्य तथा गद्य में मैंने बहुत-सी पुस्तकों की रचना की है।"[62] वीरभारत तलवार ने इसमें एक तथ्य-त्रुटि खोजने की कोशिश की है कि उन्होंने ब्रजभाषा का नाम नहीं लिया, जबकि उनकी सबसे अधिक रचनाएँ इसी भाषा में हैं।[63] दसवें प्रश्न के उत्तर पर तलवार ने ज़्यादा ध्यान नहीं दिया है, जिसमें भारतेन्दु कहते हैं—"ब्रजभाषा का प्रयोग हिन्दी की पद्य-रचना में किया जाता है, और खड़ीबोली दो विभिन्न रूपों (हिन्दी और उर्दू) में सारे प्रान्तों में बोली जाती है।"[64] भक्तिकाल से भारतेन्दु तक ब्रजभाषा हिन्दी पद्य की प्रतिनिधि भाषा थी। 'हिन्दी' नाम, जैसा कि पहले कहा जा चुका है, खड़ीबोली से पहले ब्रजभाषा के लिए प्रचलित था। इसलिए साहित्यिक भाषा के रूप में ब्रजभाषा का अलग से नाम लेने का सवाल नहीं था।

भारतेन्दु ने संस्कृत में कविता लिखी, उर्दू में कविता लिखी, कुछ कविताएँ खड़ीबोली में भी लिखीं, लेकिन वे मूलतः ब्रजभाषा के कवि थे। ब्रजभाषा उनके समय में हिन्दी की काव्यभाषा थी। कविता में ब्रजभाषा बनाम खड़ीबोली का विवाद मुख्य रूप से भारतेन्दु की मृत्यु के बाद ज़ोर पकड़ा था। उसमें अयोध्याप्रसाद खत्री की मुख्य भूमिका थी। 'हिन्दोस्थान' पत्रिका मंच का काम कर रही थी। खत्री और श्रीधर पाठक खड़ीबोली कविता के समर्थक थे, प्रतापनारायण मिश्र और राधाचरण गोस्वामी ब्रजभाषा के। खुद 'हिन्दोस्थान' का झुकाव खड़ीबोली वालों की ओर था।

भारतेन्दु समेत उनके युग के कवि प्रतापनारायण मिश्र, राजा लक्ष्मण सिंह, राधाचरण गोस्वामी, प्रेमघन, किशोरीलाल गोस्वामी आदि प्रायः ब्रजभाषा में लिखते थे। बाद के भी कई महत्त्वपूर्ण कवियों का लगाव ब्रजभाषा से बना रहा। श्रीधर पाठक, जो खड़ीबोली कविता के समर्थक थे और जिन्हें खड़ीबोली का पहला समर्थ कवि माना जाता है, शुरू में ब्रजभाषा में कविता लिखते थे। खड़ीबोली में कविता हो, इस मामले में वे अयोध्याप्रसाद खत्री के साथ थे, लेकिन ब्रजभाषा-विरोध में उनके साथ नहीं थे। खड़ीबोली कविता पर प्रताप नारायण मिश्र ने 'हिन्दी प्रदीप' पर तीखा प्रहार किया था। श्रीधर पाठक ने अयोध्याप्रसाद खत्री को लिखा कि उसका उत्तर मैं सोचता हूँ। लेकिन उसी पत्र में उन्होंने खत्री जी को यह भी सलाह दी कि उन्हें अपने छंदःशास्त्र की पुस्तक में खड़ीबोली के साथ-साथ ब्रजभाषा के भी पद्य लेने चाहिए।[65] ब्रजभाषा की कविता श्रीधर पाठक से छूट गई थी, लेकिन वे बाद तक उसके प्रति सहानुभूतिशील रहे। हिन्दी साहित्य सम्मेलन के अभिभाषण में उनके उद्गार देखने योग्य हैं :

> *ब्रजभाषा सरीखी रसीली वाणी को कविता-क्षेत्र से बहिष्कृत करने का विचार उन हृदयहीन अरसिकों के हृदय में उठना सम्भव है, जो उस भाषा के स्वरूप ज्ञान से शून्य और उसकी सुधा के आस्वादन से बिल्कुल वंचित हैं। जिस सुकवि-हंसालिसं-सेवित सारस्वत सरोवर से सूर तुलसी प्रभृति रस सम्राट सत्पद्य पीयूष के अक्षय स्रोत प्रवाहित कर गए हैं, उसे रुद्धद्वार कर देने की कामना या चेष्टा कहाँ तक सहृदयता से अनुमोदित हो सकती है, केवल सहृदय ही अनुमान कर सकते हैं।*[66]

यह 20वीं शताब्दी के दूसरे दशक के उत्तरार्द्ध का उद्गार है। भारतेन्दु के समय ब्रजभाषा से कवियों का कितना लगाव रहा होगा, इससे अन्दाज़ लगाया जा सकता है।

यह नहीं कि भारतेन्दु खड़ीबोली में कविता नहीं लिखना चाहते थे। खड़ीबोली में कविता न कर पाने से व्यथित होकर उन्होंने 'हिन्दी भाषा' (1983) नामक लेख में लिखा : "मैंने कई बेरे परिश्रम किया कि खड़ीबोली में कुछ कविता बनाऊँ पर

वह मेरे चित्तानुसार नहीं बनी, इससे यह निश्चित होता है कि ब्रजभाषा में ही कविता करना उत्तम होता है और इसी से सब कविता ब्रजभाषा में ही उत्तम होती है।''[67]

भारतेन्दु ने खड़ीबोली में 'दशरथ विलाप' कविता लिखी थी। उसी के साथ कुछ और कविताएँ लिखी थीं। 1881 में 'भारत मित्र' में प्रकाशन के लिए उन कविताओं को इस टिप्पणी (सम्पादक के नाम पत्र) के साथ भेजा था :

> *तीन भिन्न-भिन्न छंदों में यह अनुभव करने ही के लिए कि किस छंद में इस भाषा का काव्य अच्छा होगा, कविता लिखी है। मेरा चित्त इससे सन्तुष्ट नहीं हुआ और न जाने क्यों ब्रजभाषा से मुझे इसके लिखने में दूना परिश्रम हुआ।*[68]

भारतेन्दु अपने 'दूना परिश्रम' की निष्फलता को समझते थे। आधे परिश्रम से वे ब्रजभाषा में अच्छी कविता कर लेते थे। यानी ब्रजभाषा उनकी कविता की स्वाभाविक भाषा थी। उसके स्वाभाविक प्रवाह के भीतर खड़ीबोली का लय भी फूट पड़ता था : ''कहेंगे सबै ही नैन नीर भरि-भरि पाछे, प्यारे हरिश्चन्द्र की कहानी रह जाएगी।''[69] इसमें, रामविलास शर्मा ने लिखा, ''आधुनिक लिरिक कविता का नया स्वर हम सुन सकते हैं।''[70]

'आधुनिक लिरिक कविता का नया स्वर' भारतेन्दु की लावनियों में खूब दिखाई पड़ता है।

> *पिया बिना मैं व्याकुल तड़पूँ नींद नहीं आती।*
> *रात अँधेरी पथ न सूझै घोर घटा छाई।*
> *रिमझिम-रिमझिम बूँदैं बरसैं झोंकै पुरवाई।*
> *पपीहन पी-पी रट लाई।*

(वर्षा विनोद, भारतेन्दु समग्र, पृ. 154)

भाषा में स्वाभाविक प्रवाह है। लेकिन इस तरह के कुछ उदाहरणों से अलग 'रुचि-वैचित्र्य' के कारण भारतेन्दु ने खड़ीबोली हिन्दी में जो कविताएँ लिखीं, उनका ऐतिहासिक महत्त्व-भर है। उससे उनकी उर्दू कविता और उर्दू की ही लावनियाँ अच्छी हैं।

भारतेन्दु युग में लावनी और ख्याल के दंगल होते थे। 'फूलों का गुच्छा' नाम से भारतेन्दु की लावनियों का संकलन है। कुछ लावनियाँ 'प्रेम तरंग' (क्र.-80, 81, 82, 87, 89), 'प्रेम प्रलाप' (क्र.-54, 56), 'मधु मुकुल' (क्र.-56), 'वर्षा विनोद' (क्र.-6, 60), 'विनय प्रेम पचासा' (क्र.-38, 39, 40, 42-46, 48-50) में हैं। लावनी लोक रागिनी है। लोक-काव्य में जो भाषिक अनेकरूपता होती है, उसके अनुरूप भारतेन्दु की लावनी में भाषा-प्रयोग की विविधता है।

> *मृत्यु नगाड़ा बाजि रहा है सुन रे तू गाफिल/ सब छन गगन भुवन भरि पूरि रहा गम्भीर नाद अनहद घन-घन/ उनपति पहिले बजता था, बजता है, औ बाजेगा/ इसी शब्द में गुन लै होंगे, सदा एक मत राजैगा/ यह जग के सामान, बीच ही भए,*

बीच मिट जावैंगे/ परस रूप रस गंध अंत में शब्दहि माहिं समावैंगे/ काल रूप सच्चिदानन्द घन साँचो कृष्ण अकेला है/ 'हरिचन्द' जो और है कुछ वह चार दिनों का मेला है।

(विनय प्रेम-पचासा, भारतेन्दु समग्र, पृ. 168)

भाषा खिचड़ी है। लेकिन एक राधावल्लभी वैष्णवी कवि का यह कबीरी अन्दाज़ देखने के काबिल है।

भारतेन्दु युग में खड़ीबोली कविता मुख्यतः लावनी और ख्याल शैली में लिखी गई। श्रीधर पाठक, जिन्होंने भारतेन्दु के समय से लिखना शुरू किया था और जिनके प्रभाव से महावीरप्रसाद द्विवेदी और मैथिलीशरण गुप्त खड़ीबोली में कविता लिखने लगे थे, इसी लावनी और ख्याल की परम्परा से आए थे।[71] यह युग खड़ीबोली में मुख्य रूप से लावनी और ख्याल आधारित कविताओं का है। एक कवि थे शिवराम पण्डया, जिनकी अनेक लावनियाँ 'हिन्दी प्रदीप' में प्रकाशित हुई थीं। भारतेन्दु युग के भूले-बिसरे कवियों के अध्येता रामनिरंजन परिमलेन्दु ने अनमेल विवाह की समस्या पर आधारित उनकी एक अत्यन्त हृदयस्पर्शी लावनी को प्रकाश में लाने का काम किया है।

मेरे मात पिता को नेक तरस नहिं आया।
क्यों नन्हे पति से ब्याह मेरा करवाया॥
दिन रैन पड़े न चैन करूँ सखी प्यारी।
पानी में जवानी मिली हमारी खारी॥
मूरख माली मिला सोच यह भारी।
मुर्झाय चली बिन जल फूली फुलवारी॥
क्या जन्म पत्र जोशी ने ठीक मिलाया।
जो नन्हे पति से ब्याह मेरा करवाया॥
कर गहूँ तो डर कर रो-रो हाथ छुड़ावै।
मैं इधर कहूँ वह उधर को भागा जावै॥
ये काम वान की आग हिया सुलगावै।
जल हीन कूप गृह माहि काज केहि आवै।॥
अमृत के बदले विष ये मुझे पिलाया।
जो नन्हे पति से ब्याह मेरा करवाया॥ [72]

परिमलेन्दु द्वारा उद्धृत शिवराम पण्डया की एक और कविता है 'नौकरी', जिसकी भाषा भारतेन्दु की तुलना में अधिक आधुनिक है।

भारतेन्दु बड़े व्यक्तित्व थे—हिन्दी में 19वीं शताब्दी के बड़े व्यक्तित्व। इस दृष्टि से उन्हें केन्द्र में रखकर आधुनिक साहित्यिक विधाओं पर विचार अनुचित नहीं है। भारतेन्दु ने खड़ीबोली हिन्दी कविता का विकास नहीं किया था। इस दिशा में

अपने प्रयोगों में वे असफल थे। लेकिन उन्होंने जो लावनियाँ और उर्दू कविताएँ लिखी हैं, उनमें हिन्दी काव्य-भाषा के स्वाभाविक विकास के संकेत मौजूद हैं।

समग्रत:, हिन्दी कविता ब्रजभाषा की परम्परा से निकलकर आ रही थी। उस पर अवधी आदि दूसरी बोलियों का भी दबाव था। हिन्दी के कवि उर्दू कविता के विकास से चकित थे। इसलिए उर्दू की धारा में भी उन्होंने प्रवेश किया, और इस मार्ग पर चलकर हिन्दी का स्वतंत्र सोता तैयार करने का प्रयास किया। इसी दृष्टि से भारतेन्दु और उनके सहयोगी कवियों का खड़ीबोली के सन्दर्भ में महत्त्व समझा जा सकता है।

भारतेन्दु युग के उल्लेखनीय कवियों में बद्रीनारायण उपाध्याय प्रेमघन और प्रताप नारायण मिश्र हैं। प्रेमघन ने मुख्यत: ब्रजभाषा में कविता लिखी है और प्रताप नारायण मिश्र ने अवधी और ब्रजभाषा में। दोनों के यहाँ उर्दू-प्रयोग की कविताएँ हैं। इस दृष्टि से प्रेमघन की 'मन की मौज़' कविता उल्लेख-योग्य है। मन के समान ही भाषा उमगती हुई है :

मन की मौज मौज सागर-सी सो कैसे ठैराऊँ।
जिसका वारापार नहीं उस दर्या को दिखलाऊँ॥
तुमसे नाजुक दिल को भारी भौरों में भरमाऊँ।
कहो प्रेमघन प्रेम कहानी कैसे किसे सुनाऊँ॥

(प्रेमघन सर्वस्व, प्रथम भाग, पृ. 191)

इस उर्दू-प्रभाव की कविता में हिन्दी का उमंग है। इसे रामचन्द्र शुक्ल पूरे भारतेन्दु-मंडल के स्वभाव से जोड़ते हैं :

आधुनिक साहित्य का वह प्रथम उत्थान कैसा हँसता खेलता सामने आया था। इसमें मौलिकता थी, उमंग थी। भारतेन्दु के सहयोगी लेखकों और कवियों का वह मंडल किस जोश और ज़िन्दादिली के साथ कैसी चहल-पहल के बीच अपना काम कर गया।[73]

'मन की मौज' का रचनाकाल 1887 है। उस समय तक श्रीधर पाठक खड़ीबोली कविता के मैदान में दिखाई पड़ने लगे थे। राय सोहनलाल, महेश नारायण और बाबू लक्ष्मीप्रसाद की अपेक्षाकृत परिपक्व कविताएँ आ चुकी थीं। उन्हें देखते हुए खड़ीबोली कविता के सन्दर्भ में इसका महत्त्व थोड़ा कम ज़रूर हो जाता है।

'ब्राह्मण' के सम्पादक प्रतापनारायण मिश्र ज्यादा उलझे हुए कवि थे। उर्दू-विरोधी थे और उर्दू में खूब ज़ोर आजमाने वालों में से भी थे। दूसरी बात, वे खड़ीबोली में कविता लिखने के समर्थन में कम ही थे। उनका मानना था कि खड़ीबोली की कविता ब्रजभाषा के देखे रूखी होती है।[74] इसी 'रूखी' भाषा में उन्होंने 'चाहे गाना समझो चाहे रोना' (1884) शीर्षक में दो कविताएँ लिखी थीं। कुल चार कविताएँ हैं इस शीर्षक से। दो खड़ीबोली में हैं और दो ब्रजभाषा में। पहले

के दो भाग ब्रजभाषा में ही हैं। ये ब्राह्मण धर्म की चेतना से आविष्ट वर्तमान के प्रति रोदन की कविता हैं। शूद्र जाति के प्रति बहुत खराब भावना प्रकट हुई है :

शूद्र करत श्रद्धा समेत जहँ, तीन वरन की सेवा।
तहँ बाबू बनि पढ़ि अँगरेज़ी, निदरत द्विज मुनि देवा॥

सनमान होत सब ठौर छुद्र छलियन को।
बनि बिप्र बरन संकरन जनेऊ धारो॥

(प्रतापनारायण मिश्र कवितावली, पृ. 52, 83)

शेष दो खंड, जो खड़ीबोली में हैं, हिन्दू-हिन्दी चेतना का प्रतिनिधित्व करते हैं। उर्दू के प्रति अत्यन्त कटुता का भाव है :

हक में हिन्दी के नहीं, अहले कमीशन देते राय।
छूटे हैं खरगोश पर, कुत्ते शिकारी हाय-हाय॥

(वही, पृ. 54)

यह 'गाना' और 'रोना' हिन्दी कविता की सेकुलर परम्परा के अनुरूप नहीं है। इस कविता के साथ, यह अच्छी बात थी, उन्होंने खड़ीबोली में कविता लिखे जाने के लिए निवेदन प्रकाशित करवाया था।

आर्य्य कवियों से हम सानुरोध प्रार्थना करते हैं कि नागरी भाषा की कविता का भी ढंग डालें, जिस भाषा के लिए इतनी हाय-हाय करते हैं कि उसमें कविता की चाल न हो? प्रिय वर्ग हमें सहायता दो।[75]

प्रतापनारायण मिश्र ने हिन्दी की ग़ज़लें लिखी थीं। उसका महत्त्व न के बराबर है। उन्होंने कसीदा और ग़ज़ल फ़ारसी लिखी। उसमें कहीं-कहीं कुछ अच्छा कह गए हैं। 'मन की लहर' अच्छी कविता है।

दीदारी दुनियादारी यह नाहक का उलझेड़ा है।
सिवा इश्क के, यहाँ जो कुछ है निरा बखेड़ा है।
दुनिया क्या शै है? क्यों है? क्या इसका औवलो आखिर है?
बाद मौत के, कहाँ जाना है क्या होना फिर है?

(प्रतापनारायण मिश्र कवितावली, पृ. 94)

'मन की लहर' कविता को रामविलास शर्मा ने 'नज़ीर के रंग' में बतलाया है।[76] यह बात हम मान लेते, बशर्ते प्रतापनारायण मिश्र में नज़ीर जैसा भेद-रहित हृदय होता।

19वीं शताब्दी की अजीब दास्तान है। सरकारी कामकाज में उर्दू हिन्दी का हक़ मार रही थी, उसका विरोध विरोधाभासी रूप से उर्दू कविता के ही शिल्प में किया जा रहा था। बहरहाल, इससे इतना तो तय होता है कि भारतेन्दु युग की कविता विग्रह-चेतना के साथ-साथ समावेशी भी है।

उर्दू छंदों का व्यवहार भारतेन्दु युग की सीमा थी। ब्रजभाषा के पक्षधरों का तो

मानना ही था कि खड़ीबोली में सिर्फ़ उर्दू छंद काम में आ सकते हैं। राधाचरण गोस्वामी ने, जो ब्रजभाषा को स्वर्ग की सीढ़ी मानते थे, आशंका व्यक्त की थी कि खड़ीबोली में कविता की चेष्टा की जाती है तो गद्य के समान पद्य भी उर्दू के हवाले हो जाएगा।[77] इसमें थोड़ी सच्चाई है। स्वयं राधाचरण गोस्वामी की खड़ीबोली कविताएँ इसी आशंका के दायरे में आती हैं। लेकिन यदि अयोध्याप्रसाद खत्री के समान निर्भीक और साफ दृष्टि रखते हुए खड़ीबोली काव्य-प्रयोगों में रुचि रखी गई होती तो यह आशंका निर्मूल ठहरती।

भारतेन्दु मंडल के उल्लेखित कवियों से पहले ललित किशोरी और ललित माधुरी (वास्तविक नाम कुंदनलाल और फुंदनलाल) नाम के कृष्णभक्त कवियों ने खड़ीबोली में कविता लिखी थी। उनका एक पद रामचन्द्र शुक्ल के इतिहास में उद्धृत है :

जंगल में अब रमते हैं, दिल बस्ती से घबराता है।
मानुष गंध न भाती है, संग मरकट मोर सुहाता है॥
चाक गरेबा करके दम-दम आहें भरना आता है।
'ललित किशारी' इश्क रैन दिन ये सब खेल खेलता है।[78]

उसी समय कोई सीतल नाम के कवि थे, जिनका एक पद हरिऔध की 'रस साहित्य और समीक्षाएँ' में उद्धृत है :

हम खूब तरह से जान गए जैसा आनन्द का कन्द किया।
सब रूप सील गुन तेज पुंज तेरे ही मन में बन्द किया।
तुझ हुस्न प्रभा की बाकी ले फिर विधि ने यह फरफन्द किया।
चम्पक दल सोन जुही नरगिस चामीकर चपला चन्द किया।[79]

ये कविताएँ उर्दू शैली से प्रभावित हैं। फिर भी यह मानना पड़ेगा कि प्रेमघन और प्रतापनारायण मिश्र आदि की तुलना में ये हिन्दी के अधिक निकट पड़ती हैं। श्रीधर पाठक की कविता 'एकान्तवासी योगी' (गोल्ड स्मिथ की कविता 'हरमिट' का अनुवाद, प्रथम पुस्तकाकार संस्करण : 1886) ललित किशोरी की विकसित कड़ी है :

इस पर्वत की रम्य तटी में, मैं स्वच्छन्द विचरता हूँ
परमेश्वर की दया देख के, पशु हिंसा से डरता हूँ
गिरिवर ऊपर की हरियाली, झरना जल निर्दोष
कन्द, मूल, फल, इन्हीं से करूँ क्षुधा सन्तोष।

(श्रीधर पाठक ग्रन्थावली, खंड-2, पृ. 43)

उल्लेखनीय है कि श्रीधर पाठक की 1887 में प्रकाशित कविता 'जगत सचाई सार' (खड़ीबोली का पद्य, दूसरा भाग, 1889 में शामिल) की भाषा 'एकान्तवासी योगी' से कम सुघड़ है। 1889 में उनकी 'उजड़ गाम' (गोल्ड स्मिथ की 'डेंज़टेंड विलेज़' पर आधारित) छपी। यह ब्रजभाषा का काव्य है। 1902 में 'श्रान्त पथिक'

(गोल्ड स्मिथ की 'ट्रेवलर' पर आधारित) छपी। इस समय तक खड़ीबोली कविता के क्षेत्र में और भी कवि प्रवृत्त हो चुके थे। 'एकान्तवासी योगी' विशेष प्रेरणा का काम कर रही थी। इसलिए रामचन्द्र शुक्ल ने इसे 'खड़ीबोली की पहली पुस्तक' कहा,[80] और वह एक तरह से ठीक ही है।

'एकान्तवासी योगी' से पहले श्रीधर पाठक की 'हिन्दी प्रदीप' आदि पत्रिकाओं में पूर्व-प्रकाशित आठ कविताओं का संग्रह 1882 में 'मनोविनोद' नाम से छपा था। रामनिरंजन परिमलेन्दु की शिकायत है कि उनकी अनूदित खड़ीबोली की कविताओं का उल्लेख तो किया जाता है, किन्तु जानकारी के अभाव में मौलिक खड़ीबोली कविताओं की ओर किसी का ध्यान नहीं जाता।[81] शिकायत को हम उचित ठहराते यदि स्वयं कवि ने इसमें हेरफे र नहीं किया होता। 'मनोविनोद' का दूसरा संस्करण 1900 में आया और तीसरा 1917 में। दूसरे संस्करण में परिवर्द्धन और परिष्कार की ज़रूरत पड़ी, तीसरे से भी कई कविताएँ निकाल बाहर की गईं।[82] उपलब्ध 'मनोविनोद' में शामिल श्रीधर पाठक की भारतेन्दु युगीन कविताएँ भाषा-रूप में कैसी रही होंगी, कहना मुश्किल है।

समग्र रूप से, भारतेन्दु युग खड़ीबोली कविता के विकास का युग नहीं है, वह मुख्यतः गद्य के विकास का युग है। यह आकस्मिक नहीं है कि रामचन्द्र शुक्ल के इतिहास में आधुनिक काल के अन्तर्गत गद्य का प्रकरण पहले है। पूरा गद्य प्रकरण समाप्त होने के बाद काव्य का प्रकरण प्रारम्भ होता है। बाद के इतिहास-ग्रन्थों में यह क्रम उलट गया है। इतिहास-विवेक ही बाद में उलट गया।

भारतेन्दु युग के लेखकों ने जो उत्साह और आत्मविश्वास गद्य के क्षेत्र में अर्जित किया, वह कविता के क्षेत्र में नहीं कर सके। खुद भारतेन्दु के बारे में रामचन्द्र शुक्ल की टिप्पणी है कि उन्होंने 'हिन्दी काव्य को केवल नए-नए विषयों की ओर ही उन्मुख किया, उसके भीतर किसी नवीन विधान या प्रणाली का सूत्रपात नहीं किया।'[83] वस्तुतः इतनी जल्दी 'नवीन विधान या प्रणाली' बन भी नहीं सकती थी। पीछे ब्रजभाषा की तगड़ी काव्य-परम्परा थी तो सामने उर्दू की ज़ोरदार कविताएँ थीं। भारतेन्दु युग के कवियों ने परम्परा को स्वीकार किया और उर्दू की शक्ति से भी किंचित् जुड़ने का प्रयास किया। इसी के भीतर हिन्दी कविता का मार्ग तैयार हुआ।

भारतेन्दु की मनोवृत्ति ब्रजभाषा की ओर अधिक झुकती थी। कविता में नए विधान का सूत्रपात करने में सफल नहीं होने के बावजूद अत्यन्त प्रयोगधर्मी कवि थे। कई भाषाओं में कविताएँ लिखी थीं। संस्कृत, उर्दू, बंगला, गुजराती, पंजाबी, मारवाड़ी सबमें कलम चलाई। उनके कई प्रयोग साहित्यिक महत्त्व के न होते हुए भी लाज़वाब हैं। विषय और भाषिक प्रयोग, दोनों ही दृष्टियों से। इस सम्बन्ध में हम एक अनचिह्ना उदाहरण रखना चाहेंगे। 1887 की 'हरिश्चन्द्र चन्द्रिका' में छपी 'मुशायरा' शीर्षक से एक खिलंदरा किस्म का पद्य छपा था, उसका एक अंश (ग़ज़ल) देखिए :

गल्ला कटै लगा है कि जो है सो है,
बनियन का श्रम भवा है कि भैया जो है सो है।
लाला की भैंसी शोर निचोवत माँ शाशी जब,
दूध मोह मा मिल गवा है कि भैया जो है सो है।
इक तो कहत माँ मर मिटी ख़िलकत जो हैगा सब,
तेह पर टिकस बँधा है कि भैया जो है सो है।
अँगरेज़ से अफ़गान से वह जंग होता है,
अख़बार मां लिखा है कि भैया जो है सो है
कुप्पा भए हैं फूल के बनियाँ वे फ़र्त्ते माल।
पेट उन का दमकला है कि भैया जो है सो है।
अख़बार नाहीं पंच से बढ़कर भवा कोऊ,
सिक्का यजम गवा है कि भैया जो है सो है। [84]

इसे उद्धृत करने का उद्देश्य सिर्फ़ इतना बताना है कि वह दौर प्रयोगशीलता में बहुत आगे था। इसका लाभ बहुत बाद तक नागार्जुन आदि कवियों को मिला।

भारतेन्दु ने खड़ीबोली में अच्छी कविताएँ नहीं लिखीं। लेकिन वे एक प्रयोगधर्मी कवि थे और नए विधान का सूत्रपात करने के लिए तत्पर थे। उन्हें छोटा जीवन मिला। वरना कोई कारण नहीं था कि वे खड़ीबोली में कविता के लिए नए विधान न खोज पाते। उनके समय के कुछ लोगों ने, हमारी समझ से, उनकी इस बात को ज़्यादा ही महत्त्व दे रखा था : "ब्रजभाषा में ही कविता करना उत्तम होता है।"

भारतेन्दु की मृत्यु के दो साल बाद अयोध्याप्रसाद खत्री का खड़ीबोली पद्य आन्दोलन खड़ा हुआ। 'हिन्दोस्थान' पत्रिका में खड़ीबोली बनाम ब्रजभाषा का विवाद चला। खड़ीबोली कविता के पक्ष से इसमें श्रीधर पाठक की मुख्य भूमिका देखी गई। अयोध्याप्रसाद खत्री के सम्पादन में 'खड़ीबोली का पद्य' पहला भाग 1887 में और दूसरा भाग 1889 में प्रकाशित हुआ। उस समय इन दोनों पुस्तकों को अपेक्षित महत्त्व प्राप्त नहीं हो सका। लेकिन आधुनिक हिन्दी साहित्य के समग्र इतिहास पर ध्यान दें तो 'खड़ीबोली का पद्य' पहला भाग का आधुनिक हिन्दी कविता के सन्दर्भ में वही महत्त्व है, जो गद्य के सन्दर्भ में भारतेन्दु के द्वारा 'हरिश्चन्द्र मैगज़ीन' को ध्यान में रखकर 'कालचक्र' में दर्ज़ इस वाक्य–'हिन्दी नए चाल में ढली—1873 ई.' का।

खड़ीबोली पद्य का आन्दोलन और विवाद

'खड़ीबोली का पद्य' पहला भाग 1887 में मुजफ्फरपुर से छपा था। कविताओं के संग्रहकर्त्ता अयोध्याप्रसाद खत्री थे। 1888 में यही पुस्तक फ्रेडरिक पिन्कौट के सम्पादन में डब्ल्यू.एच. एल्लेन एंड कम्पनी, 13 वाटरलू प्रेस, लंदन से छपी। लंदन संस्करण

से पहले ही पुस्तक विवाद का विषय बन गई थी। 'हिन्दोस्थान' पत्र में नवम्बर, 1887 से अप्रैल, 1888 के बीच 'खड़ीबोली का पद्य' के निमित्त ज़ोरदार बहस चली थी। खुद अयोध्याप्रसाद खत्री ने उस बहस का संकलन तैयार किया 'खड़ीबोली आन्दोलन' नाम से। उसके सम्पादन का काम पं. भुवनेश्वर मिश्र ने किया। 'खड़ीबोली का पद्य' का दूसरा भाग 1889 में छपा, जो अपेक्षाकृत छोटा है। इसमें श्रीधर पाठक की 'जगत सचाई सार' (सर्वप्रथम 1887 में प्रकाशित) भी शामिल की गई।

श्रीधर पाठक खड़ीबोली कविता के प्रथम कवियों में से एक हैं। रामचन्द्र शुक्ल ने उनकी कविता 'एकान्तवासी योगी' को खड़ीबोली की 'पहली पुस्तक' कहा है। अयोध्याप्रसाद खत्री ने 'हिन्दोस्थान' पत्र में जो विवाद चला था, उसमें उन्हें अपने दल का प्रतिनिधि माना था।[85] दूसरी ओर, खुद श्रीधर पाठक ने खत्री को लिखे एक पत्र में 'खड़ीबोली का पद्य' को आन्दोलन के रूप में स्वीकार किया था और उसका सारा श्रेय उन्हें दिया था।[86] लेकिन 1910 में हिन्दी साहित्य सम्मेलन की काशी में आयोजित सभा में उनके द्वारा पठित निबन्ध 'खड़ीबोली की कविता' में आन्दोलन वाली कोई बात नहीं कही गई। उसमें केवल यह उल्लेख किया गया कि 1887 में खड़ीबोली कविता पर विवाद चला था।[87]

अयोध्याप्रसाद खत्री के उत्साही प्रशंसक रामनिरंजन परिमलेन्दु ने 'विवाद' शब्द पर आपत्ति प्रकट की है। उनका दृढ़ मत है : "यह 'विवाद' नहीं आन्दोलन था... जिसका दूरगामी सकारात्मक सार्थक प्रभाव हिन्दी कविता पर प्रचुर मात्रा में हुआ।"[88] श्रीधर पाठक ने खड़ीबोली कविता में खत्री के योगदान का उल्लेख नहीं किया, इस बात के प्रति परिमलेन्दु की नाराज़गी स्वाभाविक है, लेकिन 'विवाद' के महत्त्व को 'आन्दोलन' से कम करके आँकना हमारी समझ से उचित नहीं है। न सामान्य अर्थ में और न ही अयोध्याप्रसाद खत्री द्वारा चलाए गए अभियान के अर्थ में।

सामान्य रूप से देखें तो 19वीं शताब्दी के लेखकों के लिए विवाद से ज़्यादा रुचिकर कोई विषय नहीं था। वह सही मायने में विवाद ('डिबेट' और 'कॉन्ट्रवर्सी') का युग था। विभेद और समावेशन उस युग की मुख्य प्रवृत्ति है, जिसे नवजागरण की अन्तर्वस्तु से जोड़कर देखा जाना चाहिए। यह प्रवृत्ति सुधार आन्दोलनों में अधिक प्रकट और कठोर थी; भाषा और साहित्य के क्षेत्र में, हो-हल्ला के बावजूद, विवाद अपेक्षाकृत लचीले थे।

अयोध्याप्रसाद खत्री के द्वारा चलाए गए अभियान की बात करें तो उनका 'खड़ीबोली का पद्य' काव्य-शैलियों के विवाद की पुस्तक है। उनके द्वारा मुंशी स्टाइल का पक्ष लिया जाना आन्दोलन (एजिटेशन) है। 'हिन्दोस्थान' वाला प्रसंग ब्रजभाषा बनाम खड़ीबोली विवाद है। इस तकनीकी बात से ऊपर पूरा प्रसंग राष्ट्रवादी अभियान अथवा नवजागरण का अंग है। इसमें यह बात ज़रूर जोड़ी जा सकती है कि अयोध्याप्रसाद खत्री की चेतना नवजागरण की परिधि के भीतर ज़्यादा अग्रगामी

है और उस परिधि को थोड़ा तोड़ती भी है। उनके विवाद का आचरण ज़्यादा प्रकट है, जो भाषा आन्दोलन के दूसरे सहभागियों से मेल नहीं खाता, और दूसरों की मान्यताओं को पदच्युत करने पर ज़ोर देता है। खत्री खड़ीबोली आन्दोलन के उत्साह में ज़्यादा ही ब्रजभाषा-विरोधी हो गए थे। 'अयोध्याप्रसाद खत्री स्मारक ग्रन्थ' के सम्पादक नलिन विलोचन शर्मा ने भी माना है : "कटु होने पर भी वस्तुस्थिति यह है कि खड़ीबोली पद्य के लिए खत्री जी का आग्रह ब्रजभाषा पद्य के प्रति घृणा में प्रकट हो गया था, जिसके फलस्वरूप उनका दूरदर्शितापूर्ण भाषा-आन्दोलन खड़ीबोली के समर्थकों के लिए भी कुछ अंशों में अग्राह्य सिद्ध हुआ।"[89] श्रीधर पाठक, जो कभी खत्री समर्थक थे, बाद में उन्हें स्मरण नहीं करते तो उसके पीछे भी यही 'वस्तुस्थिति' है।

अयोध्याप्रसाद खत्री आर्यभाषा प्रचारक दयानन्द सरस्वती की भाषा-नीति के विपरीत पड़ते थे, लेकिन उन्हीं के समान हठधर्मी थे। हठधर्मिता के कारण, यह अच्छी बात थी, उन्होंने कई प्रकार के लेखन किए और विविध सम्मेलनों और वार्ताओं में अपना पक्ष रखने का प्रयास किया। उनकी मान्यताएँ यदि आज सही प्रतीत होती हैं तो यह भी माना जाना चाहिए कि हठधर्मिता का भी आने वाले युग की दृष्टि से मोल होता है।

'खड़ीबोली का पद्य' में खत्री ने खड़ीबोली कविता की विभिन्न शैलियों के नमूने पेश किए और उसकी भूमिका लिखी। विभिन्न शैलियों की खोज विभिन्न प्रयोगों की खोज है। यह एक प्रकार से 'तारसप्तक' से छप्पन साल पहले का प्रयोगवाद है। बनती हुई काव्य-भाषा का सच्चा प्रयोगवाद!

'हिन्दोस्थान' में चले विवाद की पृष्ठभूमि में 'खड़ीबोली का पद्य' था। यह विवाद, जैसा कि पहले उल्लेख किया जा चुका है, 'खड़ीबोली आन्दोलन' नाम से पुस्तिका के रूप में छपा। पुस्तिका के सम्पादक पं. भुवनेश्वर मिश्र ने उसकी भूमिका इस रूप में बाँधी है : "इस पीरियड में श्री राधाचरण गोस्वामी जी ने डंका बजाया, फिर श्रीधर पाठक जी और प्रतापनारायण मिश्र जी दोनों लड़ाके भिड़ गए।"[90]

राधाचरण गोस्वामी ब्रजभाषा की महान परम्परा से अभिभूत थे : "चन्द के समय से बाबू हरिश्चन्द्र तक जो कविता हुई है, वह सब ब्रजभाषा में हुई।"[91] चन्द के समय से ब्रजभाषा में कविता नहीं भी हुई हो, लेकिन ब्रजभाषा काव्य-परम्परा पर उनका गर्व अनुचित नहीं था। दूसरी बात, वास्तव में उन्हें खड़ीबोली कविता का विरोधी नहीं कहा जा सकता। वे खुद भी खड़ीबोली में कविता करते थे। श्रीधर पाठक की 'एकान्तवासी योगी' को सर्वप्रथम उन्होंने ही अपनी पत्रिका 'भारतेन्दु' के चार अंकों (1884-85) में छापा था। उनका वास्तविक विरोध अयोध्याप्रसाद खत्री से था। उनकी शिकायत थी कि खत्री 'ब्रजभाषा की कविता को हिन्दी से दूध की मक्खी की तरह निकालना चाहते हैं।'[92] हमारी समझ से ब्रजभाषा के प्रति खत्री

ने व्यावहारिक रुख अपनाया होता तो शायद ही राधाचरण गोस्वामी 'हिन्दोस्थान' के मंच पर खड़ीबोली कविता के विरोध में खड़े होते।

राधाचरण गोस्वामी ने छंद-प्रयोग और शब्द-प्रयोग, दोनों दृष्टियों से खड़ीबोली को अयोग्य करार दिया था। भाषा के कवित्त और सवैया आदि छंदों के प्रति उन्हें गहरा लगाव था। वे मानने को तैयार नहीं थे कि इनका खड़ीबोली में बेहतर प्रयोग हो सकता है।[93] शब्द-प्रयोग की दृष्टि से उन्होंने खड़ीबोली के प्रति ज़्यादा ही शंका जताई। कहा कि खड़ीबोली में कविता से थोड़े दिनों में खाली उर्दू कविता का प्रचार हो सकता है।

खड़ीबोली कविता के विरुद्ध दूसरे लड़ाके थे प्रतापनारायण मिश्र। खड़ीबोली कविता छंद और शब्दों के प्रयोग की दृष्टि से यह सही है कि बहुत हद तक उर्दू-ग्रस्त थी। प्रतापनारायण मिश्र ने इसे उसकी सीमा मानी थी। उनकी व्यंग्योक्ति है, "सिवाय फ़ारसी छंद और दो-तीन चाल की लावनियों के और कोई छंद उसमें बनाना भी ऐसा है, जैसे किसी कोमलांगी सुन्दरी को कोट-बूट पहिनाना।"[94] उनका दृढ़ मत था, जिसका उल्लेख हम कर चुके हैं : "कविता इस भाषा की ब्रजभाषा के देखे रुखी होती है और होगी।" उन्होंने अचूक हथियार के रूप में भारतेन्दु का इस्तेमाल किया। कहा कि जो काम भारतेन्दु से ही नहीं हो सका, उसमें दूसरों का यत्न निष्फल है।

श्रीधर पाठक प्रतिभाशाली कवि थे। उन्हें ब्रजभाषा से लगाव था, लेकिन खड़ीबोली कविता के उज्ज्वल भविष्य का आभास भी था। खड़ीबोली में कविता की रचना में वे सबसे अधिक प्रयत्नशील थे। राधाचरण गोस्वामी और प्रतापनारायण मिश्र को जो उन्होंने प्रत्युत्तर दिए हैं, उसमें रचना-प्रयत्न से पैदा हुआ आत्मविश्वास दिखाई पड़ता है।

राधाचरण गोस्वामी ने माना था कि खड़ीबोली में कवित्त, सवैया आदि का अच्छा प्रयोग नहीं हो सकता है। श्रीधर पाठक ने उनसे प्रश्न किया—"कभी खड़ीबोली में कवित्त लिखने पर श्रम भी किया है?"[95] गोस्वामी को डर था कि खड़ीबोली में कविता से थोड़े दिनों में खाली उर्दू कविता का प्रचार हो सकता है। श्रीधर पाठक ने कहा, "खड़ीबोली की कविता में उर्दू नहीं घुसने पावेगी। जब हम हिन्दी की प्रतिष्ठा के परिरक्षण में सदा सचेत रहेंगे तो उर्दू की ताव क्या जो चौखट के भीतर पाँव रख सके।"[96] यह खड़ीबोली कविता की दिशा में प्रयत्नशील कवि का आत्मविश्वास बोल रहा था।

प्रतापनारायण मिश्र ने लिखा था कि भारतेन्दु से जब खड़ीबोली में कविता का काम नहीं हो सका था तो दूसरों का प्रयत्न निष्फल है। श्रीधर पाठक ने उसका बहुत ही संयत उत्तर दिया था : "भारतेन्दु श्री हरिश्चन्द्र ने उतना श्रम इस कविता पर कदापि नहीं किया जितना ब्रजभाषा पर, नहीं तो इसकी महिमा दिखाना भी इनको

कोई बड़ी बात न थी।''[97] यह एक प्रकार से दुश्मन के ही हथियार से युद्ध जीत लेने वाली बात थी।

श्रीधर पाठक सन्तुलित व्यक्तित्व के धनी थे। वे खड़ीबोली कविता के पक्षधर थे, लेकिन ब्रजभाषा-विरोधी नहीं थे। उनका ज़ोर इस बात पर था कि 'नवीन हिन्दी में जैसे गद्य है वैसे पद्य भी होना चाहिए।'[98] अयोध्याप्रसाद खत्री ब्रजभाषा को हिन्दी नहीं मानते थे। इसलिए अपने खड़ीबोली आन्दोलन में आधा ही श्रीधर पाठक पा सके। 'हिन्दोस्थान' विवाद में श्रीधर पाठक ने खत्री का प्रतिनिधि बनना स्वीकार किया था, लेकिन ब्रजभाषा कविता के प्रेमी के रूप में वे उनके आन्दोलन से बाहर के व्यक्ति थे। खत्री में सन्तुलन का अभाव था। ब्रजभाषा कविता के पक्षपातियों द्वारा भारतेन्दु की दुहाई देने को उन्होंने संयमित भाव से ग्रहण नहीं किया। 'एक अगरवाले के मत पर एक खत्री की समालोचना' नामक अपनी टिप्पणी में बेबाक कह गए : ''बाबू हरिश्चन्द्र ईश्वर नहीं थे। उनको शब्दशास्त्र Philology का कुछ भी बोध नहीं था।''[99] आगे जो लिखा वह तर्कपूर्ण है, लेकिन कहने का यह अमर्यादित ढंग किसे पसन्द आता, और वह भी भारतेन्दु के लिए! इतिहास ने उन पर उलट-वार किया। वे ब्रजभाषा को हिन्दी नहीं मानते थे। इस बात पर रामचन्द्र शुक्ल ने लिखा : ''वे भाषातत्त्व के जानकार न थे।''[100]

ब्रजभाषा को हिन्दी न मानने के अर्थ में खत्री भले भाषातत्त्व के नाजानकार कहे जाएँ, उनकी आक्रामकता और कमियाँ उन्हें शक्ति भी दे रही थीं। इतिहास में व्यक्ति कई प्रकार से योगदान देता है। अयोध्याप्रसाद खत्री का तरीका चाहे जैसा भी रहा हो, खड़ीबोली कविता के लिए खर्च की गई उनकी ऊर्जा न केवल कविता की दृष्टि से बल्कि हिन्दी भाषा-मात्र के लिए सार्थक साबित होने जा रही थी। उन्होंने जिस मुंशी शैली को आगे किया था, उसमें राष्ट्रभाषा होने की सबसे अधिक क्षमता थी। इसलिए यह असंगत नहीं कि वे विश्वनाथ प्रसाद मिश्र को 'हिन्दी भाषा और नागरी लिपि का महात्मा गांधी' प्रतीत हुए।[101]

राधाचरण गोस्वामी ने खत्री को ध्यान में रखकर आरोप लगाया था कि ''खड़ीबोली में कविता करने की लालसा उन्हीं लोगों को विशेष होती है जो ब्रजभाषा में न कविता कर सकते, न काव्य के तत्त्व को जानते हैं, और कविता करने को आतुर हैं... ।''[102] काव्य-तत्त्व को नहीं जानने वाली बात तो हम नहीं कह सकते; लेकिन अयोध्याप्रसाद खत्री-सम्पादित 'खड़ीबोली का पद्य' में शामिल बिहार के कवि ब्रजभाषा में कम गति रखते होंगे, यह बात मानी जा सकती है। पहले भाग में शामिल आठ कवियों में से तीन बिहार के हैं—राय सोहनलाल, बाबू महेशनारायण और बाबू लक्ष्मी प्रसाद। ये सभी अयोध्याप्रसाद खत्री के समकालीन हैं। दूसरे भाग में शामिल अम्बिकादत्त व्यास मूलतः ब्रजभाषा के कवि थे और इनकी कर्मभूमि बिहार थी। ये बिहार के मूल निवासी नहीं थे।

बिहार ब्रजभाषा केन्द्र से सबसे दूर स्थित हिन्दी क्षेत्र है। स्वभावतः इस प्रदेश में ब्रजभाषा की परम्परा क्षीण हो जाती है। बिहार में सबसे पहले हिन्दी अदालत की भाषा स्वीकृत हुई थी, जिसकी चर्चा हम पीछे कर चुके हैं। इन दोनों कारणों से यह स्वाभाविक था कि खड़ीबोली में कविता लिखने की प्रवृत्ति सबसे पहले बिहार में दिखाई पड़े। यानी यहाँ ब्रजभाषा-प्रेम ज़्यादा नहीं था, उर्दू-परस्ती भी ज़्यादा नहीं थी। राधाचरण गोस्वामी या किसी और के द्वारा खत्री-सम्पादित कवियों में कमी या खोट दिखा देना अपनी जगह है, लेकिन भविष्य की कविता की दृष्टि से बिहारी कवियों के प्रयास नकारने योग्य नहीं थे। लेकिन बिहारी-प्रतिभा से जैसे आज लोग डरते हैं, उस समय भी डरते होंगे। 'खड़ीबोली का पद्य' की दोनों पुस्तकों के बारे में चन्द्रधर शर्मा गुलेरी जैसे विद्वान और सुचिन्तक का यह कथन आकस्मिक नहीं है : "हिन्दी साहित्य की दृष्टि में ये दोनों ग्रन्थ मर चुके हैं।"[103]

हिन्दी साहित्य की दृष्टि में ये दोनों ग्रन्थ , जो खत्री की ख़ास खोज थे, मर चुके होंगे, तभी तो रामचन्द्र शुक्ल ने अपने इतिहास में उनके कवियों का नामोल्लेख नहीं किया !

जैसे खड़ीबोली कविता के लिए न्योछावर खत्री की निगाह में भारतेन्दु ईश्वर नहीं थे, वैसे ही खत्री का महत्त्व समझने वाले लोगों की निगाह में रामचन्द्र शुक्ल का इतिहास अन्तिम नहीं माना गया। छठे दशक के अन्तिम वर्षों में नया इतिहास बनाने का काम शुरू हुआ। खत्री मुजफ्फरपुर के थे। स्वभावतः मुजफ्फरपुर निवासियों ने ज़्यादा बढ़-चढ़कर उन पर काम किया। उनमें उमाशंकर, विद्यानाथ मिश्र और ललित कुमार सिंह 'नटवर' मुख्य हैं। ललित कुमार सिंह नटवर के प्रयास से आचार्य शिवपूजन सहाय और नलिन विलोचन शर्मा के सम्पादन में 'अयोध्याप्रसाद खत्री स्मारक-ग्रन्थ' (1960) का प्रकाशन हुआ। इसे छोड़कर बाकी काम स्थानीय स्तर के साबित हुए।

नई शताब्दी में आधुनिक हिन्दी कविता और उसकी भाषा-चेतना के निर्माण में अयोध्याप्रसाद खत्री की भूमिका को नए सिरे से परिभाषित करने का प्रयास किया जा रहा है। इसमें रामनिरंजन परिमलेन्दु की पुस्तक 'भारतेन्दु काल के भूले-बिसरे कवि और उनका काव्य' (2002) की उत्साहवर्धक भूमिका है। यह सघन शोध-कार्य है। परिमलेन्दु बताते हैं कि यह पुस्तक 1974 में पूरी हो गई थी, लेकिन सत्ताईस वर्षों तक प्रकाशन के लिए तरसती रही। आलोचनात्मक विवेचन कमजोर होने के बावजूद यह आवश्यक सन्दर्भ ग्रन्थ है। इसके प्रकाशन के एक वर्ष के अनन्तर साहित्य अकादमी, दिल्ली से परिमलेन्दु-लिखित 'अयोध्याप्रसाद खत्री' नामक मोनोग्राफ़ प्रकाशित हुआ। अकादमी से 2008 में 'खड़ीबोली का पद्य' भी परिमलेन्दु के सुसम्पादन में प्रकाशित हुआ है।

अयोध्याप्रसाद खत्री ने, जैसा कि पहले उल्लेख किया जा चुका है, 'खड़ीबोली

का पद्य' में संग्रहीत कविताओं को पाँच शैलियों में विभाजित किया है—ठेठ हिन्दी, पंडित जी की हिन्दी, मुंशी जी की हिन्दी, मौलवी साहब की हिन्दी और यूरेशियन हिन्दी। 'खड़ीबोली का पद्य' के दूसरे भाग में उन्होंने अलग से यूरोपियन शैली का एक उदाहरण रखा और 'विविध' (मिसलेनियस) नाम से भी एक अलग खाता खोला। परिशिष्ट में 'मुशायरा' नामक प्रहसनात्मक कविता रखी। खुद खत्री का झुकाव मुंशी जी की हिन्दी की ओर था। लिखा है : "मुंशी जी की हिन्दी पंडित जी और मौलवी साहब की हिन्दी के बीच की हिन्दी है और इसको यूरोपियन विद्वान हिन्दुस्तानी कहते हैं।"[104]

'खड़ीबोली का पद्य' के पहले भाग में मुंशी शैली के तीन कवि हैं—राय सोहनलाल, भारतेन्दु और महेशनारायण। पंडित शैली के मुख्य कवि हैं लक्ष्मीप्रसाद। दूसरे भाग में मुंशी शैली की एक बारामासा है। कवि का नाम नहीं है। भारतेन्दु की भी 'प्रेम तरंग' से मौलवी शैली के उदाहरण के रूप में एक कविता ली गई है। पंडित शैली की कविता के रूप में, जिसकी चर्चा हम पहले कर चुके हैं, श्रीधर पाठक की 'जगत सचाई सार' शामिल है। इसके अतिरिक्त अम्बिकादत्त व्यास का इकत्तीस अक्षर वाला कवित्त छंद है।

वस्तुतः उपुर्यक्त कवियों में से श्रीधर पाठक को छोड़कर किसी का भी खत्री के खड़ीबोली पद्य आन्दोलन से व्यक्तिगत जुड़ाव शायद नहीं रहा था। राय सोहनलाल और लक्ष्मीप्रसाद भारतेन्दु-कालीन कवि थे। अम्बिकादत्त व्यास ब्रजभाषा के प्रतिभाशाली कवि थे। भारतेन्दु ने उन्हें बारह वर्ष की छोटी उम्र में सुकवि की उपाधि दी थी। वे काशी-निवासी थे और बिहार में संस्कृत-शिक्षक थे। इसलिए खत्री का उन पर ध्यान जाना स्वाभाविक था। हिन्दी में वे अम्बादत्त नाम से लिखते थे। उनकी ब्रजभाषा की कविता, नाटक आदि की कई पुस्तकों के प्रकाशन का उल्लेख मिलता है। खड़ीबोली में कविता की उनकी कोई पुस्तक नहीं है। इसलिए यह कहना मुश्किल है कि वे खड़ीबोली पद्य आन्दोलन के समर्थक कवि रहे होंगे। यद्यपि श्रीधर पाठक की कुछ कविताएँ भारतेन्दु के जीवन-काल की हैं, लेकिन वे मूलतः उत्तर भारतेन्दु-युग के कवि हैं। शुरू में वे अयोध्याप्रसाद खत्री के खड़ीबोली काव्य आन्दोलन के प्रवक्ता भी रहे थे। द्विवेदी युग के कवियों को खड़ीबोली के प्रति आकर्षित करने में उनकी भूमिका थी। अतः खत्री और श्रीधर पाठक को जोड़कर भारतेन्दु और महावीरप्रसाद द्विवेदी के बीच के युग का नाम 'खत्री-पाठक' युग हो सकता है।[105]

खड़ीबोली में इस युग की सर्वश्रेष्ठ उपलब्धि महेशनारायण की 'स्वप्न' और स्वयं श्रीधर पाठक की 'एकान्तवासी योगी' है। 'एकान्तवासी योगी' अनूदित कविता है। इसके बावजूद यह खड़ीबोली की परवर्ती कविता पर सबसे अधिक असर डालने में सक्षम रही। 'स्वप्न' जैसी कविता की परम्परा आसन्न भविष्य में नहीं बनी। हिन्दी की महत्त्वपूर्ण कविता कहलाने में उसे अस्सी-नब्बे साल लगे।

'स्वप्न' भारतेन्दु के जीवन-काल में ही प्रकाशित हुई थी—1881 में। लेकिन इसे खोज अयोध्याप्रसाद खत्री की माना जाना चाहिए। यदि यह 'खड़ीबोली का पद्य' में शामिल नहीं होती तो आज दिखाई पड़ती भी, यह कहना मुश्किल है। महेशनारायण की यह एकमात्र ज्ञात कविता है। महेशनारायण कविता लिखना छोड़कर अंग्रेज़ी पत्रकारिता में लग गए थे। 'स्वप्न' जैसी विलक्षण कविता का कवि काव्य-रचना से क्यों विमुख हो गया, इसकी खोज की जानी चाहिए।

मुंशी शैली का सूत्रपात राय सोहनलाल की कविताओं से होता है। खत्री ने लक्ष्मीप्रसाद को पंडित शैली का जनक माना है। दूसरी बात, राष्ट्रीय स्वर की कविताएँ, जैसा कि परिमलेन्दु ने माना है, भारतेन्दु के पूर्व लक्ष्मीप्रसाद ने लिखी।[106] लेकिन कविता-मात्र की दृष्टि से और आधुनिक कविता को ध्यान में रखकर देखें तो हिन्दी की पहली सर्वाधिक महत्त्वपूर्ण कविता महेशनारायण-रचित 'स्वप्न' है।

'स्वप्न' एक लम्बी कविता है। बत्तीस खंडों में पाँच सौ तिरसठ पंक्तियों की फैन्टेसी के शिल्प में एक प्रेम-कथा है, जिसमें देश की राजनीतिक दशा और देशवासियों की अन्तर्दशा का भी संकेत है। कविता का छंद-प्रयोग 19वीं शताब्दी के लिहाज से विलक्षण है। चन्द्रधर शर्मा गुलेरी ने इसके छंद को वर्ड्सवर्थ की 'ओड ऑन इमार्टेलिटी' के छंद में बना बताया है।[107] समकालीन आलोचक मैनेजर पांडेय ने अनुमान लगाया है कि महेशनारायण वाल्ट ह्विटमैन के मुक्तछंद के प्रयोग से परिचित थे।[108]

'स्वप्न कविता' के छंद-प्रयोग को खुद अयोध्याप्रसाद खत्री ने गम्भीरता से लिया था। 'एक अगरवाले के मत पर खत्री की समालोचना' में लिखा है, "माइकल मधुसूदन दत्त ने Blank Verse अंग्रेज़ी छंद को बंगला में लिखा है। बाबू महेश नारायण ने 'स्वप्न' निराले छंद में लिखा है।"[109]

वस्तुतः माइकल मधुसूदन दत्त ने बंगला छंद 'पयार' से तुक हटा कर उसे नया और क्रान्तिकारी रूप देने का प्रयास किया था। यह बहुल्लेखित बात है कि 'पयार' जैसे एक पारम्परिक छंद को जो नया रूप उन्होंने दिया उसके पीछे अंग्रेज़ी 'ब्लैंक वर्स' की प्रेरणा थी। ऐसी ही कोई बात 'स्वप्न' कविता के साथ रही है। महेशनारायण अंग्रेज़ी भाषा-साहित्य के ज्ञाता थे और बंगाल रह चुके थे।

निराला 'बंधनमय छंदों की छोटी राह' छोड़कर आगे बढ़े उससे चालीस साल पहले, और मुक्तिबोध ने जब बीहड़ फैंटेसी का रास्ता पकड़ा, उससे सत्तर-पचहत्तर साल पहले 'स्वप्न' में इस तरह की पंक्तियाँ लिखी गईं :

थी अँधेरी रात, और सुनसान था,
और फैला दूर तक मैदान था;
जंगल भी वहाँ था,
जानवर का गुमां था,

बादल था गरजता,
बिजली थी चमकती
वो बिज़ली की चमक से रौशनी होती भयंकर सी।

(कविता क्र.-1)

एक कुंज
बहुत गुंज
पेड़ों से घिरा था
झरने के बगल में
बिजली की चमक भी न पहुँचती थी वहाँ तक
ऐसा वह घिरा था
जस दीप हो जल में
पानी की टपक राह भला पावे कहाँ तक।

(कविता क्र.-8)

क्या है यह अहा हिन्द की ज़मीन?
होगी तो ज़रूर यह स्वाधीन,
चन्द्र लोक से आई हूँ मैं जहाँ धीनता की है बड़ी ही बड़ाई
राजा तो यहाँ यहीं के होंगे,
वां तो हैं बिदेसी राज करते,
सब कार्य्य विदेशि ही करते हैं वां ओ विदेशियों की है बड़ी प्रघटाई।

(कविता क्र.-22)

हिन्द को चाँद का काव्य-रूढ़िगत चन्द्र-सौन्दर्य प्रदान किया गया है और चाँद को दुर्दशा-ग्रस्त पराधीन भारत की ज़मीन के रूप में दिखाया गया है। पराधीन देश का कवि ऐसा ही कोई प्रपंचपूर्ण रूपक रच सकता था।

आइए इस कविता के बारे में कुछ ज़रूरी आलोचनात्मक मतों से परिचय प्राप्त करें। इससे स्पष्ट होगा कि हिन्दी आलोचना और शोध-लेखन कैसे साहित्य के इतिहास-लेखन के ढाँचे में बँधा हुआ है। यह उसका एक हद तक सकारात्मक पहलू ही है। क्योंकि इससे हमें अहसास होता है कि किसी कविता को कविता की दृष्टि से तो महत्त्वपूर्ण होना ही चाहिए, लेकिन उसके साथ ही भाषा-साहित्य के इतिहास से भी उसकी संगति ज़रूरी है।

रामनिरंजन परिमलेन्दु ने 'स्वप्न' को केन्द्र में रखकर माना है कि द्विवेदी युगीन खड़ीबोली काव्य की इतिवृत्तात्मकता का मूल स्रोत समग्र रूप से 'खड़ीबोली का पद्य' में निहित है।[110] 'स्वप्न' में 'छायावाद के सुस्पष्ट बीज भी निहित हैं।'[111] और

सबसे बढ़कर यह कि इस कविता के द्वारा 'महेशनारायण ने ही खड़ीबोली काव्य के इतिहास में सर्वप्रथम यथार्थवाद का सफल बीजारोपण किया, जो कालान्तर में पल्लवित-पुष्पित हुआ।'[112]

इतिवृत्तात्मकता के रूप में द्विवेदी युग, रोमांटिसिज़्म के रूप में छायावाद और यथार्थवाद के रूप में प्रगतिवाद, तीनों महेशनारायण की 'स्वप्न' कविता से निकले। अब बच गया आधुनिकतावाद। इस सम्बन्ध में पहले ही जगदीश गुप्त दावा ठोक चुके थे। 'स्वप्न' को मुख्य सन्दर्भ बनाकर उन्होंने लिखा, "नयी कविता की नदी का मूल स्रोत उसके शैली-शिल्प के ज्ञान के बिना अधूरा है।...फैंटेसी का प्रयोग स्वच्छन्दता के साथ मुक्तिबोध से बहुत पहले बाबू महेशनारायण पटना निवासी के द्वारा...किया जा चुका था।"[113]

प्रसिद्ध मार्क्सवादी आलोचक मैनेजर पांडेय ने 'स्वप्न' की संक्षिप्त किन्तु सुव्यवस्थित व्याख्या की है। इसे उन्होंने हिन्दी की पहली आधुनिक कविता कहा है। उनके अनुसार, "हिन्दी की पहली आधुनिक कविता वही होगी, जो एक तो खड़ीबोली में लिखी हुई हो, दूसरे भारत की पराधीनता की पहचान के साथ ही स्वाधीनता की चेतना की अभिव्यक्ति उसमें हो।"[114] व्याख्या का मूल-मंत्र भी यही है। व्याख्या बहुत अच्छी है। लेकिन 'आधुनिक' का दायरा ज़रा विस्तृत करके देखा गया होता तो कविता के और भी आयाम सामने आ सकते थे।

आधुनिक कविता मुख्यत: मध्यवर्ग की कविता है। इस अर्थ में 'स्वप्न' हिन्दी की पहली आधुनिक कविता है। यह मध्ययुगीन ढाँचे को अधिकाधिक तोड़ने की कोशिश करती है। यह जिस प्रकार की प्रेमकथा को लेकर लिखी गई है, वह मध्यवर्गीय चेतना की उपज है। मुक्तछंद में इसे लिखे जाने में भी एक ऐसे वर्ग-विचार के उदय का संकेत है, जो परम्परा अनुमोदित मार्ग से ज़रा हट के दिखाई पड़ता है। दूसरी बात, जिस काव्य-भाषा को अयोध्याप्रसाद खत्री 'मुंशी स्टाइल' कह रहे थे, उसकी प्रतिनिधि कविता के रूप में यह मध्यवर्गीय बोध से ज़्यादा मजबूती से जुड़ी दिखाई पड़ती है। दिक्कत यह है कि बंगला, मराठी, गुजराती आदि की तुलना में हिन्दी में उस समय तक मध्यवर्ग का उभार बहुत कम हुआ था। इसलिए 'स्वप्न' अपने समय में अपने पाठक की खोज में बहुत कम सफल रही। बाद में भी वह बहुत समय तक स्वीकृत नहीं हुई तो इसका बड़ा कारण अयोध्याप्रसाद खत्री द्वारा चलाए गए 'खड़ीबोली का पद्य' आन्दोलन को धकियाया जाना है।

'स्वप्न' की अब पर्याप्त चर्चा हिन्दी की पहली महत्त्वपूर्ण कविता के रूप में होने लगी है। रामनिरंजन परिमलेन्दु और मैनेजर पांडेय ने इसकी उल्लेखनीय व्याख्या की है। आगे इसकी जितनी अधिक व्याख्या होगी, आधुनिक हिन्दी कविता के विकास को समझने में उससे उतनी ही अधिक मदद मिलेगी। लेकिन द्विवेदी युग की इतिवृत्तात्मकता, छायावाद की रोमांटिकता, प्रगतिवाद का यथार्थवाद और नई कविता

की आधुनिकता—सभी इसी से निकली हैं, यह कहना अतिवाद है; जैसे यह कहना भी अतिवाद है कि आधुनिक हिन्दी में सब कुछ भारतेन्दु से आया है।

कविता का सरस्वती-द्विवेदी युग

हिन्दी कविता का आधुनिक युग 'सरस्वती' पत्रिका और महावीरप्रसाद द्विवेदी के प्रयासों से शुरू हुआ, इस मत में सचाई है। लेकिन सरस्वती-पूर्व का काव्य-विकास कई मायने में द्विवेदी युग से कम महत्त्वपूर्ण नहीं है। पहली बात, उर्दू से सम्बन्ध बरकरार रहने के कारण द्विवेदी-पूर्व भाषा में स्वाभाविक समसामयिकता थी। दूसरी बात, इसी दौर में ब्रजभाषा और खड़ीबोली के संघर्ष का उत्कट रूप दिखाई पड़ा। इसके कारण काव्य-रचना में स्वाभाविक स्फूर्ति देखने को मिली, जो नएपन की दृष्टि से भी महत्त्वपूर्ण थी। लेकिन जिस तेजी से खड़ीबोली कविता आगे बढ़ी थी, और यह स्वाभाविक ही था, पाठकीय विवेक का विकास उसी अनुपात में नहीं हो पाया था। कुछ ब्रजभाषा प्रेमियों में अभी खड़ीबोली कविता के प्रति तीव्र कटुता का भाव बना हुआ था।

1900 में वृन्दावन से प्रकाशित 'ब्रजवासी' पत्रिका में 'स्वर्गीय रिपोर्टर द्वारा लिखित' एक हवाई रिपोर्ट छपी थी—'खड़ा कवि समाज'। रिपोर्ट की पहली पंक्ति है—'ऊजड़ गाम के टूटे मकानों में ज्येष्ठ कृष्ण अमावस्या की दारुण दोपहरी में एक कवि समाज एकत्र हुआ।' कवि समाज उजड़ गाम में एकत्र हुआ। इस बात का सम्बन्ध श्रीधर पाठक से बनता है। श्रीधर पाठक 19वीं शताब्दी में खड़ीबोली के प्रथम मान्य कवि थे जिनकी 'उजड़ गाम' (हालाँकि यह ब्रजभाषा काव्य है) को काफी ख्याति मिली थी। इसे ध्यान में रखकर अपने व्यंग्य लेख के लिए 'स्वर्गीय रिपोर्टर' ने स्थान के रूप में उजड़ गाम का चुनाव किया होगा। बहरहाल, उसमें गपड़चौथी करते हुए लिखा गया कि शुक्राचार्य की अध्यक्षता में गोष्ठी हुई। उसमें खड़ीबोली के पक्ष में प्रस्ताव पास हुआ। प्रस्ताव में क्या कहा गया, देखिए—

> *'...खड़ीबोली में कविता हो', द्वितीय प्रस्ताव यह हुआ कि 'काव्य के जितने गुण दोष साहित्य वालों ने माने हैं वे सब आज से डेड लेटर समझे जाएँ, क्योंकि 'कव्यवस्तु निरंकुशा:' अलंकार, लक्षणा, व्यंजना, माधुर्य और ओज आदि सब, तृतीय प्रस्ताव यह कि—कविता में छंद और अनुप्रास आदि के नियम रहने से कवि का भाव प्रस्फुटि नहीं होता, इसलिए यह क़ैद भी आज से उठा दी गई।*[115]

इसके आधार पर यह अनुमान किया जा सकता है कि उस समय खड़ीबोली के कवियों में नएपन की कितनी आकांक्षा रही होगी, और इसके कारण उन्हें किस कदर निन्दा का पात्र बनना पड़ा होगा। महावीरप्रसाद द्विवेदी का महत्त्व इस बात में है कि वे खड़ीबोली कविता की निन्दा करने वालों का मुँह बन्द करने में सफल रहे।

'सरस्वती' (प्रथम प्रकाशन : 1900) बीसवीं शताब्दी में प्रकाशित हिन्दी की

पहली मासिक पत्रिका थी। यह इंडियन प्रेस प्रयाग से निकलती थी और इसे नागरी प्रचारिणी सभा का समर्थन प्राप्त था। शुरुआती तीन वर्षों में इसके सम्पादन मंडल में राधाकृष्ण दास, कार्त्तिक प्रसाद खत्री, जगन्नाथ प्रसाद रत्नाकर, किशोरीलाल गोस्वामी और श्यामसुन्दर दास थे। ये सभी अवैतनिक थे। महावीरप्रसाद द्विवेदी 1903 में इसके वैतनिक सम्पादक बने।

महावीदप्रसाद द्विवेदी ने 'सरस्वती' के माध्यम से खड़ीबोली कविता के लिए पक्का मार्ग तैयार किया, यह सच है। लेकिन उनके सम्पादक बनने से पहले 'सरस्वती' में खड़ीबोली की कई कविताएँ छप चुकी थीं। प्रकाशन के पहले साल ही तीन-चार कविताएँ छपीं। किशोरीलाल गोस्वामी की 'मलयानिल' सरस्वती में प्रकाशित खड़ीबोली की पहली कविता है। उसी वर्ष उनकी दूसरी कविता छपी— 'प्रेमोपहार' (भौंरा और कली)। यह कविता द्विवेदी-युग से पहले की है, लेकिन इसमें द्विवेदी युग की प्रथम गूँज सुनी जा सकती है—

अरी! तू कौन है बाला!
कहाँ से आज आई है?
कि फुलवारी को मथ डाला,
बता, क्या बिन लाई है?

'मलयानिल' कविता की 'स्नेहागार, उदार, प्रकृति-भीतर/ विनय के पारावार/ प्राणाधार शरद राका के/ चटक चंद्रिका के सुखार/ कोमल हृदय, सरलतम पुलकित' पंक्तियों को उद्धृत करते हुए रामविलास शर्मा ने इन्हें छायावादी शैली का माना है। उन्होंने यहाँ तक कहा कि 'ये पंक्तियाँ थोड़े हेर-फेर से 'पल्लव' संग्रह में मज़े से छप सकती थीं।'[116] खुद महावीर प्रसाद द्विवेदी की नवम्बर, 1900 में 'किरातार्जुनीय' के प्रथम सर्ग पर आधारित 'द्रौपदी-वचन-बाणावली' कविता 'सरस्वती' में छपी थी। मई, 1901 में बागीश्वर मिश्र की 'आकाशमंडल' कविता छपी। इसमें द्विवेदी-युग की कविता की झलक देखी जा सकती है—

खड़ा हुआ मैं, निकल के घर से,
गगन में तारे, चमक रहे थे
सभी अनोखे, सभी मनोहर,
सभी प्रभा से, दमक रहे थे।

महावीरप्रसाद द्विवेदी ने 'सरस्वती' का सम्पादन-भार ग्रहण किया, उससे पहले हिन्दी कविता खड़ीबोली की ओर झुक रही थी। दूसरे शब्दों में, 20वीं शताब्दी के प्रथम दो-तीन वर्षों में ही खड़ीबोली कविता ब्रजभाषा को टक्कर देने लगी थी। 19वीं शताब्दी की तुलना में ब्रजभाषा से खड़ीबोली का पलड़ा भारी होने लगा था। भारतेन्दु युग से आए श्रीधर पाठक खड़ीबोली कविता के प्रेरणा-पुरुष माने गए। खुद महावीरप्रसाद द्विवेदी, जो प्रारम्भ में ब्रजभाषा में कविता करते थे, 'एकान्तवासी

योगी' के प्रभाव से खड़ीबोली कविता की ओर बढ़े थे। दिसम्बर, 1903 की 'सरस्वती' में प्रकाशित उनका निबन्ध है : 'कविता'। उसमें उन्होंने कवियों का काम बताया—सुनने वालों के हृदय में रस जागृत करना। उदाहरण के रूप में 'मानस' के वनगमन प्रसंग के साथ-साथ एकान्तवासी की पंक्तियाँ उद्धृत कीं।[117] मैथिलीशरण गुप्त भी, जो द्विवेदी जी के ख़ास आविष्कार माने जाते हैं, श्रीधर पाठक से प्रभावित होकर खड़ीबोली कविता की ओर उन्मुख हुए थे। श्रीधर पाठक की कविताओं में प्रकृति-प्रेम के लिए विशेष जगह थी। इसलिए उनका प्रभाव छायावादी कवियों पर पड़ा हो, इसमें कोई आश्चर्य नहीं। रामचन्द्र शुक्ल ने तो उन्हें 'सच्चे स्वच्छन्दतावाद' का प्रवर्तक माना ही था।

तीन-तीन युगों के प्रवर्तक श्रीधर पाठक! पूर्व-द्विवेदी युग, द्विवेदी युग और छायावाद।

महावीर प्रसाद द्विवेदी 1903 में 'सरस्वती' के सम्पादक बने थे, लेकिन उससे पहले जुलाई, 1901 की 'सरस्वती' में प्रकाशित अपने निबन्ध 'कवि कर्तव्य' में वे लिख चुके थे :

> *...आधुनिक कवियों पर बोलचाल की हिन्दी भाषा ने अपना प्रभाव डालना आरम्भ कर दिया है; उनकी लिखी ब्रजभाषा की कविता में बोल-चाल (खड़ीबोली) के कितने शब्द और मुहाविरे मिलेंगे उतने 50 वर्ष पहले के कवियों में कदापि न मिलेंगे। यह निश्चय है कि किसी समय बोल-चाल की हिन्दी भाषा ब्रजभाषा की कविता के स्थान को अवश्य छीन लेगी।*[118]

'बोलचाल की हिन्दी' ने ब्रजभाषा का स्थान यों ही नहीं छीना। सम्पादक के रूप में महावीरप्रसाद द्विवेदी को काफी मशक्कत करनी पड़ी थी। जहाँ ब्रजभाषा में लिखी कुछ कविताएँ छापीं, वहीं कवियों को यह भी लिखा कि "आपकी कविता पुरानी भाषा में लिखी गई है।" खड़ीबोली की कविता को भी ठोक-पीटकर छापा। उनके प्रिय कवि मैथिलीशरण गुप्त भी इस बात का अपवाद नहीं थे। 'हेमन्त' (1905) मैथिलीशरण गुप्त की 'सरस्वती' में छपी पहली कविता थी, जो सम्पादक के हाथों सँवरकर छपी थी।

'सरस्वती' के सम्पादन-काल के प्रथम दस वर्ष के भीतर महावीरप्रसाद द्विवेदी ने ब्रजभाषा की कविता को छपने-छपाने की दुनिया से लगभग अलग कर दिया। 1914 में वे कहने में सक्षम थे, "गद्य-पद्य की भाषा होनी भी एक ही चाहिए। बोलचाल ही की भाषा लोगों की समझ में शीघ्र आती है।... ब्रजभाषा की कविता के महत्त्व के गीत अलापने का समय चला गया। अब वह फिर नहीं आने को।"[119]

महावीरप्रसाद द्विवेदी की 'बोलचाल की हिन्दी' के साथ कम पेंच नहीं जुड़ा है। बोलचाल की हिन्दी यानी ब्रजभाषा नहीं खड़ीबोली। खड़ीबोली में भी बोलने की बोली नहीं, लिखने की बोली—यानी लिखित गद्य। 'बोलचाल की हिन्दी' भ्रामक पद था।

इस तथ्य की ओर इशारा करते हुए रामचन्द्र शुक्ल ने लिखा, "बोलचाल से उनका मतलब ठेठ या हिन्दुस्तानी का नहीं रहता था, गद्य की व्यावहारिक भाषा का रहता था। परिणाम यह हुआ कि उनकी भाषा बहुत अधिक गद्यवत् (Prosaic) हो गई।" इसी कारण "उनकी अधिकतर कविताएँ इतिवृत्तात्मक (Matter of fact) हुईं।"[120]

इतिवृत्तात्मक होने का कारण केवल भाषा नहीं थी, विषय का चुनाव भी था। लिखने वाली भाषा यानी गद्य भाषा ही कविता को विरासत में मिली थी। जिसे आधुनिक हिन्दी कहते हैं, शुरू में ही इस सम्बन्ध में हम कह चुके हैं, 19वीं शताब्दी के प्रारम्भ में सुनिर्धारित परिस्थितियों के भीतर लिखने की भाषा के रूप में उभरी थी। उर्दू की तरह पहले कविता और बाद में गद्य वाली बात हिन्दी के साथ नहीं रही है। पच्छाहीं हिन्दी की बात न करें तो लिखने की भाषा ही शुद्ध-अशुद्ध रूप में व्यापक हिन्दी समुदाय के बोलने की भाषा के रूप में प्रसारित हुई। इसलिए कविता के लिए भी शुरू-शुरू में लिखने-पढ़ने की गद्य-भाषा से मुक्ति ज़रा टेढ़ा काम था।

इतिवृत्तात्मक कविता के विषय पक्ष के मूल में किसी-न-किसी कथा का होना और सुधारवादी विचार को साथ लेकर चलना होता था। इन दोनों कारणों से भाषा में रुखापन आ जाना स्वाभाविक था। संस्कृत के वर्णवृत्त छंदों के प्रयोग के कारण भी कविता थोड़ी रुखी और 'गद्यवत' हो गई, जिसकी ओर द्विवेदी जी की कविताओं को आधार बनाकर रामचन्द्र शुक्ल ने इशारा किया है।[121]

हरिऔध ने 'प्रियप्रवास' (1914) नाम का कृष्ण-चरित्र आधारित महाकाव्य लिखा वर्णवृत्त छंदों में। 'प्रियप्रवास' में कई खूबियाँ हैं। सबसे बड़ी बात तो यही कि उसमें कृष्ण की लोकछवि उभारने की कोशिश की गई है, जो 20वीं शताब्दी के प्रारम्भिक वर्षों की चेतना की संगति में बैठती है। लेकिन अति-वर्णनात्मकता और संस्कृत पदावली के कारण यह रचना कमज़ोर मान ली गई। हालाँकि यह भी सही है, जैसा कि रामचन्द्र शुक्ल ने इसकी संस्कृतनिष्ठ पदावली की आलोचना करते हुए लिखना ज़रूरी समझा कि इसमें "अधिकतर पदों में बड़े ढंग से हिन्दी अपनी चाल पर चली चलती दिखाई पड़ती है।"[122] चतुर्थ सर्ग 'रूपोद्यान प्रफुल्ल-प्राय-कलिका राकेन्दु-बिम्बानना' जैसी पंक्तियों ने 'प्रियप्रवास' को संधि-समास वाली भाषा के बोझ से पस्त कर दिया है, लेकिन उसी में 'सखि, मुख अब तारे क्यों छिपाने लगे हैं।' जैसी सरल-सहज पंक्तियाँ हैं। कई तत्सम-प्रधान पद भी छंद-संगीत की दृष्टि से सुन्दर बन पड़े हैं :

तारे डूबे तम टल गया छा गई व्योम लाली
पंछी बोले तमचुर जगे ज्योति फैली दिशा में।
शाखा डोली सकल तरु की कंज फूले सरों में
धीरे-धीरे दिनकर कढ़े तामसी रात बीती।

(प्रियप्रवास, पंचम सर्ग)

'प्रियप्रवास' की रचना के पीछे हरिऔध की प्रयोगधर्मी दृष्टि थी। हिन्दी में वे एक महाकाव्य की आवश्यकता का अनुभव कर रहे थे। 'अन्त्यानुप्रास विभूषित' छंद उस समय तक जो सबसे अधिक प्रचलन में थे, उन्हें उपयुक्त नहीं जान पड़े। महाकाव्य की उपयोगिता नए युग में कितनी रह गई है, इस पर उन्होंने विचार नहीं किया, लेकिन उन्हें यह ज़रूर प्रतीत हुआ कि महाकाव्य के लिए भाषा-संस्कार भी महान होना चाहिए। हालाँकि उन्हें अपने प्रयोग के प्रति कम आशंका नहीं थी। इस बात को उनके इस कथन से समझा जा सकता है, "हिन्दी भाषा में सरल पद्य में एक-से-एक सुन्दर ग्रन्थ हैं। जहाँ इस प्रकार के अनेक ग्रन्थ हैं, वहाँ एक ग्रन्थ 'प्रियप्रवास' के ढंग का भी सही।"[123]

'प्रियप्रवास' अपने समय का एक बड़ा प्रयोग है। कुछ प्रयोग सफल नहीं होते, फिर भी इतिहास में जगह बना लेते हैं। 'प्रियप्रवास' को भी खड़ीबोली के प्रथम महाकाव्य के रूप में हमेशा याद किया जाएगा।

हरिऔध के बाद के दोनों संग्रह 'चोखे चौपदे' (1924) और 'पद्य प्रसून' (1925) में बोलचाल की भाषा को महत्त्व ज़रूर प्राप्त हुआ, लेकिन कविता की दृष्टि से उनका विशेष मूल्य नहीं था। युग बदल गया था। उनके समकालीन मैथिलीशरण गुप्त, सियारामशरण गुप्त, रामनरेश त्रिपाठी आदि बहुत आगे बढ़ गए थे। छायावादी कवियों ने भी विवाद-विरोध के बावजूद अपना दबदबा बना लिया था।

छंद-प्रयोग के मामले में, यह स्वाभाविक भी था, कोई एक नीति काम नहीं आई। खुद मैथिलीशरण गुप्त ने वर्णवृत्त को छोड़कर हरिगीतिका को अपनाया। हरिगीतिका में पहले प्रबन्ध-कविता 'जयद्रथ वध' (1910) लिखी, फिर उद्बोधन की कविता 'भारत भारती' (1912)। हरिगीतिका, चौपाई, गीतिका, रोला आदि छंद इतिवृत्तात्मक कविताओं में आराम से खप सकते थे। 'भारत भारती' में भी हरिगीतिका जम गई। हालाँकि हरिगीतिका भी आधुनिक कविता में बहुत समय तक नहीं चल सकी। खुद मैथिलीशरण गुप्त ने रूपमाला, पंचचामर आदि छंद अपनाए। इन पर आधारित कविताएँ छायावाद और उत्तर-छायावाद में भी लिखी गईं।

नाथूराम शंकर शर्मा, गयाप्रसाद शुक्ल सनेही और अनूप शर्मा आदि ने कवित्त सवैयों में कविताएँ लिखीं। ये छन्द मुक्तक लिखने के लिहाज़ से तो ठीक थे, लेकिन इतिवृत्तात्मक कविताओं के सन्दर्भ में इनके प्राण निकलने लगे।

द्विवेदी-युग की जिस कविता को, उसके अत्यंत इतिवृत्तात्मक होने के बावजूद, सबसे अधिक प्रसिद्धि मिली वह है 'भारत भारती'। यह राष्ट्रीय भावना का हिन्दी में सबसे सफल काव्य है। खड़ीबोली कविता को लोकप्रियता दिलाने में यह अव्वल है। इससे वास्तविक मायने में आधुनिक हिन्दी कविता की सफलता का दौर शुरू होता है।

प्रारम्भिक कविता और परवर्ती विकास

1

श्रीधर पाठक और मैथिलीशरण गुप्त आधुनिक हिन्दी कविता के प्रथम परम्परा-निर्माताओं (ट्रेंड सेटर्स) में से आते हैं। परम्परा-निर्माता आवश्यक नहीं कि बहुत बड़े और निरापद रूप से अनुकरणीय कवि हों। उनका महत्त्व उस वातावरण के निर्माण में है, जिसके कारण रचनात्मकता को गति मिलती है। न केवल श्रीधर पाठक और मैथिलीशरण गुप्त, उस समय के कई और नाम हैं—हरिऔध, रामनरेश त्रिपाठी, सियारामशरण गुप्त, माखनलाल चतुर्वेदी, गयाप्रसाद शुक्ल 'सनेही' (दूसरा उपनाम 'त्रिशूल'), नाथूराम शंकर शर्मा, राय देवीप्रसाद पूर्ण—जिनके महत्त्व को ऐतिहासिक आवश्यकता के अधीन समझने की ज़रूरत है। ये आधुनिक हिन्दी कविता के परम्परा निर्माता हैं। इनकी कविता की ध्वनि हिन्दी के अनेक महत्त्वपूर्ण कवियों में सुनी जा सकती है।

वस्तुत: कुछ आवाज़ें ऐसी होती हैं, जो बाद की आवाज़ों और उनकी प्रतिध्वनियों से दब जाती हैं। लेकिन जब हम इतिहास को उसके समूचेपन में जाँचने की कोशिश करते हैं तो आश्चर्यजनक रूप से वे आवाज़ें हमें प्रकम्पित करने लगती हैं, जिन्हें हमने मृतप्राय समझ लिया था। उल्लेखित कवियों की कविताएँ इस बात की पुष्टि के उदाहरण बनने योग्य हैं। वे हमें विचार के लिए अवसर देती हैं कि पीछे जो कुछ दब गया है, वर्तमान उससे वास्तव में खाली नहीं है।

काव्य-रचना से पहले आधुनिक हिन्दी में गद्य का विकास हुआ। रामचन्द्र शुक्ल के इतिहास में विकास-क्रम के अनुसार गद्य का प्रकरण पहले है। बाद के अधिकांश इतिहास-ग्रन्थों में कविता का प्रकरण पहले है। इतिहास-विवेक में यह परिवर्तन क्यों आया? इसके पीछे, निश्चित ही, गद्य साहित्य की तुलना में कविता का उत्तरोत्तर मजबूत होना है। सिलसिला यह है कि खड़ीबोली कविता के लिए थोड़ी ज़मीन भारतेन्दु युग में तैयार हुई; श्रीधर पाठक ने उसे जरूरी सृजनात्मक आधार प्रदान किया; मैथिलीशरण गुप्त, हरिऔध आदि के रूप में उसके मजबूत पाए द्विवेदी युग में बने।

आज जब आधुनिक हिन्दी कविता की बात की जाती है तो लोगों की निगाह छायावाद से पीछे कम जाती है। यह अधूरे अकादमिक अभ्यास के कारण है।

इससे भिन्न तथ्य यह है कि हमारी रचनात्मक ऊर्जा को उत्प्रेरित करने वाले न जाने कितने बिम्ब, भाषा-लय और छंद सक्रिय रहते हैं, जो श्रीधर पाठक और मैथिलीशरण गुप्त आदि से चलकर आए हैं। दूसरे शब्दों में, ये कवि खड़ीबोली कविता के प्रथम प्रस्थान हैं, जिनकी स्मृतियाँ बाद के कविता-युगों में ध्वनित होती हैं। जहाँ ध्वनित नहीं होतीं या कम ध्वनित होती हैं, वहाँ भी ये अभाव की तरह खटकते हैं।

अपने प्रथम उत्थान में हिन्दी कविता को दोहरी जिम्मेदारी उठानी पड़ी है। खड़ीबोली को अपनाकर एक नई काव्य-भाषा के निर्माण के लिए उठ खड़ा होना, और पीछे से चली आ रही ब्रजभाषा काव्य-परम्परा के निर्वाह की भी कोशिश करना। जब ज़्यादातर कवि ब्रजभाषा बनाम खड़ीबोली के द्वन्द्व में पड़े थे, श्रीधर पाठक दोनों बोलियों में समान रूप से रचना कर रहे थे। इस तरह, वे खड़ीबोली के पहले महत्त्वपूर्ण कवियों में से एक हैं तो ब्रजभाषा और खड़ीबोली को समान महत्त्व देने की दृष्टि से भी सबसे ऊपर हैं। रामचन्द्र शुक्ल ने उन्हें सच्चे स्वच्छन्दवाद (ट्रू रोमांटिसिज़्म) का प्रवर्तक कहा है, वह अपनी जगह सही है; लेकिन सच्चे अर्थों में वे हिन्दी कविता के स्वाभाविक विकास के कवि हैं।

श्रीधर पाठक खड़ीबोली कविता के प्रवर्तक हैं और ब्रजभाषा के भी श्रेष्ठ कवि हैं। रामचन्द्र शुक्ल ने माना है कि "खड़ीबोली की कविताओं की अपेक्षा पाठक जी की ब्रजभाषा की कविताएँ ही अधिक सरस, हृदयग्राहिणी और उनकी मधुर स्मृति को चिरकाल तक बनाए रखने वाली हैं।"[1] सच्चे स्वच्छन्दतावाद के प्रवर्तक श्रीधर पाठक और ब्रजभाषा के भी श्रेष्ठ कवि श्रीधर पाठक—इन दोनों बातों में अन्तर्विरोध नहीं है। ब्रजभाषा में भी उन्होंने ऐसे-ऐसे चित्र खींचे हैं जिनका परिभाषित स्वच्छन्दतावाद से स्वाभाविक सम्बन्ध बनता है। स्वयं रामचन्द्र शुक्ल ने 'वर्षा-वर्णन' (कालिदास की 'ऋतुसंहार' पर आधारित) का जो सवैया उद्धृत किया है, उसे पढ़ते हुए निराला की 'बादल राग' की शुरुआती पंक्तियों की याद ताज़ा हो जाती है—

बारि फुहार भरे बदरा
सोइ सोहत कुंजर हैं मतवारे
बीजुरी-ज्योति-धुजा फहरैं
धन-गर्जन-शब्द सोई हैं नगारे
रोर कौ घोर कौ और न छोर
नरेसन की-सी छटा छबि धारे
कामिनी के मन कौ प्रिय पावस
आयो प्रिये नव मोहनी डारे।

(श्रीधर पाठक ग्रन्थावली-4, पृ. 224)

पंत की 'बादल' कविता का उदाहरण लें। 'वर्षा-वर्णन' में 'घन-गर्जन-शब्द सोई हैं नगारे' और 'कामिनी के मन को प्रिय-पावस' है तो 'बादल' में 'धूम धुंआरे काजर कारे' और 'कामरूप घनश्याम अमर' है। एक पंक्ति में ध्वनि-साम्य है तो दूसरी में भाव-साम्य। शब्द, ध्वनि, लय और भावों के साम्य में अतीत और वर्तमान की सन्निधि छुपी होती है।

कालिदास कैसे रीतिकाल के छंद से गुज़रते हुए श्रीधर पाठक फिर पंत और निराला तक पहुँचते हैं—परम्परा की इस घुमावदार यात्रा का नाम ही काव्य-कला है।

'वर्षा-वर्णन' (1903) से पहले लिखी एक कविता है 'घन-विनय' (1899)। 'बादल राग' के छठवें राग से औचित्य-सम्बन्ध तो है ही, जब हम कविता का पाठ करते हैं तो आन्तरिक रिद्म में भी समानता प्रकट होने लगती है। काव्यशास्त्र और आलोचना के सूत्रों से समझने के बजाय सामूहिक अनुभव के नियम से दो अलग-अलग कविताओं का पाठ करें तो एक रचना में दूसरी की झलक ज़्यादा आसानी से देखने को मिल सकती है। 'घन-विनय' में 'दिनदिन दीन-दुखित-जन-दुख-दारुन दुगनात' जैसी पंक्ति जब पढ़ने को मिलती है तो 'बादल राग' की 'अस्थिर सुख पर दुख की छाया—जग के दग्ध हृदय पर' जैसी पंक्ति भी मस्तिष्क में उमड़ने लगती है। उसी तरह, इन दोनों उदाहरणों को मिलाकर देखें—

हे प्रानद आनद घन,
हे जग-जीवन-सार
हे सजीव जीवन धन
हे त्रिभुवन-आधार

(घन-विनय)

जीर्ण बाहु, है शीर्ण शरीर,
तुझे बुलाता कृषक अधीर,
ऐ विप्लव के वीर!
चूस लिया है उसका सार,
हाड़ मात्र ही है आधार,
ऐ जीवन के पारावार!

(बादल राग-6)

कविता यदि कवि के सर्जनात्मक मानस का अनुभव हुआ करती है तो उस 'अनुभव' का विगत के कवियों के अनुभव से किसी अंश में तारतम्य होता है। यह बात बिम्ब, लय आदि की दृष्टि से किसी-किसी उदाहरण में इतनी सुस्पष्ट दिखाई पड़ती है कि एक ही कविता के दो पाठ पढ़ने का अनुभव होता है। पंत की प्रसिद्ध कविता है 'उच्छ्वास', जिससे नामवर सिंह ने छायावाद का प्रारम्भ माना है,[2] उसमें

वर्णित यह पर्वतीय दृश्य बहुत प्रसिद्ध रहा है :

पावस ऋतु थी, पर्वत प्रदेश,
पल-पल परिवर्तित प्रकृति वेश!
मेखलाकार पर्वत अपार
अपने सहस्र दृग सुमन फाड़
अवलोक रहा है बार-बार
नीचे जल में निज महाकार;
—जिनके चरणों में पला ताल
दर्पण-सा फैला है विशाल!!

(पल्लव, पृ. 55-56)

नामवर सिंह की 'छायावाद' पुस्तक के एक अध्याय का शीर्षक ही है 'पल-पल परिवर्तित प्रकृति-वेश'। उसमें कहा गया है, "पन्त ने हिन्दी कविता में पहली बार कुछ ऐसे पर्वतीय दृश्यों का चित्रण किया, जो कवियों तथा पाठकों के लिए सर्वथा नए थे।"[3] उपर्युक्त पंक्तियों को यदि श्रीधर पाठक की 'कश्मीर सुषमा' की इन पंक्तियों से मिलाकर पढ़ें तो 'नए' के बजाय विगत से 'तारतम्य' की बात ज़्यादा ठीक मालूम पड़ती है :

प्रकृति यहाँ एकान्त बैठी निज रूप संवारति
पल-पल पलटति भेस छनिक छवि छिन-छिन धारति
विमल-अम्बु-सर मुकरन महं मुख-बिम्ब निहारति
अपनी छवि पै मोहि आपही तन मन वारति।

(श्रीधर पाठक रचनावली-2/135)

पंत के अगले साहित्यिक विकास पर नज़र डालें। छायावाद के बाद उनका अगला बड़ा पड़ाव है 'ग्राम्या' (1940)। जिस वर्ष 'ग्राम्या' के इस कवि का जन्म (20 मई, 1900) हुआ था, श्रीधर पाठक ने उसी वर्ष 'गुनवन्त हेमन्त' (9 जनवरी, 1900) कविता लिखी थी। पंत की कविताओं के सुसम्पादक दूधनाथ सिंह ने लिखा है, "'ग्राम्या' की कविताएँ पन्तजी के सारे प्रयासों में अप्रतिम हैं। उनकी सहजता, अनुभवगत सक्षमता और यथार्थ का गहरा, सर्व-सुलभ और यथातथ्य चित्रण सहसा चकित कर देते हैं।"[4] इस कथन के समर्थन में 'ग्रामश्री' की कुछ पंक्तियाँ पेश हैं :

रोमांचित-सी लगती वसुधा
आई जौ गेहूँ में बाली,
अरहर सनई की सोने की
किंकिणियाँ हैं शोभाशाली!
उड़ती भीनी तैलाक्त गंध
फूली सरसों पीली-पीली,

लो, हरित धरा से झाँक रही
नीलम की कलि, तीसी नीली!

(ग्राम्या, पृ. 35)

इन्हें 'गुनवन्त हेमन्त' की इन पंक्तियों से मिलाकर देखें :

नव-गेहूँ-जव-खेत, हरित छवि सोहनी
सरसों सरस सुहात, दरस-मन-मोहनी,
सुघर सौंफ, सुन्दर-कसूम-क्यारी घनी
उलहि रहीं रमनीक, नीक-सोभा-सनी
मूरी, मटर, मलूक, फूल कोमल कली
सरस साग सुठि स्वाद, मृदुल मीठी फली।

(श्रीधर पाठक ग्रन्थावली-2/205)

'सर्व-सुलभ और यथातथ्य चित्रण' के ये दोनों उदाहरण क्या यह सोचने के लिए विवश नहीं करते कि पंत ने जिस ब्रजभाषा की 'पुरानी गूदड़ी में असंख्य छिद्र, अपार संकीर्णताएँ'[5] देखी थीं, उसी की देन को उनके जन्मकाल में श्रीधर पाठक कैसे नए यथार्थ के अनुरूप कर रहे थे, और इस कदर कि छायावाद से विचलन के बाद 'ग्राम्या' के कवि के वह काम आई!

श्रीधर पाठक ने, ब्रजभाषा के समर्थ कवि होने के बावजूद, खड़ीबोली में पद्य-रचना को वर्तमान के वास्तविक मिजाज को समझते हुए ज़रूरी माना था। उनकी ब्रजभाषा में लिखी कविता भी वैसी नहीं थी, जैसी उस समय रत्नाकर आदि विशुद्ध ब्रजभाषा के कवि लिख रहे थे। दूसरी बात, ब्रजभाषा ने इनकी खड़ीबोली कविता को खड़ा करने में मदद पहुँचाई थी, लेकिन वह खुद भी खड़ीबोली की यथातथ्यात्मकता, विवरणपरकता आदि गुणों के प्रभाव में देखी गई। इस रूप में, यह केवल भाषा-प्रयोग की बात नहीं थी, उसके पीछे उस समय का 'मानस' काम कर रहा था, जो आधुनिकता की माँग के अनुरूप तैयार हुआ था। जाहिर बात है कि यदि खड़ीबोली काव्य-भाषा के रूप में स्वीकृत नहीं होती तो उसका दायित्व ब्रजभाषा को ही निभाना पड़ता। लेकिन पूर्व-आधुनिक भाषा के रूप में ब्रजभाषा साहित्यिक जीवन पाने में अक्षम थी। इसलिए विशुद्ध ब्रजभाषा कवि के रूप में रत्नाकर आदि ज़रूर बड़े थे, लेकिन ब्रजभाषा में भी आधुनिक दिखाई पड़े श्रीधर पाठक।

श्रीधर पाठक ने अपने प्रारम्भिक रचना-काल में ही आयरिश स्वच्छन्दतावादी कवि गोल्डस्मिथ की तीन कविताओं के अनुवाद किए थे। 'एकान्तवासी योगी' के नाम से 'हरमिट' का अनुवाद खड़ीबोली में है। 'उजड़ गाम' नाम से 'डेज़र्टेड विलेज़' का अनुवाद ब्रजभाषा में है। तीसरी कविता 'ट्रेवलर' के अनुवाद के रूप में 'श्रान्त पथिक' है। यह खड़ीबोली में है।

श्रीधर पाठक को कम समय में प्रसिद्धि मिल गई थी तो उसके पीछे गोल्ड- स्मिथ

की कविताओं के अनुवाद हैं। उसी के कारण हिन्दी-प्रेमी प्रसिद्ध यूरोपीय विद्वान फेडरिक पिन्काट उनके प्रशंसक बने। उन्होंने 'उजड़ गाम' की समीक्षा भी की, जो इंग्लैंड की पत्रिकाओं में छपी। श्रीधर पाठक से उनका नियमित पत्राचार होता था। महावीरप्रसाद द्विवेदी को भी गोल्डस्मिथ का अनुवाद बहुत पसन्द था। रामचन्द्र शुक्ल ने 'एकान्तवासी योगी' के सन्दर्भ में अत्यन्त युक्तियुक्त टिप्पणी की है : "सीधी-सादी खड़ीबोली में अनुवाद करने के लिए ऐसी प्रेम कहानी चुनना जिसकी मार्मिकता अपढ़ स्त्रियों के गीतों की मार्मिकता के मेल में हों, पंडितों की बँधी हुई रूढ़ि से बाहर निकलकर अनुभूति के स्वतंत्र क्षेत्र में आने की प्रवृत्ति का द्योतक है।"[6]

'एकान्तवासी योगी' शास्त्रीय प्रणाली से निकलकर 'अनुभूति के स्वतंत्र क्षेत्र' के निर्माण का प्रयास है। रामचन्द्र शुक्ल की पदावली के ही सहारे कहें तो सर्वप्रथम इसी के द्वारा "काव्यक्षेत्र में... स्वाभाविक स्वच्छन्दता (रोमैंटिसिज़्म) का आभास पं. श्रीधर पाठक ने दिया था...।"[7] दूसरे शब्दों में, इसके द्वारा उन्होंने कविता का नया आदर्श सामने रखा था। 'श्रान्त पथिक' एक कदम और आगे की साबित हुई। इसके अनुकरण की प्रवृत्ति ज़्यादा देखी गई। 20वीं शताब्दी के पहले-दूसरे दशक में पथिक पर कविता लिखने का फ़ैशन चल पड़ा। जयशंकर प्रसाद ने 'प्रेम पथिक' की रचना की, रामनरेश त्रिपाठी ने 'पथिक' लिखी। सियारामशरण गुप्त ने तो चौथे दशक में आकर अपने संग्रह का नाम 'पाथेय' रखा, जिसकी 'यात्री' और 'परदेशी' जैसी कविताओं में श्रीधर पाठक ध्वनित होते हैं।

श्रीधर पाठक ने गोल्डस्मिथ के अनुवाद के द्वारा जो आदर्श सामने रखा वह दूसरों के लिए अनुकरणीय तो साबित हुआ ही, उनके भी बाद तक के लेखन में गोल्डस्मिथीय समझ काम कर रही थी। यहाँ 'समझ' को परिपाटी चलाने के अर्थ में समझने की भूल हम न करें। श्रीधर पाठक इस अर्थ में महावीरप्रसाद द्विवेदी के प्रभाव में आए कवियों से भिन्न हैं। 'समझ' से हमारा आशय अव्यक्त सम्बन्ध से है। कोई रचना पृथक अनुभव से लिखी जाने के बावजूद समानताओं की एक श्रेणी में बद्ध दिखाई पड़ती है।

श्रीधर पाठक की एक प्रसिद्ध कविता है 'सांध्य-अटन' (1918)। रामचन्द्र शुक्ल को यह कविता बहुत पसन्द थी। इसके अतुकान्त प्रयोग को उन्होंने बहुत सफल माना था।[8] उसी क्रम में दूसरी कविता है 'अटवि-अटन' (1918)। दोनों कविताएँ अतुकान्त और लगभग मुक्त छंद में हैं। छंद-प्रयोग से अलग देखें तो कुछ ऐसे सूत्र हैं जो इन्हें 'श्रान्त पथिक' की निरन्तरता में देखने के लिए बाध्य करते हैं। 'अटन' का अर्थ ही है भ्रमण। इनमें 'श्रान्त पथिक' के समान देश-देश का भ्रमण भले न हो, लेकिन प्रकृति-जगत् के कारुणिक दृश्य के कारण उसी के समान मर्मस्पर्शी है। कुछ ऐसे सूत्र हैं, ऐसी समानताएँ हैं या घटक-तत्त्व हैं, जो इन्हें गोल्डस्मिथ से जोड़ देते हैं। तुलना-विचार से हम यह नहीं कह रहे हैं। कवि की

समझ की निरन्तरता की दृष्टि से यह बात अधिक महत्त्वपूर्ण है।

'समझ' कोई स्थिर सत्ता नहीं है। काव्य-कृतियों के सन्दर्भ में यह अकेले किसी व्यक्ति को इंगित करे, यह आवश्यक नहीं। यह अपने ढंग की अनेक कृतियों और उनकी शृंखला में सक्रिय रहती है। पीछे हमने प्रसाद की 'प्रेमपथिक' की चर्चा की है। वह पहले ब्रजभाषा में लिखी गई थी। 1909 में इन्दु में छपी थी। 1915 में प्रसाद ने इसका खड़ीबोली में रूपान्तरण किया। यह प्रसाद की छायावादी कविता नहीं है, लेकिन श्रीधर पाठक के स्वच्छन्दतावाद की परम्परा में ज़रूर है। रामचन्द्र शुक्ल ने इसका उल्लेख करते हुए, यह आकस्मिक नहीं, श्रीधर पाठक को याद किया है।[9]

'श्रान्त पथिक' एक आत्मकथात्मक कविता है। 'प्रेमपथिक' भी आत्मकथा का आभास देती है। आत्मकथात्मकता स्वच्छन्दतावाद की बुनियादी विशेषता है। एक अच्छी आत्मकथा जीवन-यात्रा के साथ-साथ उसका कलात्मक-दार्शनिक रूपान्तरण होती है। वह निष्कर्षत: आत्मदर्शन है। कई देशों की यात्रा के बाद 'श्रान्त पथिक' के पथिक की दृष्टि जब मातृभूमि इंग्लैंड पर पड़ती है तो उसमें स्वाभाविक नॉस्टिलिजिया पैदा होता है, और वह दर्शन में बदल जाता है—कि सुख का केन्द्र स्थान मन है।

डाले है निज दृष्टि दूर इंग्लैंड जहाँ जगमग राजै
मेर संग सहानुभूति का स्वर उसके उर में बाजै
निपट निरर्थक हुआ मेरा सब श्रान्त यत्न और अनुसंधान
उस सुख के पाने को जिसका केवल मन में है केन्द्र स्थान।

(श्रीधर पाठक ग्रन्थावली-2/117)

कितना सधा हुआ काव्यान्तरण है, मूल देखिए—

Casts a long look where England's glories shine
And bids his bosom sympathize with mine
Vain, very vain, my weary search to find
That bliss which only centres in the mind.

'प्रेमपथिक' का फलक 'श्रान्त पथिक' जितना विस्तृत नहीं है। यह बाल-प्रेमियों के बिछोह और मिलन की कथा है। दीर्घ बिछोही जीवन-यात्रा के बाद मिलन! देह-सौन्दर्य नहीं बचा। विकल्प है अन्तर्मन में प्रकृति के विपुल सौन्दर्य से साक्षात्कार।

...आन्तरिक स्वर्ग में रमण करो निष्काम
आत्म-समर्पण करो उसी विश्वात्मा को पुलकित होकर
प्रकृति मिला दो विश्वप्रेम में...
विश्वात्मा ही सुन्दरतम है।

(प्रसाद ग्रन्थावली-1/101)

'आन्तरिक स्वर्ग में रमण' अर्थात् सुख का 'केवल मन में है केन्द्र स्थान'।

'प्रेमपथिक' किसी अंश में 'श्रान्त पथिक' की परम्परा की कविता है। दूसरी ओर देखें, खुद प्रसाद की 'आँसू' और 'कामायनी' जैसी प्रौढ़ छायावादी कृतियों में 'प्रेमपथिक' की काव्य-चेतना का उच्चतर कलात्मक-दार्शनिक विकास होता गया है। विनोदशंकर व्यास को पढ़कर मालूम हुआ कि प्रसाद 'आँसू' को 'कामायनी' में शामिल करना चाहते थे।'[10] ऐसा नहीं किया, फिर भी 'कामायनी' में 'आँसू' का उत्ताप देखा जा सकता है। विनोदशंकर व्यास ने भी माना है कि "'आँसू' 'कामायनी' महाकाव्य का अंकुर है।"[11] इसमें जोड़ा जाना चाहिए कि इन दोनों की पिछली कड़ी 'प्रेमपथिक' है।

'कामायनी' समाप्त होती है इन पंक्तियों से :

समरस थे जड़ या चेतन
सुन्दर साकार बना था
चेतनता एक विलसती
आनंद अखंड घना था।

(प्रसाद ग्रन्थावली-1/704)

'प्रेमपथिक' में प्रसाद पहले ही कह चुके थे :

इस पथ का उद्देश्य नहीं है श्रांत भवन में टिक रहना
किन्तु पहुँचना उस सीमा पर जिसके आगे राह नहीं
अथवा उस आनंद-भूमि में जिसकी सीमा कहीं नहीं।

(प्रसाद ग्रन्थावली-1/96)

चौथे दशक के मध्य तक छायावाद का विकास हुआ। छायावादी अभिव्यंजनाओं की क्रमिक प्रौढ़ता सबसे अधिक जयशंकर प्रसाद में देखी गई। दिलचस्प बात यह भी है कि उनकी जिस कृति 'प्रेमपथिक' को छायावादी नहीं माना जाता, उसकी मनोचेतना से प्रसाद कभी मुक्त नहीं हुए। वस्तुतः प्रसाद स्मृतियों के कवि हैं। स्मृति में काल की सत्ता नहीं होती। यह एक ऐसा पक्ष है, जो प्रसाद के पूरे काव्य-अनुभव पर छाया हुआ है।

प्रसाद, निराला और पंत बड़े कवि हैं। श्रीधर पाठक उनके समान बड़े कवि नहीं थे। लेकिन उनका ऐतिहासिक महत्त्व इस बात में है कि वे आधुनिक हिन्दी के बड़े कवियों के पीछे किसी अंश में खड़े दिखाई पड़ते हैं। द्विवेदी युग और छायावाद के बहुत बाद की कविता में भी कहीं-कहीं उनका स्वर देखा जा सकता है। उनकी एक छोटी-सी कविता है 'मनूजी' (1918) :

मनूजी तुमने यह क्या किया?
किसी को पौन, किसी को पूरा, किसी को आधा दिया

सरस प्रीति के थल में बोया बिस-अनीति का बिया
लुब्ध पाप का, क्षुब्ध शाप का स्यापा सिर पर लिया
मनूजी तुमने यह क्या किया?

और अधिक क्या कहें बाप जी, कहते दुखता हिया
जटिल जाति का, अटल पात का, जाल है किसका सिया?
मनूजी तुमने यह क्या किया?

(श्रीधर पाठक ग्रन्थावली-2/445)

यदि न बताएँ तो मजे में इसे नागार्जुन की कविता मानी जा सकती है। अन्तर्वस्तु से भी यह प्रगतिवाद की कविता ठहरती है।

हिन्दी कविता में जिसे राष्ट्रीय धारा कहा जाता है, उसका सूत्रपात भी श्रीधर पाठक ने किया। 1883-84 में ही उन्होंने कई देशप्रेम की कविताएँ लिखी थीं, जिनमें से एक है 'हिंद वंदना'—'जय देश हिंद, देशेश, हिंद/ जय सुषमा-सुख-नि:शेष हिन्द'। 'जय देश हिंद' में से 'देश' हटा दिया जाए तो देश का कौमी सलाम बन जाता है—'जय हिन्द'। एक कविता है 'प्यारा हिन्दुस्तान' (1918), जिसमें कहा गया है—'हमारा प्यारा हिन्दुस्तान, जगत से न्यारा हिन्दुस्तान।' इसे 'तराना-ए-हिन्द' से मिलाकर देखा जा सकता है।

'भारत गीत', जो श्रीधर पाठक का सर्वश्रेष्ठ संग्रह माना जाता है, देश-वंदना की कविताओं से भरा पड़ा है। कुछ के छंदों में ध्वनि-स्वरूप का गठन इतना विलक्षण है कि वह नागार्जुन जैसे कवियों के हाथ पड़कर सहज व्यंग्य-विचार में रूपान्तरित हो सकता है।

देशप्रेम की अनेकानेक अभिव्यंजनाएँ हैं श्रीधर पाठक के यहाँ—शुद्ध सांस्कृतिक शैली से लेकर लोक-शैली तक। 'बलि-बलि जाऊँ' शीर्षक से मजदूरनियों के लिए तीन गीत हैं, जिनमें लोक-चेतना और राष्ट्र-चेतना एकमेक हो गई हैं :

भोली-भाली बतियाँ, साँवली सुरतिया
काली-काली ज़ुल्फ़ों वाली मोहनी मुरतिया
मेरे नगरवा का, मेरे डगरवा का
मेरे अँगनवा का, क्वारा कन्हैया
मैं बलि-बलि जाऊँ
भारत पै सैंया मैं बलि-बलि जाऊँ

(श्रीधर पाठक ग्रन्थावली-2/517)

साँवली सुरतिया, मोहनी मुरतिया
लागी पिरितिया, दिन और रतिया
बाँका रंगीला-सा, छैल छबीला-सा

फिरे अलबेला-सा दिल के दरगवा
मैं बलि-बलि जाऊँ
प्यारे लँगरवा पै बलि-बलि जाऊँ
भारत पियरवा पै बलि-बलि जाऊँ।

(उपर्युक्त पृ. 518)

बौद्धिक जागरण से भिन्न यह लोक-चेतना से आविष्ट देश-प्रेम है। तबीयत से प्रेम करने का देसी अंदाज़!

हिन्दी में निराला को बहुमुखी प्रतिभा का सबसे बड़ा कवि कहा जाता है। निराला से पहले के कवियों में श्रीधर पाठक हैं, जिनके लिए यह बात कही जा सकती है। काव्य-विषय और अभिव्यक्ति-प्रणाली की विविधता के कारण बाद के कवियों में भी (निराला की तरह बहुत मुखर न सही) उनकी झलक देखी जा सकती है। इस तरह श्रीधर पाठक आधुनिक हिन्दी काव्य-यात्रा के श्रान्त पथिक हैं।

2

श्रीधर पाठक आधुनिक हिन्दी के प्रथम बड़े कवि और खड़ीबोली में काव्य-रचना के प्रेरणा-पुरुष हैं। उनकी 'एकान्तवासी योगी' की सफलता से प्रभावित होकर जिन कवियों ने खड़ीबोली को अपनाना शुरू किया, उनमें मैथिलीशरण गुप्त सर्वप्रमुख हैं।

रामचन्द्र शुक्ल ने श्रीधर पाठक परवर्तित 'ट्रू रोमांटिसिज़्म' के अनुगामी के रूप में मैथिलीशरण गुप्त का उल्लेख किया है। 'ट्रू रोमांटिसिज़्म' से उनका आशय था अभिव्यंजना की रोचक प्रणाली ('काव्य को कल्पना का नया रूप-रंग देना और उसे अन्तर्भाव-व्यंजक बनाने' के रूप में) का धीरे-धीरे स्वतंत्र ढर्रे पर विकास।[12] छायावादी कवियों ने यह काम एक झटके में किया था। ढर्रा भी स्वतंत्र नहीं होने का उस पर आरोप था।

वस्तुतः मैथिलीशरण गुप्त का सबसे गहरा सम्बन्ध, बल्कि एक प्रकार से एकनिष्ठ सम्बन्ध महावीरप्रसाद द्विवेदी-निर्धारित साहित्यिक मूल्यों से रहा है। भाषा, काव्य-विषय और इतिहास-सम्बन्धी समझ आदि अनेक दृष्टियों से अपने काव्य-व्यवहार में वे महावीरप्रसाद द्विवेदी से जुड़े हुए थे। खुद महावीरप्रसाद द्विवेदी ने अपने युग के दूसरे कवियों से उन्हें अधिक महत्त्व दिया था।

नंददुलारे वाजपेयी ने मैथिलीशरण गुप्त को प्रथम कृति कवि कहा है।[13] श्रीधर पाठक खड़ीबोली में काव्य-रचना के प्रथम बड़े प्रेरणा पुरुष हैं तो मैथिलीशरण प्रथम कृति कवि। कृति कवि यानी, नंददुलारे वाजपेयी के ही अनुसार, काव्य-साधना का कवि। काव्य साधना यानी "जो हिन्दी की मरुभूमि में अन्तःसलिला की भाँति बहती, शुष्क जीवन को प्रसन्न बनाती है।"[14] इस काम को करने के लिए मैथिलीशरण

गुप्त को छयालीस काव्य-ग्रन्थ लिखने पड़े जिनमें से पच्चीस तो प्रबन्ध कविता हैं। शेष इक्कीस में से पाँच नाट्य कविता, आठ मुक्तक कविताओं के संग्रह, पाँच प्रगीतात्मक कविताओं के संग्रह और तीन जातीय उद्‌बोधन की कविताएँ हैं। इनके अतिरिक्त छह पद्यानुवाद की पुस्तकें हैं।

टी.एस. इलियट ने कविता में तीन प्रकार की अभिव्यक्तियों का उल्लेख किया है। पहली अभिव्यक्ति वह है जिसमें कवि अपने बारे में कहता है, और किसी के बारे में नहीं। दूसरी अभिव्यक्ति में कवि छोटे या बड़े श्रोता-समाज को सम्बोधित करता है। तीसरी अभिव्यक्ति वह होती है जिसमें कवि नाटकीय चरित्र गढ़ता है जो छंद में बात करते हैं। कवि की आवाज़ भी उन्हीं की बातों में छुपी होती है।[15] मैथिलीशरण गुप्त के यहाँ, यह लगभग सभी द्विवेदी युग के कवियों पर लागू होने वाली बात है, पहले प्रकार की अभिव्यक्ति का अभाव है। इसी के कारण उनकी कविता में सपाटपन दिखाई पड़ता है। लेकिन आधुनिक हिन्दी कविता के प्रारम्भिक दौर में पहले प्रकार की अभिव्यक्ति से दूसरे-तीसरे प्रकार की अभिव्यक्ति का अधिक मोल था। नंददुलारे वाजपेयी ने 'प्रथम कृति कवि' वाली स्थापना की व्याख्या में जोड़ा है कि "इस युग में गुप्त जी जन-समाज के प्रथम कृति कवि कहे जाएँगे।"[16]

जन-समाज-सम्बोधित कविताएँ और सांस्कृतिक अथवा राष्ट्रीय चरित्र की कविताएँ मैथिलीशरण गुप्त की पहचान हैं। यह पहचान उन्होंने बहुत कम समय में अर्जित कर ली थी। 1905 में उनकी पहली खड़ीबोली कविता 'हेमन्त' 'सरस्वती' में छपी थी। उसके बाद 1909 में महत्त्वाकांक्षी प्रयास के रूप में 'रंग में भंग' और 1910 में 'जयद्रथ वध' छपी। दोनों प्रबन्ध कविताएँ हैं। विषय की दृष्टि से इनमें कोई नवीनता नहीं है। 'शकुन्तला' (1914) और 'तिलोत्तमा' (नाटकः 1915) को इनके साथ रखकर दिनकर ने कहा है, "नवयुग की छाप उन पर बहुत कम मिलती है।"[17] यहाँ उनका आशय विषय की नवीनता के अभाव से नहीं, युगानुरूप दृष्टि के अभाव से है। 'साकेत' उनकी दृष्टि में, जिसका रामकथा आधारित पुराना विषय है, पुनरुत्थानपरक होने के कारण नवयुग का प्रतिबिम्ब है।[18]

'साकेत', 'यशोधरा' और 'द्वापर' मैथिलीशरण गुप्त की परिपक्व कृतियाँ हैं। उनकी तुलना में 'रंग में भंग' और 'जयद्रथ वध' का महत्त्व केवल ऐतिहासिक है। लेकिन सूक्ष्मता से अध्ययन करें, विशेषकर 'रंग में भंग' का, तो ऐतिहासिक चेतना की दृष्टि से कुछ महत्त्वपूर्ण निष्कर्ष निकल सकते हैं।

वस्तुतः 'भारत भारती', 'मंगल घट', 'स्वदेश संगीत', 'साकेत', 'हिन्दू', 'यशोधरा' आदि में जो प्रखर राष्ट्रीय-सांस्कृतिक चेतना दिखाई पड़ती है, उसके प्रथम संकेत 'रंग में भंग' और 'जयद्रथ वध' में ही दिखाई पड़ने लगे थे। मैथिलीशरण गुप्त के काव्य-विकास को समझने की दृष्टि से यह कविता महत्त्वपूर्ण है। हमारी समझ से उनकी दूसरे से चौथे दशक की कविता की गंभीरता और महत्ता के पीछे

कहीं न कहीं 'रंग में भंग' और 'जयद्रथ वध' में निर्मित सांस्कृतिक मानस की भूमिका है।

कलात्मक-मूल्य की दृष्टि से इन दोनों काव्य-कृतियों का मूल्य अपेक्षाकृत कम है। हालाँकि इस दृष्टि से समग्र गुप्त-साहित्य को ही प्रश्नांकित किए जाने की चेष्टा की जाती है। एक प्रचलित मान्यता है कि मैथिलीशरण गुप्त आदि द्विवेदीयुगीन कवियों की काव्य-स्थूलता के विरुद्ध छायावाद आया। जयशंकर प्रसाद, जैसा कि स्वयं मैथिलीशरण गुप्त ने अपने संस्मरण में उल्लेख किया है, गुप्त जी को कवि कम और पद्यकार ज़्यादा मानते थे। लेकिन मैथिलीशरण गुप्त को इस बात के लिए ज़्यादा अफसोस नहीं रहा कि उनके कवि पक्ष को कम करके आँका जाता है। उनका रचनाकर्म राष्ट्र और समाज की वर्तमान समस्याओं से जुड़ा था; और उसके दायरे में वे सन्तुष्ट थे। बहरहाल, प्रसाद और दूसरे छायावादी कवि कलात्मक दृष्टि से आगे रहे हैं; बावजूद इसके, मैथिलीशरण गुप्त के काव्य का बड़ा हिस्सा कला की कसौटी पर भी हेय नहीं है।

मैथिलीशरण गुप्त पर विचार के क्रम में हमारा ध्यान उनके प्रबन्धकार पर अधिक जाता है। प्रबन्ध कविता एक क्लैसिकल काव्य-रूप है जिसका सम्बन्ध प्राय: पौराणिक अथवा जनप्रचलित आख्यानों से होता है। कथा-पक्ष पर अधिक जोर के कारण इसमें कलात्मकता को सँभाल पाना कठिन काम है। प्रबन्ध कविता में विचार पक्ष पर अधिक ध्यान रखा जाता है, और इस दृष्टि से मैथिलीशरण की कविता हमें निराश नहीं करती।

'रंग में भंग' में चित्तौड़ और बूँदी के राजपूतों की आन और शपथ-मर्यादा की कथा है। बूँदी के राजा वरसिंह के भाई लालसिंह की कन्या का विवाह चित्तौड़ के राणा से तय हुआ। कन्या पक्ष की ओर से लग्न लाने वाले लोग राजकवि वारू जी द्वारा एक मूर्ति की व्याख्या में अपने नरेश के प्रति बोले गए प्रशस्तिपरक छंद को सुनकर चकित रह गए। लेकिन स्वयं लालसिंह को यह बात पसन्द नहीं आई। जब बारात बूँदी पहुँची और विवाह-संस्कार हो गया तो सभा में लालसिंह वारू जी पर कटाक्ष करने से नहीं चूके। उन्हें चाटुकार बताते हुए कहा कि तुम्हें अपने ही खड्ग से अपना अन्त कर लेना चाहिए। उनके वचन से घायल होकर सचमुच वारू जी ने अपने शीश को खुद ही काट डाला। वर पक्ष इस अपमान से क्षुब्ध होकर कन्या पक्ष से भिड़ गया। राणा समेत सभी बारातियों ने वीर-गति पाई। विधवा वधू सती हुई। चित्तौड़ में यह ख़बर पहुँची। दु:ख के माहौल में राणा के अनुज लाखा का राज्याभिषेक हुआ। अभिषेक के तत्काल बाद लाखा ने प्रण किया कि बूँदी का दुर्ग जब तक नहीं तोड़ लूँगा तब तक अन्न-जल ग्रहण नहीं करूँगा। लोगों ने समझाया कि बूँदी का दुर्ग आप ज़रूर तोड़ें, लेकिन अन्न-जल छोड़ने से यह काम पूरा नहीं होगा, क्योंकि इसके लिए पर्याप्त समय चाहिए। लेकिन राजा का प्रण ठहरा, उसे भी नहीं तोड़ा जा

सकता था। विकल्प निकला कि बूँदी के दुर्ग का प्रतिरूप बनाया जाए और राजा उसे तोड़कर अपने प्रण की लाज रखें। शीघ्र कृत्रिम दुर्ग बनवाया गया। संयोग से उस दुर्ग के पास से बूँदी निवासी कुंभ आखेट करके गुज़र रहा था। वह राणा का भृत्य था। जब उसे सारा हाल मालूम हुआ तो उसका मातृभूमि प्रेम जाग उठा। दुर्ग कृत्रिम था, लेकिन कुंभ के स्वदेश से उसका प्रतीकात्मक सम्बन्ध था। वह दुर्ग की रक्षा में सशस्त्र उठ खड़ा हुआ। उसके वीर-रूप को देखकर राजा को भी कहना पड़ा—

बीर कुंभ! विचार ऊँचे हैं तुम्हारे सर्वथा
किन्तु दोषारोप अब मुझ पर तुम्हारा है वृथा।
वीर बूँदी के स्वयं मौजूद हो जब तुम यहाँ,
फिर कहो, प्रण पालना झूठा रहा मेरा कहाँ?

(रंग में भंग, पृ. 33)

कुंभ कई शत्रुओं को मारने के बाद वीर-गति को प्राप्त हुआ।

दिनकर ने 'राष्ट्रकवि' की पहचान निर्धारित करने की कोशिश की है जिसमें गेटे के कुछ कथनों का उल्लेख है। उनमें से एक उल्लेखनीय कथन है कि राष्ट्रकवि वह है जिसने इतिहास की सभी प्रमुख घटनाओं के पारस्परिक सम्बन्धों का संधान पा लिया है; और जिसे ज्ञात हो चुका हो कि उसके जातीय इतिहास में कौन-कौन बड़ी घटनाएँ घटी हैं और उनके परिणाम क्या निकले हैं? राष्ट्रकवि केवल वह कवि हो सकता है जिसकी रचना में जाति अपनी आत्मा की प्रतिच्छाया देखती हो, जिसमें उस जाति के बाहुबल का आख्यान हो।[19]

उपर्युक्त धारणा के आलोक में 'रंग में भंग' को मैथिलीशरण गुप्त के राष्ट्रकवि बनने की दिशा में प्रथम प्रयास माना जाना चाहिए।

'रंग में भंग' की अगली कड़ी 'जयद्रथ-वध' है। 'जयद्रथ-वध' के बारे में दिनकर मानते हैं कि उसमें स्वदेश एकता का सन्देश है और उसका वीर रस देश-भक्ति को उत्तेजित करता है।[20] मैथिलीशरण गुप्त की मृत्यु के पश्चात लिखे दिनकर के एक संस्मरण से पता चलता है कि उन्होंने 'जयद्रथ-वध' के अनुकरण पर 'मेघनाथ-वध' नामक एक काव्य लिखने का भी प्रयास किया था।[21] वह प्रयास उनका पूरा नहीं हुआ। बाद में उन्होंने 'प्राणभंग' (मैट्रिक पास करने के पश्चात) लिखी, जो प्रकाशित भी हुई। यह 'जयद्रथ-वध' को ही सामने रखकर लिखी गई थी।[22] इस तरह, कहने की आवश्यकता नहीं कि राष्ट्रकवि दिनकर राष्ट्रकवि मैथिलीशरण गुप्त की प्रथम राष्ट्रीय भावना की कविता का अनुकरण करके ही राष्ट्रीय काव्यधारा से जुड़े थे। लेकिन 'रंग में भंग' उनके अनुकरण में शामिल नहीं था। इसे उन्होंने नवयुग की चेतना के अभाव का काव्य माना है।

'रंग में भंग' का कथानक, इसमें शक नहीं, कमजोर है। राजपूती आन-बान

प्राक्–आधुनिक चेतना को ही प्रतिबिम्बित करती है। लेकिन युग–चेतना कैसे पुराने कथानक में जगह बनाती है, इसका एक उदाहरण 'रंग में भंग' को बनाया जा सकता है। यह कविता 1909 की है। इसी वर्ष गांधी जी ने 'हिन्द स्वराज' लिखी थी। उस दौर में वे दक्षिण अफ्रीका में भारतीय जनता के हितों की लड़ाई लड़ रहे थे। इस किताब में बहुत साफ है कि वे दूसरी ज़मीन पर लड़ाई लड़ते हुए भी भारत की आज़ादी की भी चिन्ता कर रहे थे। इस रूप में अफ्रीका एक मॉडल (प्रतिरूप) था भारत का। 'रंग में भंग' में बूँदी के दुर्ग का बनाया गया प्रतिरूप एक संकेत है कृत्रिम लड़ाई से वास्तविक लड़ाई की ओर बढ़ने का। साहित्य–कर्म खुद भी संकेत–व्यवस्था के भीतर इतिहास की व्यंजना करता है। संकेत–व्यवस्था से प्राप्त अर्थ उस वैचारिक पक्ष को सामने लाता है, जो संकेत–व्यवस्था को व्यतिक्रम देते हुए इतिहास को उपस्थित करता है।[23]

सामान्य तथ्य है कि भारतीय कांग्रेस खुद नकली लड़ाई के संगठन के रूप में गठित हुई थी। लेकिन कुछ ही समय में उसमें स्वाधीनता की आकांक्षा दिखाई पड़ने लगी थी। गांधी जी ने कांग्रेस को भारतीय राष्ट्र के गठन के प्रतीक के रूप में ग्रहण किया था। 'हिन्द स्वराज' का पहला अध्याय है 'कांग्रेस और उसके कर्ता–धर्ता'। उसमें गांधी जी का सुस्पष्ट मत है कि स्वराज की भावना मूल रूप से भारतीय राष्ट्रीय कांग्रेस के अस्तित्व में आने से पैदा हुई। उन्होंने कहा कि, "कांग्रेस से जुड़ा 'नेशनल' शब्द का अर्थ ही वह विचार जाहिर करता है।"[24]

कांग्रेस नकली नहीं रह गई जब उसके माध्यम से राष्ट्रवादी नेताओं की स्वाधीनता की भावना अभिव्यक्त होने लगी। बूँदी के दुर्ग का प्रतिरूप भी नकली कहाँ रह गया, जब उसकी रक्षा में बूँदी–निवासी कुंभा उठ खड़ा हुआ! यह एक ही इतिहास–चेतना है, जो कांग्रेस के निर्माण के साथ घटित हुई, और 'रंग में भंग' कविता में भी जिसकी अभिव्यंजना देखी जा सकती है। इतिहास–चेतना को अभिव्यंजनाओं के 'फार्म' से ज़्यादा बेहतर समझा जा सकता है, बजाय कि घटनाओं के उल्लेख और सपाट बयान से।

प्रसंगवश हम ध्यान दिलाना चाहते हैं कि राष्ट्रीय चेतना की उन्नति और निखार में कांग्रेस के गठन की भूमिका मुख्य थी, जिसे उसके गठन के दौर की कविताओं में भी देखा जा सकता है। 1988 में कांग्रेस पर तीन कविताएँ छपी थीं। उनमें से एक है श्रीधर पाठक की 'कानग्रेस बधाई'। हालाँकि राजभक्ति भी उस कविता में है, इसके बावजूद उसमें जातीय भावना मुखरित हुई है। दूसरी कविता है 'कानग्रेस निदान', जो जुलाई 1888 में 'हिन्दी प्रदीप' में छपी थी।[25] यह तीन सौ दो पंक्तियों की कविता है। कवि का नाम नहीं दिया गया है। इसलिए इसे 'हिन्दी प्रदीप' के सम्पादक बालकृष्ण भट्ट की कविता माना जा सकता है। इसमें एक पंक्ति है—"कानग्रेस प्रजा राज हितकारी जो जगदीश्वर करै सहाय।"[26] इससे पहले 'हिन्दी

प्रदीप' में ही 1887 में शिवराम कवि (शिवराम पण्ड्या) की 'कांग्रेस' कविता छपी थी, जिसमें जातीय एकता के प्रतीक के रूप में कांग्रेस की छवि प्रस्तुत की गई है।[27]

राष्ट्रीयता की अनुभूति से आन्दोलित कविताएँ भारतेन्दु के समय में ही दिखाई पड़ने लगी थीं, लेकिन वे प्रायः ब्रजभाषा की कविताएँ थीं। ब्रजभाषा में देश-वंदना की कविताएँ बाद-बाद तक दिखाई पड़ीं। कांग्रेस के गठन के बाद दो खास बातें दिखाई पड़ीं। एक तो यही कि ब्रजभाषा में कविता लिखने का चलन क्रमशः घटता गया। दूसरी बात, जो ध्यान देने योग्य है, देश की चिन्ता से उत्प्रेरित जो कविताएँ लिखी गईं उनमें राष्ट्रीय अस्मिता का स्वर अधिक परिपक्व था।

मैथिलीशरण गुप्त की राष्ट्रीय चेतना से सम्पन्न पहली व्यवस्थित और विस्तृत कविता है 'भारत भारती' (1912-14)। यह हाली और कैफ़ी के मुसद्दसों को ध्यान में रखकर लिखी गई थी। इसमें उनके प्रति कृतज्ञता भी प्रकट की गई है।[28] स्वयं महावीरप्रसाद द्विवेदी ने उन्हें हिदायत दी थी कि मुसद्दस को किसी मौलवी से ज़रूर सुनिए और समझिए, और कविता सँभल-सँभलकर लिखिए।[29] 'भारत भारती' से उनकी अपेक्षा बहुत बढ़-चढ़कर थी। जब उसकी समाप्ति की सूचना मिली तो यह सुझाव देने से नहीं चूके कि फुरसत में दुहरा-तिहराकर छपाइएगा।[30] यह सितम्बर 1912 की बात है। तब मैथिलीशरण गुप्त 'भारत भारती' को दुहराने-तिहराने में ही लगे थे। सुझाव देने वालों में खुद महावीरप्रसाद द्विवेदी के अतिरिक्त राजा रामपाल सिंह, लाला छोटेलाल बार्हस्पत्य, पद्मसिंह शर्मा और रायकृष्णदास प्रमुख थे।

'भारत भारती' हाल के 'मुसद्दस' की प्रेरणा से उसी के वजन पर लिखी गई है। मुसद्दस इस्लाम के उत्थान और पतन की गाथा (मद्द-ओ-जज़्-ए-इस्लाम) के रूप में इस्लामी पुनर्जागरण का काव्य है। 'भारत भारती' में वही चेतना हिन्दू सन्दर्भ में व्यक्त होती है—'हम कौन थे, क्या हो गए हैं और क्या होंगे अभी'। 'थे', 'हो गए हैं' और 'होंगे अभी'—अतीत, वर्तमान और भविष्य! कविता इन्हीं तीन खंडों में चलती है। महावीरप्रसाद द्विवेदी समेत सभी मंत्रणाकार इसकी विषय-सामग्री को लेकर कवि को उलझाने में लगे रहे। उस समय उपलब्ध भारत सम्बन्धी इतिहास कवि को खूब घोखाया गया। इतिहास को आधार बनाकर कवि अपने पद्यकार को चुस्त करने में भिड़ा रहा। 'भारत भारती' एक प्रकार से सामूहिक प्रयास का परिणाम थी, जिसके पीछे हिन्दू-चेतना सक्रिय थी और जिसे 'स्वदेश-गौरव' के रूप में आँका गया। यही बात इसकी प्रसिद्धि का मुख्य कारण बनी। काव्य-गुण की दृष्टि से यह कमजोर रचना थी। रामचन्द्र शुक्ल को इसके सम्बन्ध में यह कहने में ज़रा भी झिझक नहीं हुई कि स्वदेश-गौरव और स्वदेश-प्रेम की भावना का तो इसमें प्रसार हुआ, लेकिन 'इसकी अभिव्यंजना में प्रातिभ प्रगल्भता न दिखाई पड़ी'।[31]

'स्वदेश-गौरव' की भावना के पीछे सक्रिय पुनरुत्थानवाद के लिए बीसवीं

शताब्दी के प्रारम्भिक दशकों में कितनी जगह थी, 'प्रातिभ प्रगल्भता' के अभाव के काव्य 'भारत भारती' की अभूतपूर्व लोकप्रियता से इसका अन्दाज़ लगाया जा सकता है। अब तक खड़ीबोली की कविता बहुत कोशिशों के बाद भी पूरी तरह खड़ा नहीं हो पा रही थी। इसके प्रकाशन के बाद वह यौवन की दहलीज़ पर दिखाई पड़ी। इसके प्रकाशन के बाद महावीरप्रसाद द्विवेदी द्वारा व्यक्त की गई यह आशा निरर्थक साबित नहीं हुई कि 'यह काव्य वर्तमान हिन्दी साहित्य में युगान्तर उत्पन्न करने वाला है।'[32]

'भारत भारती' अगस्त-सितम्बर, 1912 में पूरी हो चुकी थी, और नवम्बर से 'सरस्वती' में इसके अंश छपने का सिलसिला शुरू हुआ; लेकिन संशोधनों के चक्कर में यह पुस्तकाकार छपकर आई अगस्त, 1914 में। इससे पहले पं. नाथूराम शंकर शर्मा की 'अनुराग रत्न' (पूरा नाम—'अनुराग-रत्न अर्थात् वैदिक सिद्धान्त सम्पन्न आर्य भाषा का एक पद्यात्मक ग्रन्थ) 1913 में छपी थी। महावीरप्रसाद द्विवेदी ने इसे 'खासी' (ख़ास) कहकर महत्त्व भी दिया था। आर्यसमाजियों के लिए यह टिप्पणी काफी नहीं थी। उन्होंने इसे 'भारत भारती' से बढ़कर माना। महावीरप्रसाद द्विवेदी ने स्वयं मैथिलीशरण गुप्त को एक पत्र में लिखा था, ''आर्य्य-समाजी अब मेरी नालायकी, खुशामद और पक्षपात यह लिख-लिखकर साबित कर रहे हैं कि नाथूराम शंकर की कविता, जो आपकी कविता से बढ़कर है, मैंने सिर्फ़ 'खासी' कह दिया और आपकी कविता की तारीफ में कलेजा निकालकर रख दिया।''[33]

'भारत भारती' और 'अनुरागरत्न' से हिन्दी में सही मायने में 'सांस्कृतिक राष्ट्रीयतावादी'[34] परम्परा की शुरुआत होती है। लेकिन दोनों ग्रन्थों में राजभक्ति की परम्परा भी बनी दिखाई पड़ती है। यवनों के अन्याय के बाद ईश्वर ने भारत में उदार ब्रिटिश राज भेजा—

अन्याय यवनों का हमें निज दोष से सहना पड़ा,
है किन्तु नारायण अहा! न्यायी तथा सकरुण बड़ा!
देते हुए भी कर्म-फल हम पर हुई उसकी दया,
भेजा प्रसिद्ध उदार उसने ब्रिटिश राज्य यहाँ नया।

(भारत भारती, पृ. 90)

ब्रिटिश राज यवनों की तुलना में उदार है। मैथिलीशरण गुप्त की राजभक्ति इसी बात तक सीमित है। पं. नाथूराम शंकर शर्मा की राजभक्ति उनसे सौ कोस आगे की है। जार्ज पंचम के भारत आगमन पर उनका यह उदगार देखिए—

अजित, अजात शत्रु, स्वामी के, बल का वृहदुत्कर्ष हुआ।
राज-भक्ति-भाजन बड़भागी, सेवक-भारतवर्ष हुआ।
दर्शक, सैनिक, सम्मेलन में, मग्न अलौकिक हर्ष हुआ।
जय-जय वादनादि शब्दों का, तुमुलोदधि दुघर्ष हुआ।

तोपों की घनघोर गरज ने, शुभ स्वागत-सत्कार किया।
प्रभुता पाय जार्ज-पंचम ने, सुख-सागर संसार किया।

(अनुराग रत्न, पृ. 158)

20वीं शताब्दी के दूसरे दशक तक की 'युग-संरचना' ही वैसी थी जिसमें जहाँ अपने प्राचीन काल पर गर्व का भाव था, वहीं अंग्रेज़ी राज को भारतीय सभ्यता के फलने-फूलने की दृष्टि से लाभप्रद माना गया। नाथूराम शंकर शर्मा की कविता में न केवल इंग्लैंड बल्कि यूरोप के दूसरे देशों, अमेरिका और जापान आदि जैसी भारत की प्रगति हो, इसके लिए ईश्वर से विनती की गई है :

वैदिक, पौराणिक पुरुषों में टिके टिकाऊ मेल मिलाप।
गैल गहैं अगले अगुओं की, इतनी कृपा कीजिए आप।
जिस विधि से उन्नति हो बैठे, यूरूप, अमरीका जापान।
विद्या, बल, प्रभुता, उनकी सी, दो भारत को भी भगवान।

(अनुराग रत्न, पृ. 229)

भारत की प्रगति के लिए नाथूराम शंकर शर्मा वैदिक और पौराणिक पुरुषों में मेल-मिलाप चाहते हैं। लेकिन आर्यसमाजी होने के नाते वे पौराणिक मत का मजाक उड़ाने से भी नहीं चूकते:

बनिये गौर श्यामसुन्दर जी, ताक रहे हैं दर्शक-दीन।
हमको नहीं हँसाना बनके, बाघ, वितुंडी, कछुआ, मीन।
धार सामयिक नेतापन को, दूर करो भूतल का भार।
निष्कलंक-अवतार कहैंगे, 'शंकर' सेवक बारम्बार।

(अनुराग रत्न, पृ. 230)

भौतिक प्रगति की दृष्टि से आर्यसमाजी प्रगतिशील थे, लेकिन सांस्कृतिक समझ की दृष्टि से स्थूलतावादी और शुष्क थे। इस मामले में मैथिलीशरण गुप्त की स्थिति थोड़ी बेहतर है। लेकिन 'भारत भारती' के अतीतखंड के अन्तर्गत 'हमारा साहित्य' में वेद, उपनिषद् आदि का जहाँ गौरवगान है, वहीं 'भाषा और कवि' के अन्तर्गत भक्तिकाल के कवियों का उल्लेख-मात्र है। यह बात उन्हें आर्यसमाज के निकट करती है। मूर्तिपूजा को सांस्कृतिक गौरव के रूप में ज़रूर चिह्नित किया गया है :

निज रूप से भी दूसरे जन जिस समय अज्ञान थे—
हम उस समय प्रभु-मूर्ति का प्रत्यक्ष करते ध्यान थे।

(भारत भारती, पृ. 57)

इस काव्य का विशेष उद्‌देश्य प्राचीन गौरव का अभिधान है। उसमें राष्ट्रीय जागरण का स्वर सम्मिलित है। सुनहरा अतीत ही मुख्य काव्य-आलम्बन है। श्रुति, शास्त्र और पुराण, जो आर्यों के 'अटल-जीवन-प्राण' हैं, का सरस संगीत भारत-

भूमि पर गूँजे, यही उसका लक्ष्य है।[35] चरित्र, घटना या किसी विशेष–जीवन–प्रसंग का वर्णन आवश्यक नहीं समझा गया है। 'भारत भारती' के बाद 'शकुन्तला' और 'पंचवटी' में अपेक्षित रमणीयता और सरसता भी दिखाई पड़ने लगती है।

नाथूराम शंकर शर्मा अक्खड़ आर्यसमाजी और द्विवेदीमंडल के बाहर के कवि थे। 'अनुराग रत्न' आर्यसमाजियों के प्रयास के बावजूद 'भारत भारती' के मुकाबले बहुत पीछे छूट गया। उसमें कविता वाली बात थी भी बहुत कम। 'भारत भारती' की धूम लम्बे समय तक रही। नाथूराम शंकर शर्मा के समान द्विवेदीमंडल के बाहर के कवि थे गयाप्रसाद शुक्ल सनेही। द्विवेदीमंडल के समानान्तर सनेहीमंडल माना जाता था। इसमें सनेही के अतिरिक्त जगदम्बाप्रसाद मिश्र 'हितैषी' और अनूप शर्मा का नाम आता है। सनेहीमंडल का केन्द्र था कानपुर। नाथूराम शंकर शर्मा और रायदेवीप्रसाद पूर्ण का भी कार्यक्षेत्र कानपुर था। इसलिए इन्हें मिलाकर इलाहाबाद, बनारस, आदि के समानान्तर एक कनपुरिया मंडल बन गया था। इसमें समस्या–पूर्ति की कविताओं का जोर था। लेकिन द्विवेदीमंडल के प्रभाव से इसके कवि बिल्कुल अछूते नहीं थे। गयाप्रसाद शुक्ल सनेही, जो ब्रजभाषा और उसकी रीति–परम्परा से आए थे, 'त्रिशूल' उपनाम से राष्ट्रप्रेम और किसान–चेतना की कविता लिखते थे। 1921 में उनकी एक काव्य–पुस्तक छपी थी 'राष्ट्रीय मंत्र', जो असहयोग आन्दोलन से अनुप्राणित है, लेकिन है वह 'भारत भारती' की परम्परा का ही धारदार रूप। निराला की 'जागो फिर एक बार', 'भारति जय, विजय करे', 'तुलसीदास', और खुद मैथिलीशरण गुप्त की 'मातृभूमि' आदि कविताएँ 'भारत भारती' की परम्परा की कलात्मक–भावात्मक स्फीति हैं।

'भारत भारती' के भविष्यखंड के बाद सोहनी में छोटा–सा विनय है। उसके अन्तिम बंध में आता है :

व्याकुल न हो, कुछ भय नहीं, तुम सब अमृत–सन्तान हो।
यह वेद की वाणी हमें फिर एक बार सुनाइए॥
यह आर्य्य–भूमि सचेत हो फिर कार्य्य–भूमि बने अहा!
वह प्रीति–नीति बढ़े परस्पर, भीति–भाव भगाइए।

(भारत भारती, पृ. 192)

वेदोक्ति आधारित यह विनय जयशंकर प्रसाद के 'चन्द्रगुप्त' में आह्वान गीत में बदल गया है :

अमर्त्य वीरपुत्र हो, दृढ़–प्रतिज्ञ सोच लो
प्रशस्त पुण्य पंथ है—बढ़े चलो, बढ़े चलो

आगे यही 'कामायनी' में श्रद्धा के शुभ्र उद्‌गार में बदल जाता है :

डरो मत, अरे अमृत संतान!
अग्रसर है मंगलमय वृद्धि

पूर्ण आकर्षण जीवन केन्द्र
खिंची आवेगी सकल समृद्धि।

(श्रद्धा सर्ग, पृ. 25)

'भारत भारती' से जोड़कर 'कामायनी' का अध्ययन करें तो पाठ का नया ही अर्थ खुलेगा।

वैदिक सभ्यता और आर्य संस्कृति की गूँज 'अनुराग रत्न' और 'भारत भारती' से मुख्यतः शुरू होकर प्रसाद और निराला के यहाँ विस्तार पाती है। इसलिए यह कहना काफी नहीं होगा कि आर्यसमाजी प्रभाव से हिन्दी कविता शुष्क हुई अथवा काव्य-दृष्टि का संकोच हो गया। वह भी हुआ, लेकिन कविता को ज़रूरी सांस्कृतिक सन्दर्भ भी प्राप्त हुआ। हम यह भी नहीं कह सकते कि वह सन्दर्भ विशुद्ध साम्प्रदायिक था।

'अमृत संतान' द्विवेदी युग और छायावाद के कवियों की चेतना पर कितना हावी था, इसका अन्दाज़ इसी से लगाया जा सकता है कि गुप्त जी के अनुज सियारामशरण गुप्त ने बहुत बाद में ईसा मसीह के जीवन को आधार बनाकर 'अमृतपुत्र' (1952) लिखा।

ईसा मसीह द्विवेदी युग में ही त्रिशूल की कविता में आ गए थे। 'राष्ट्रीय मंत्र' में ईसा सत्याग्रही अमृत-पुत्र हैं। सत्याग्रह-उद्घोष के अन्तर्गत सुकरात हैं, ईसा हैं और मीरा की कृष्ण के प्रति प्रेम-निष्ठा है। असहयोग आन्दोलन के प्रभाव से उसमें सभी वर्गों, समूहों, धर्मों और जातियों के प्रति समान लगाव का भाव है। सिर्फ़ सत्याग्रह-असहयोग ही नहीं, साम्य-विचार भी है :

फैले हैं ये भाव नया युग लाने वाले,
घोर क्रान्ति कर उलटफेर करने वाले।
कलि में सतयुग सत्यरूप धर खाने वाले;
समता का सन्देश सप्रेम सुनाने वाले।
समता सरि की बाढ़ में ऊँच नीच बह जाएगा।
समतल जल ही की तरह एक रूप रह जाएगा।

(शीर्षक : 'साम्यवाद', राष्ट्रीय मंत्र, पृ. 18)

साम्यवाद पर हिन्दी में सम्भवतः पहली कविता त्रिशूल की ही है। किसानों पर भी उनकी अनेक कविताएँ हैं। एक काव्य-पुस्तक का नाम ही है 'कृषक क्रंदन'। रामचन्द्र शुक्ल ने लिखा है कि इनकी तीन पुस्तकें प्रकाशित हैं—'प्रेमपचीसी', 'कुसुमांजलि' और 'कृषक क्रंदन'। इनके अतिरिक्त हमें उनकी और दो पुस्तकें प्राप्त हुई हैं—'राष्ट्रीय मंत्र' और 'त्रिशूल-तरंग'। 'त्रिशूल-तरंग' में एक कविता है 'जातीय गीत', जिसमें मैथिलीशरण गुप्त के समान हिन्दू को हिन्द का पर्याय माना गया है। इससे अलग, 'त्रिशूल-तरंग' में गरीबों और किसानों की भी कथा-व्यथा है।

हैं निपट निरक्षर बाल-भाव, चुप रहने का है बड़ा च व,
पद-पद पर टकरा रही नाव, है कर्णधार ही का अ भाव,
आशा वश, जीते हैं किसान।
अब गोधन की वह कहाँ भीर, दो डांगर हैं जर्जर शरीर,
घरों में पहुँचे खेत तीर, पद-पद पर होती कठिन पीर,
हैं बरद यही भिक्षुक किसान।

(त्रिशूल-तरंग, पृ. 47)

हिन्दी में किसानों पर लिखने की ऐसी परम्परा त्रिशूल ने ही डाली थी, जिसके आधार पर आगे लिखा जा सका—'जीर्ण बाहु है शीर्ण शरीर/ तुझे बुलाता कृषक अधीर/ ऐ विप्लव के वीर!'

निराला की ये काव्य-पंक्तियाँ हमने श्रीधर पाठक के सन्दर्भ में पीछे उद्धृत की हैं। श्रीधर पाठक और त्रिशूल की परम्परा के संश्लेषण से कैसे छायावाद ने उत्कर्ष पाया, यह एक उदाहरण है।

'त्रिशूल' ने हिन्दी में साम्यवाद पर सबसे पहले कविता लिखी, किसान-व्यथा पर लिखने वाले कवियों में भी पहले हैं। इस तरह वे प्रगतिवादी आन्दोलन से पहले के स्वाभाविक प्रगतिवादी ठहरते हैं।

नाथूराम शंकर शर्मा और त्रिशूल के अतिरिक्त कानपुर स्कूल के प्रमुख कवियों में रायदेवीप्रसाद पूर्ण का नाम आता है। पूर्ण आर्यसमाजी नहीं, वेदान्त-आसक्त सनातनधर्मी थे। उनकी कविता में देशभक्ति और राजभक्ति का समन्वय भी था। इन सबसे ऊपर, वे एक धर्म-निरपेक्ष कवि के रूप में सामने आते हैं, जिसे आधुनिक हिन्दी कविता के प्रथम उत्थान के सन्दर्भ में बड़ी बात मानी जानी चाहिए।

बंदे हो सब एक के, नहीं बहस दरकार
है सब कौमों का वही खालिक और करतार।
खालिक और करतार वही मालिक परमेश्वर,
है जबान का भेद, नहीं मानों में अंतर।

(पूर्ण पराग, पृ. 185)

'है जबान का भेद' में हिन्दी-उर्दू भाषा-भेद वाली बात भी ध्वनित होती है।

जाति के अर्थ में धर्म की परिभाषा की दृष्टि से मैथिलीशरण गुप्त की स्थिति थोड़ी जटिल है। हाली ने 'मुसद्दस' के रूप में इस्लाम के उत्थान पतन की गाथा लिखी थी; मैथिलीशरण गुप्त ने 'भारत भारती' के रूप में हिन्दुओं की गाथा लिखी। मुसद्दस का 'हम' मुसलमान है, लेकिन वह 'हिन्दुस्तान' नहीं है। 'भारत भारती' का 'हम' हिन्दू है और 'भारत' है। यह ज़रूर है कि इसका हिन्दू ज़रा उदार है। भारत की नौका पर मुसलमान भी सवार है, इससे कोई एतराज नहीं। हिन्दू और मुसलमान मिल-जुलकर रहें, इसी में भारत की तरक्की है। पीछे वाली बातें भूल जाने में ही

बेहतरी है। दोनों को भविष्य की ओर देखना चाहिए।[36] लेकिन 'भविष्यखंड' में यह नौका वाला रूपक गायब है। एकता की बात है, लेकिन हिन्दू धर्म के ही विभिन्न सम्प्रदायों की एकता के अर्थ में :

आओ, मिलें सब देश-बान्धव हार बनकर देश के
साधक बनें प्रेम से सुख-शान्तिमय उद्देश्य के
क्या साम्प्रदायिक भेद से है ऐक्य मिट सकता अहो!
बनती नहीं क्या एक माला विविध सुमनों की कहो?

(भारत भारती, पृ. 167)

यह आकस्मिक नहीं है कि चौदह-पन्द्रह साल के अन्तर पर मैथिलीशरण गुप्त ने 'हिन्दू' लिखी। हिन्दू आदर्श—हिन्दू भविष्य से यह काव्य अटा पड़ा है। रामचन्द्र शुक्ल की दृष्टि में 'भारत भारती' की कमी यह रही कि इसमें 'भविष्य निरूपण का प्रयत्न नहीं है।'[37] मानो इसी कमी को दूर करने के उद्देश्य से 'हिन्दू' की रचना की गई हो। गैर-हिन्दू जातियों के प्रति कुछ उदार चेतना के बावजूद यह हिन्दू अतीत का ही प्रत्यावर्तन है—'केवल हिन्दू-हिन्दुस्तान।'[38] अतीत की कुछ प्रसंगों में आलोचना है, लेकिन उसकी याददाश्त को जकड़ने में ही कवि की अधिकांश शक्ति खर्च हुई है। अन्तिम निष्कर्ष यही है :

एक पुण्यभूमि, एक मातृभूमि,
हरित भरित भरतभूमि भ्रातृभूमि,
हम सब हिन्दू, हम सब आर्य।

(हिन्दू, पृ. 188)

अतीत में गहरी आस्था के बावजूद उसमें आशा के अंगारे फूँकने में मैथिलीशरण गुप्त बहुत सफल नहीं हैं। इसका एक बड़ा कारण है अतीत में हिन्दू सत्ता की तुलना में भारत का सांस्कृतिक पटल कई गुना विस्तृत रहा है, जिसे 'हिन्दू' से पहले ही निराला ने बेहतर ढंग से 'जागो फिर एक बार' में अनुभव किया था। यही बात प्रसाद के नाटकों, 'महाराजा शिवाजी का पत्र' जैसी कविता और कुछ गीतों के बारे में कही जा सकती है। खुद मैथिलीशरण गुप्त के अनुज सियारामशरण गुप्त ने 1923 में 'तुलसीदास' जैसी कविता लिखी थी जिसमें 'आगे यदि इसी भूमि पर/ जन्म कहीं पावेंगे/ तो निश्चय है हम अवश्य ही/ तुम्हें यहीं पावेंगे'[39] जैसी पंक्तियाँ हैं। आगे निराला ने 'तुलसीदास' (1934) नामक प्रदीर्घ कविता लिखी, जो सही मायने में 'सांस्कृतिक राष्ट्रीयतावादी' काव्य का श्रेष्ठ उदाहरण है। ये कुछ ऐसी कविताएँ हैं जिनमें हिन्दू पुनरुत्थानवाद का सहारा अवश्य लिया गया है, पर सारतः इनका महत्त्व इसी बात में नहीं है। इनमें अतीत के स्वर्ण युग में लौटने-बसने वाली बात नहीं; अतीत प्रेरणा-स्रोत है, जिसके सहारे भविष्य का स्वप्न देखा गया है।

पंत की 'परिवर्तन' कविता 'हिन्दू' से पहले लिखी गई है। उसमें स्वर्ण अतीत के प्रति आकर्षण है, लेकिन लौटने के बजाय परिवर्तन को स्वीकारा गया है। स्मृति प्रेरणा तक ठीक है, उसकी पुन:रचना जीवन-गति के खिलाफ है। परिवर्तन शाश्वत नियम है, इस अर्थ में वह विवर्तन भी है।

अचिर विश्व में अखिल, दिशावधि, कर्म, वचन, मन, तुम्हीं चिरंतन
अहे विवर्तन हीन विवर्तन!

(पल्लव, पृ. 155)

मैथिलीशरण के ही लगभग समकालीन कवि हैं माखनलाल चतुर्वेदी—'एक भारतीय आत्मा' नाम से प्रसिद्ध। उनमें गुप्त जी वाली भी बात थी—'स्वाधीनता भारत की अखंड हो हिन्दुत्व का गौरव विश्वव्याप्त हो...'[40] –इस तरह की पंक्तियाँ उन्होंने 'भारत भारती' के लेखन-प्रकाशन काल में लिखी थीं। 'भारत भारती' का उन पर जबर्दस्त प्रभाव था। उन्होंने स्वीकार किया है, ''मेरे लिए तो उस समय गुप्त जी सब कुछ थे। वे प्रेरक थे, मार्गदर्शक थे, और क्या नहीं थे!''[41] लेकिन दूसरे दशक के बाद 'हिन्दू का गौरव' वाली बात लगभग समाप्त हो गई। पुष्प, कोकिला, कली आदि के रूप में संस्कृति के सर्वमान्य नैसर्गिक प्रतीक दिखाई पड़े, जो कवि के अन्तर्जगत् को भी प्रकाशित करने में सक्षम थे। यह बात उनके इस कथन के अनुरूप कही जा सकती है, ''अब तुम लोग कहते हो कि राष्ट्रीय काव्य में राष्ट्र सामने होता है और तब कवि कविता लिखता है, किन्तु मुझे नहीं लगता कि राष्ट्र जैसी किसी वस्तु को मैंने बाहर पाया है, मुझे जो कुछ मिला सदा भीतर से मिला। मेरे नम्र विचार से तो कविता में 'सब्जेक्टिव' यदि कोई नहीं है तो वह कवि नहीं है और वह कविता भी नहीं है।''[42]

हमारे कहने का यह आशय नहीं कि माखनलाल चतुर्वेदी या निराला और प्रसाद कविता में बहुत 'सब्जेक्टिव' हैं और मैथिलीशरण गुप्त बिल्कुल नहीं हैं। 'भारत भारती' के ठीक बाद लिखी गई 'शकुन्तला' और 'पंचवटी' में उनका 'सब्जेक्टिव' सफल ढंग से चरित्र और परिवेश से तादात्म्य प्राप्त करता है। 'साकेत', 'यशोधरा' और 'द्वापर' में कवि के 'सब्जेक्टिव' का दायरा और विस्तृत हुआ है। 'मंगल-घट' की 'मातृभूमि' कविता राष्ट्र को सामने रखकर लिखी गई है; लेकिन राष्ट्र की छवि में आत्मपरकता भी है;

नीलाम्बर परिधान हरित पट पर सुन्दर है,
सूर्य्य-चन्द्र युग मुकुट, मेखला रत्नाकर हैं;
नदियाँ प्रेम-प्रवाह, फूल तारे मंडन हैं;
बन्दीजन खग-वृन्द, शेष-फन सिंहासन हैं।

(संचयिता, पृ. 215)

इसे नामवर सिंह ने 'प्राकृतिक देशप्रेम' की संज्ञा दी है।[43] यानी 'सूक्ष्म भावनात्मक संज्ञा' के अभाव की कविता। पूरी कविता को ध्यान में रखें तो यह बात सही लग

सकती है; लेकिन कहीं-कहीं 'सूक्ष्म भावनात्मक संज्ञा' भी छनकर आ गई है।

जब मातृभूमि की धूलि में
जब पूरे सन जाएँगे,
होकर भव-बन्धन-मुक्त हम
आत्मरूप बन जाएँगे॥

(संचयिता, पृ. 219)

'यह आत्मरूप बन जाएँगे' सूक्ष्म और भावात्मक है। लेकिन भावात्मकता और आत्मपरकता को ही महत्त्व देना कितना उचित है, यह विचारणीय है। वस्तुनिष्ठता के अभाव में कभी भावात्मक पक्ष गुत्थी बनकर रह जा सकता है, भाषा में अस्पष्टता पैदा होगी, सो अलग। इसलिए 'नीलाम्बर-परिधान हरित पट पर सुन्दर है' भी कम श्लाघ्य नहीं है। यह सुरुचि-सम्पन्न कवि अज्ञेय को भी किशोरावस्था से ही बहुत पसन्द था।[44] मैथिलीशरण गुप्त की वस्तुपरकता के सम्बन्ध में विपिन कुमार अग्रवाल ने बहुत अच्छी बात कही है, "...कवि के अन्तर को बहुसंयोजकता से और भाषा को अस्पष्टता से मुक्त रखना नितान्त आवश्यक है। ये दोनों बातें हमें मैथिलीशरण गुप्त में प्राप्त होती हैं। मैथिलीशरण अपने को एक विनयशील, सरल और प्रभावग्रहण इच्छुक प्रेक्षक के रूप में रखकर बाह्य जगत् का निरीक्षण करते हैं।"[45]

3

'भारत भारती' और अयोध्याप्रसाद सिंह उपाध्याय-कृत 'प्रियप्रवास' एक ही समय की रचनाएँ हैं। 'प्रियप्रवास' संस्कृत के छंदों और भिन्न-तुकान्त शैली में लिखी गई सत्रह सर्गों की विस्तृत प्रबन्ध-रचना के रूप में एक महत्तर प्रयास है। इसे खड़ीबोली का पहला महाकाव्य माना जाता है। आज इसका महत्त्व इसी अर्थ में सीमित करके देखा जाता है। यह 'भारत भारती' से इस मामले में निकट है कि इसमें भी वर्तमान की पराजय से मर्माहत होकर स्वर्णिम अतीत की ओर दौड़ लगाई गई है :

समय ढूह की ओर खिसकते मेरे गीत विकल धाए,
आज खोजते उन्हें बुलाने वर्तमान के पल आए।

दोनों रचनाओं में बुनियादी भेद यह है कि जहाँ 'भारत भारती' में पद्य-विधान के माध्यम से अतीत का गौरवगान अधिक है, वहीं 'प्रियप्रवास' में 'भावव्यंजनात्मक और वर्णनात्मक'[46] शैली में सांस्कृतिक स्रोतों को प्रेरणा के रूप में ग्रहण करते हुए आधुनिक चेतना को प्रतिष्ठित करने का प्रयास है।

बंकिमचन्द्र ने 'कृष्णचरित्र' नामक एक पुस्तक लिखी थी। उसमें उन्होंने इस तथ्य की ओर इंगित किया है कि कैसे कृष्ण के स्वाभाविक और मानवी कृत्यों को अतिमानवी रूप दे दिया गया। 'प्रियप्रवास' में सम्भवतः उसी से प्रेरणा लेते हुए कृष्ण के चरित्र को स्वाभाविक और मानवी धरातल पर खड़ा करने का प्रयास किया

गया है। कुछ इस तरह कि कृष्ण की लोकरंजक छवि भी नष्ट न हो।

'प्रियप्रवास' का कथानक बहुत सीमित है। कंस के निमंत्रण पर कृष्ण का गोकुल से मथुरा चले जाना और ब्रजवासियों को उनके विरह में जलना—यही 'प्रियप्रवास' है। सीमित कथानक के अलावा दृश्य-विधान भी पेड़-पौधों के नाम गिनाने तक सीमित है। इसकी इन दोनों कमियों का उल्लेख करते हुए रामचन्द्र शुक्ल ने कहा है, "किसी के वियोग में कैसी-कैसी बातें मन में उठ सकती हैं और क्या-क्या कहकर लोग रोते हैं, इसका जहाँ तक विस्तार हो सका है, किया गया है।"[47] इसी बात के कारण कृष्ण-काव्य परम्परा से इसका किंचित सम्बन्ध-सूत्र जुड़ता है। कुल मिलाकर, यह महाकाव्य भले न हो, इसमें महाकाव्यात्मक रचनाओं की प्रतिध्वनि अवश्य है।

आलोचकों ने मैथिलीशरण की 'साकेत' और प्रसाद की 'कामायनी' को 'प्रियप्रवास' का विकास माना है। कथानक, भाषा, छंद आदि से सम्बन्धित प्रयोगों के कारण यह आगे के काव्य-विकास को प्रभावित करने वाली रचना थी भी। केवल 'साकेत' और 'कामायनी' ही नहीं, 'पल्लव', 'गीतिका', 'नीरजा' और उसके बाद की कविता धर्मवीर भारती की 'कनुप्रिया' में व्याप्त प्रगीतात्मकता और मधुरता का उत्स 'प्रियप्रवास' में खोजना अनुचित नहीं होगा। आलोचकों का यह मानना कि संस्कृत के गणवृत्तों के कारण यह मार खा गई, पूरी तरह सही नहीं है। इसके छंद-प्रयोग ने भी आगे के कवियों को कम चकित नहीं किया। अज्ञेय ने लिखा है, "हरिऔध की यशोदा का विलाप पढ़कर मैंने मालिनी छंद में कई विलाप लिखे थे—राधा का, प्रवत्स्यत्पति का, वीर वधू का, इत्यादि। मंदाक्रांता तब इतना अच्छा नहीं लगा था, जितना बाद में लगने लगा, पर 'शिखरिणी' पर मैं मुग्ध था...।"[48]

प्रश्न है कि 'प्रियप्रवास' का अपने समय में 'भारत भारती' से पीछे रह जाने के पीछे क्या कारण हो सकते हैं?

वस्तुतः 'भारत भारती' जिस समय लिखी गई थी, उस दौर में सांस्कृतिक अतीत की पुनःरचना और राष्ट्रीयता का विशेष महत्त्व था। यह बात 'प्रियप्रवास' में उतनी मुखर नहीं थी। लोकोद्धार की भावना ही अधिकतम उभर सकी। दूसरी बात, विरह-शृंगार काव्य के रूप में 'प्रियप्रवास' में रीतिकाल की परम्परा का निर्वाह हुआ है। यह बात महावीरप्रसाद द्विवेदी के 'रीतिवाद विरोधी अभियान' के अनुकूल नहीं थी। इस कारण भी इसकी लोकप्रियता को थोड़ा नुकसान हुआ। तीसरी बात, स्वयं कृष्ण काव्य परम्परा रीतिकाल के बाद के काव्य-अभ्यासों में शक्ति खो चुकी थी, जिसे कथानक में मौलिक उद्‌भावना के द्वारा भी हरिऔध उठाने में सफल नहीं रहे। इसके बावजूद, उनका यह महत्त्वाकांक्षी प्रयास, जिसमें साहित्यिक उत्कर्ष प्राप्त करने की भी लालसा है, हिन्दी कविता में नए के प्रारम्भ की सूचना अवश्य देता है।

इस कारण मैथिलीशरण गुप्त के समान ही हरिऔध द्विवेदी युग के प्रतिनिधि कवि ठहरते हैं।

मैथिलीशरण गुप्त का रचना-संसार विस्तृत है। छोटे-बड़े सब मिलाकर छ्यालीस काव्य-ग्रन्थ हैं। उनमें से सर्वाधिक उल्लेखनीय 'साकेत', 'यशोधरा' और 'द्वापर' हैं। रवीन्द्रनाथ ठाकुर ने 1899 में एक निबन्ध लिखा था 'काव्य की उपेक्षिताएँ'। 'साकेत' के सन्दर्भ में प्राय: उसकी चर्चा की जाती है। निबन्ध की प्रारम्भिक पंक्तियाँ हैं :

> *कवियों ने अपने कल्पना-स्रोत का सब करुणा-जल केवल जनक-तनया के पुण्य अभिषेक में लगा दिया। लेकिन एक और भी म्लानमुखी, सब ऐहिक सुखों से वंचित राजवधू, जो सीतादेवी की छाया के नीचे घूँघट डाले खड़ी है, कवि के कमंडल से एक बूँद अभिषेक-जल भी क्यों उसके चिर-दु:ख-तप्त नम्र ललाट पर नहीं पड़ा! हाय अव्यक्त-वेदना देवी उर्मिला, तुम भोर के तारे के समान महाकाव्य के सुमेरु पर केवल एक बार उदित हुई थीं, और फिर कभी अरुणालोक में दिखाई नहीं पड़ीं। तुम्हारा उदयाचल कहाँ है और कहाँ है तुम्हारा अस्त-शिखर, यह पूछना भी लोग भूल गए।*[49]

'साकेत' ने उर्मिला-उद्धार किया, यह बात सामान्यत: विश्वविद्यालयीन प्राध्यापन-रूढ़ि का अंग बन चुकी है। 'साकेत' में यह है; लेकिन वह महत्तर प्रयास सिर्फ़ इसी कारण नहीं है। यह एक छोटा कारण है। बड़ा कारण है मैथिलीशरण गुप्त की वह सांस्कृतिक दृष्टि जो 'भारत भारती' और 'हिन्दू' की भित्ति पर खड़ी हुई थी। पुनरुत्थान की चेतना, उक्त दोनों ग्रन्थों में जो सिद्धान्त रूप में थी, रामकथा-विषयक अनुभूति के द्वारा 'साकेत' में काव्य-उत्कर्ष पाती है। पुनरुत्थान चेतना के दायरे में आधुनिक दृष्टि का समावेश भी 'साकेत' की एक विशेषता है। उर्मिला-उद्धार का महत्त्व भी इसी से जुड़ा हुआ है। मैथिलीशरण गुप्त की संचयिता के सम्पादक नंदकिशोर नवल मानते हैं कि "संयुक्त परिवार की पुन:प्रतिष्ठा के लिए उन्होंने (मैथिलीशरण ने) दशरथ के परिवार को लिया, जिसमें संयुक्त परिवार का यथार्थ और आदर्श दोनों अपने अतिशय भयावह और अतिशय सुन्दर रूप में देखने को मिलते हैं।"[50] यह सही है, और पुनरुत्थान चेतना के दायरे में आधुनिक दृष्टि के समावेश को ही इंगित करने वाला पक्ष है। इसे नंदकिशोर नवल की तुलना में ज़्यादा सटीक ऐतिहासिक सन्दर्भ में उनसे अपेक्षाकृत कम मेधावी आलोचक (मैथिलीशरण गुप्त रचनावली के सम्पादक) कृष्णदत्त पालीवाल ने समझा है। "हाँ, लेखनी : छत्पत्र पर लिखनी तुझे है यह कथा/... जग जाएँ तेरी नोक से, सोये हुए हों भाव जो" को आधार बनाकर लिखा है :

> *गुप्त जी की काव्य-साधना का यही आदर्श था। वह सांस्कृतिक-राष्ट्रीय नवजागरण का युग था जिसमें नवनिर्माण की भावना बड़ी प्रबल थी। विराग की तुलना में*

राग, निवृत्ति की तुलना में प्रवृत्ति, संन्यास की तुलना में गार्हस्थ्य अपनी आभा में दीप्त हो उठा था। गार्हस्थ्य को महत्त्व प्रतिष्ठा मिलने से नारियों की स्थिति में आकाश-पाताल का अन्तर आया था। [51]

गार्हस्थ्य की महत्त्व-प्रतिष्ठा स्त्री-शक्ति को आगे रखकर देखने की दृष्टि से महत्त्वपूर्ण है। उर्मिला-प्रसंग 'साकेत' के केन्द्र में आ गया है, तो उसका महत्त्व मैथिलीशरण गुप्त की इस नई दृष्टि में है। यही दृष्टि 'यशोधरा' में दिखाई पड़ती है। यह आकस्मिक नहीं है कि मैथिलीशरण गुप्त ने ज़्यादा से ज़्यादा नारी पात्रों पर ध्यान दिया है। शकुन्तला, सीता, उर्मिला, यशोधरा, हिडिम्बा, द्रौपदी, विष्णुप्रिया, रत्नावली, राधा, कुब्जा, तिलोत्तमा! 'यशोधरा' की भूमिका में अज्ञेय ने ठीक चिह्नित किया है कि अधिकतर नए चरित्र नारी-चरित्र थे, जो मैथिलीशरण गुप्त के आधुनिक युगबोध के एक पहलू थे।[52] उर्मिला या यशोदा को केन्द्रीय महत्त्व (प्रोटैगॉनिस्ट के रूप में) देना नए युग में स्त्री-शक्ति के महत्त्व को समझना था। अज्ञेय ने ठीक लिखा है, "... इतिहास की उपेक्षिताओं को सामने लाना ही काफी नहीं है; भारतीय समाज में पिछली तीन-चार शतियों से नारी के प्रति बढ़ती हुई उपेक्षा और अन्याय के प्रति भी लोगों को सजग करना होगा, ऐसा गुप्त जी सोचते थे। नया युग नारी के भी एक उत्कर्ष का युग होगा, यह वे मानते थे।"[53]

पुनरुत्थान-चेतना, कहने की आवश्यकता नहीं, अपने दायरे में प्रगतिशील थी। उसमें क्रमशः नए और आधुनिक आयाम जुड़ते चले गए थे। इसी प्रक्रिया के द्वारा बाद के काव्य में पुनरुत्थान के स्थान पर प्रगति और प्रयोग की दिशा में बढ़ा जा सका। खुद मैथिलीशरण गुप्त की 'अद्वैत' सांस्कृतिक चेतना ('धनुर्बाण वा वेणु लो श्याम रूप के संग,/ मुझ पर चढ़ने से रहा राम! दूसरा रंग'[54]) के भीतर यह घटित हुआ। 'द्वापर' में नारद कहते हैं :

वादी संवादी स्वर लेकर,
सीधा सभी बजाते हैं;
पर प्रतिवादी स्वर भी मेरी
वीणा में बज जाते हैं।
बिना विवादी के विनोद क्या,
बस प्रयोग सर्वत्र बड़ा;
बनें भैरवी भी मृदु-मधुरा,
मेरा माध्यम रहे कड़ा।

(द्वापर, पृ. 52)

इसमें नए काव्य-युग का संकेत है।

मैथिलीशरण गुप्त को 'द्वापर' में पुनरुत्थान से मुक्ति तो नहीं मिली, लेकिन उनका आर्यसमाजी आग्रह शिथिल अवश्य हो गया। आर्यसमाजी आग्रह का शिथिल

होना और काव्य-गुण की अभिवृद्धि 'द्वापर' की एक उल्लेखनीय विशेषता है। मैथिलीशरण गुप्त संचयिता के सम्पादक नंदकिशोर नवल का यह आकलन बिल्कुल सही है कि 'द्वापर' सर्वाधिक सुन्दर काव्य है।[55] मार्मिक, समीचीन और अर्थव्यंजक! रामचन्द्र शुक्ल ने इस काव्य पर केवल दो पंक्तियाँ खर्च की हैं, और वह बहुत सार्थक है, "'द्वापर' में यशोदा, राधा, नारद, कंस, कुब्जा इत्यादि कुछ विशिष्ट व्यक्तियों की मनोवृत्तियों का अलग-अलग मार्मिक चित्रण है। नारद और कंस की मनोवृत्तियों के स्वरूप तो बहुत ही विशद और समन्वित रूप में सामने रखे गए हैं।"[56]

'द्वापर' 1935-36 की रचना है। घोर द्विधा का दौर! जवाहरलाल नेहरू ने उन दिनों 'विराट रिक्तता' का अनुभव किया था। नेहरू की आत्मकथा का एक लम्बा उद्धरण देते हुए विजयदेव नारायण साही ने लिखा है कि नेहरू के मन में महसूस होने वाली विराट रिक्तता उस युग में पूरे देश की केन्द्रीय समस्या थी, जिसका उत्तर देने की, या जिस पर भावनात्मक विजय प्राप्त करने की कोशिश उस युग की हिन्दी कविता करती है।[57] यह बात ज़रा खटकती है कि साही ने उसी दौर में लिखी गई बच्चन की 'मधुशाला' के मधुपायी, भगवतीचरण वर्मा की 'चित्रलेखा' के बीजगुप्त, प्रसाद की 'कामायनी' के मनु और प्रगतिवादी चीखों को उस रिक्तता के उदाहरण के रूप में रखा, लेकिन उनकी निगाह मैथिलीशरण गुप्त की 'द्वापर' पर नहीं पड़ी।

रामचन्द्र शुक्ल ने जिसे विशिष्ट व्यक्तियों की मनोवृत्तियों का मार्मिक चित्रण और स्वरूप का विशद और समन्वित रूप कहा है, उसका गहरा सम्बन्ध अपने समय की द्विधा, रिक्तता और संशय से है। इसका एक विडम्बनापूर्ण और विलक्षण उदाहरण कंस का वासुदेव-पुत्र कृष्ण के बच जाने की आशंका से उपजा यह आत्मकथन है :

भित्ति-चित्र चलते से क्या
दीख गए क्षण काल!
द्वापर ही द्वापर है मेरे
चारों ओर अराल।

......

भ्रम हो, भय हो, अप्रत्यय हो,
संशय, अनृत, यथार्थ,
जो भी हो, आ जावे खुलकर
देखे फिर पुरुषार्थ।

(द्वापर, पृ. 81)

यह द्वन्द्व कंस का है और लगभग यही द्वन्द्व 'द्वापर' के लेखन काल—यानी चौथे दशक का है।

भ्रम और यथार्थ के गहरे द्वन्द्व का साक्षात्कार खलपात्र के माध्यम से ज़्यादा सम्भव है। नायक में जो सन्तुलन होता है, वह परदे का काम करता है। 'द्वापर' के कृष्ण के आत्मकथन में यह बात देखी जा सकती है।

राम भजन कर पाँचजन्य! तू,
वेणु बजा लूँ आज अरे,
जो सुनना चाहे सो सुन ले,
स्वर ये मेरे भाव भरे—
कोई हो, सब धर्म छोड़ तू
आ, बस मेरा शरण धरे,
डर मत, कौन पाप वह, जिसे
मेरे हाथों तू न तरे?

(द्वापर, पृ. 12)

कंस का 'भय' खुलकर सामने आने के लिए ललकार रहा है, जबकि कृष्ण का वेणु खुला खेल की इजाजत नहीं देता। वह एक मोहपाश है। जो कोई डर को त्याग चुका है, वही उसमें फँसे। लेकिन 'राम भजन कर' जैसे प्रथम पद के कारण एक रिक्तता भी दिखाई देती है। 'मेरे हाथों तू न तरे' में निहित है—मुक्ति है, लेकिन अभी नहीं। 'खंडित चेतना वाली मनोभूमि' के उस दौर में जैसे गांधी जी कह रहे हैं— 'सब धर्म छोड़ तू/आ'।

साहित्यिक परम्परा पर ध्यान दें तो 'जो सुनना चाहे सो सुन ले,/ स्वर ये मेरे भाव भरे' पढ़कर पचीस साल बाद अज्ञेय की लिखी 'असाध्य वीणा' की पंक्तियाँ याद आती हैं—'डूब गए सब एक साथ। सब अलग-अलग एकाकी पार तिरे।'

'द्वापर' में राधा, विधृता, कुब्जा डूब गईं सब कृष्ण की चाहत में, और सब अलग-अलग तरह से। समर्पण एक-सा नहीं होता।

राधा सशरीर समर्पित है लोक-त्याग द्वारा :

बस, यह तेरा अंक और यह
मेरा रंक शरीर हरे!

......

मेरा लोक आज इस लय में
हो जावे विध्वंस हरे!

(द्वापर, पृ. 13-14)

विधृता मरकर भी कुछ कहने को तत्पर है :

मैं मर चुकी, किन्तु मरते ही
ठण्डी नहीं पड़ी हूँ

तुमसे दो बातें कहने को
क्षणभर यहाँ खड़ी हूँ।

(द्वापर, पृ. 22)

कुब्जा तो जैसे राधा और गोपियों की प्रतिपक्ष है :

तू चाहे जिसका योगी हो,
मेरा क्षणिक वियोगी
तेरा जन अगणित, परन्तु मैं
एक विजनता तेरी।

(द्वापर, पृ. 105)

जवाहरलाल नेहरू ने जिस समय में एक 'विराट रिक्तता' का अनुभव किया था, उसे भरने का यह प्रयास है विभिन्न स्त्री-पात्रों के समर्पण और त्याग के आत्मकथन द्वारा। यह बड़ी विशेषता है 'द्वापर' की।

'द्वापर' प्रत्यक्षत: रूपक (एलिगरी) नहीं है, लेकिन इसके रचना-काल से जोड़कर इसका पाठ करें तो आत्मोसर्गपूर्ण विभिन्न उक्तियों में स्वाधीनता आन्दोलन के कई दिग्गज चरित्र ध्वनित होने लगते हैं। कविता यह काम करती है, और इसमें कुछ आश्चर्यजनक नहीं है। उसी कृति को दूसरे समय से जोड़कर पढ़ें तो वह दूसरी ध्वनि दे सकती है। यहाँ महत्त्व की बात है प्रत्यक्ष सम्बन्ध के बगैर किसी कृति में अपने समय को ध्वनित करने की क्षमता।

देवकी के आत्मकथन का उदाहरण लें तो यह स्वानुभूत, अत्यन्त कठिन और स्याह समय की कविता है :

आधी रात जहाँ दिन में भी
वहाँ रात, फिर पूरी!
किसे ज्ञात है, कहाँ हमारे,
फिरते दिन की दूरी?

......

तब भी काल बीत जाता है,
जब जुग-सा पल-छिन्न है;
जिससे हम जी जाएँ, हाय! वह
मरना महा कठिन है।

(द्वापर, पृ. 56)

'द्वापर' की रचना के साथ मैथिलीशरण गुप्त की निजी वेदना का भी सम्बन्ध है। भूमिका की ये पंक्तियाँ इसी बात की ओर इशारा करती हैं—"जिस परिस्थिति में यह पुस्तक लिखी गई है, वह लेखक के जीवन में बहुत ही संकल्प-विकल्प पूर्ण रही। क्या जानें, इसी कारण से यह नाम आ गया अथवा अन्य किसी कारण से यह

भी द्वापर—सन्देह की बात है।"[58] जो लोग जानते हैं कि इसकी रचना गुप्त जी ने अपने बीमार बेटे की तिमारदारी करते हुए की थी और उसे बचा नहीं सके थे, उनके मन में कोई सन्देह की बात बाकी नहीं रह जाती। देवकी का यह आत्मकथन ऐसी ही किसी परिस्थिति में उपज सकता है—

हा भगवान्! हो गई व्यर्थ वह
प्रसव-वेदना सारी;
लेकर यह अनुभूति चेतना
कहाँ रहे यह नारी?

(द्वापर, पृ. 61)

यह 'सरोजस्मृति' की तरह शोककाव्य नहीं है, जिसमें निजी दुःख को कहने का अवसर था। इसके बावजूद, इसमें निजी दुःख की अभिव्यक्ति वाली सघनता है।

'द्वापर' उसी युग की उपज है जिसमें 'कामायनी', 'गोदान', 'राम की शक्तिपूजा' और 'सरोजस्मृति' लिखी गईं। अन्य समानताओं के अतिरिक्त विकल-संवेदना के छोर से भी यह हिन्दी की उपर्युक्त कालजयी कृतियों के निकट है।

4

मैथिलीशरण गुप्त की कविता का सबसे परिपक्व काल वही है, जो छायावाद का है। 'साकेत' और 'यशोधरा' के प्रगीतात्मक अंशों, 'द्वापर', 'रत्नावली' और 'झंकार' के गीतों पर नज़र डालें तो भाषा और भावबोध के स्तर पर उन पर छायावाद का काफी प्रभाव दिखाई पड़ता है। 'कुणालगीत', 'पृथ्वीपुत्र', 'जयिनी' आदि काव्य-कृतियों को देखें तो वे उत्तर-छायावाद और प्रगतिवाद से भी तालमेल बनाते देखे जा सकते हैं। इस सम्बन्ध में रामधारी सिंह दिनकर ने बहुत अच्छी बात कही है, "गुप्त जी के सामने कविता के जितने आन्दोलन चले (प्रयोगवादी आन्दोलन को छोड़कर) उनमें से प्रत्येक का बिम्ब गुप्त जी के विशाल काव्य-समुद्र में जगमगाता मिलता है। उन्होंने कई पीढ़ियाँ देखी हैं। किन्तु, परिवार का पिता होने के नाते सभी पीढ़ियों का अर्जन, मानो, उनके पास संचित हो गया है।"[59] संयुक्त परिवार की इस विशेषता के कारण, हमारी समझ से, मैथिलीशरण गुप्त की सार्थकता बढ़ती ही है।

वस्तुतः नई पीढ़ियों से ग्रहण करने के प्रति मैथिलीशरण गुप्त जहाँ उदार रहे, वहीं नई पीढ़ियाँ समावेशी निरन्तरता के अन्तर्गत उन्हें आत्मसात् करने में पीछे नहीं रहीं। छायावाद इसका अपवाद है। वह भी इसलिए कि उसे उसी द्विवेदी युग में अलग मार्ग बनाना पड़ा था, जिसके मैथिलीशरण प्रतिनिधि कवि हैं। लेकिन यह मैथिलीशरण गुप्त से ही अलग मार्ग बनाने की बात थी, श्रीधर पाठक से नहीं।

रामचन्द्र शुक्ल ने श्रीधर पाठक के जिस 'ट्रू रोमांटिसिज़्म' का उल्लेख किया है, उसकी दो दिशाएँ हैं। एक दिशा खुद शुक्ल जी द्वारा बताई हुई है—मैथिलीशरण गुप्त, मुकुटधर पांडेय और बदरीनाथ भट्ट वाली। दूसरी दिशा छायावाद है। छायावाद की अभिव्यंजना प्रणाली से शुक्लजी भले सहमत नहीं रहे, उनकी इच्छा के विरुद्ध मैथिलीशरण एक समय में उसकी ओर भी झुकते दिखाई पड़े। इसे देखते हुए 'झंकार' के गीतों का उदाहरण देते हुए शुक्ल जी ने टिप्पणी भी की है, "असीम के प्रति उत्कंठा और लम्बी-चौड़ी वेदना का विचित्र प्रदर्शन गुप्त जी की अन्तःप्रेरित प्रवृत्ति के अन्तर्गत नहीं। काव्य का एक मार्ग चलता देख ये उधर भी जा पड़े।"[60] स्पष्ट है कि शुक्ल जी की दृष्टि में मैथिलीशरण गुप्त ने यह अच्छा काम नहीं किया।

इससे एक बात साफ है कि छायावाद हिन्दी कविता का बड़ा साहित्यिक उद्यम था, जिसके प्रभाव से द्विवेदी जी के पक्के शागिर्द के लिए भी बचना सम्भव नहीं हुआ। इसके आधार पर यह कहना अनुचित नहीं होगा कि साहित्य किसी सम्पादक या आलोचक के—चाहे वह कितना भी बड़ा हो—बनाए मार्ग पर कम ही दूर चलता है; ज़्यादा दूर तक चलने के लिए उसे वास्तविक प्रभावशाली समकालीन के साथ होना पड़ता है।

मैथिलीशरण गुप्त संचयिता के सम्पादक नंदकिशोर नवल का यह कहना उचित है कि स्वच्छन्दतावाद और छायावाद ने एक दूसरे पर प्रभाव डाला है, फिर भी ये दोनों अलग-अलग चलने वाली काव्यधाराएँ हैं। लेकिन उसके बाद यह निष्कर्ष निकालना एक स्थूल तथ्य है कि बाद में माखनलाल, 'नवीन' और सियारामशरण गुप्त ने जो काव्य-सृजन किया या बच्चन और दिनकर का जो उत्तरछायावाद आया, उसका सम्बन्ध स्वच्छन्दधारा से है, छायावाद से नहीं।[61] वस्तुतः जैसे छायावाद के दौर में प्रभावशाली समकालीनता की ओर मैथिलीशरण गुप्त को झुकना पड़ा था, वैसे खुद छायावाद को उत्तरछायावादी फक्कड़पन के निकट होना पड़ा, जिसकी पिछली परम्परा भारतेन्दु-युग की कविता से लेकर श्रीधर पाठक के स्वच्छन्तावाद में मौजूद थी। कविता की परम्परा में दुहराव-तिहराव कोई बड़ी बात नहीं। काल-विशेष में प्रवृत्तियाँ उठती-दबती रहती ही हैं।

रामचन्द्र शुक्ल ने मैथिलीशरण गुप्त को जगत् और जीवन के व्यक्त क्षेत्र में महत्त्व और सौन्दर्य का दर्शन करने वाला कवि कहा है।[62] दूसरी विशेषता बताई, जिसकी अभी हम बात कर रहे हैं, अगली पीढ़ी से प्रभाव ग्रहण करने की—"कालानुसरण की क्षमता अर्थात् उत्तरोत्तर बदलती हुई भावनाओं और काव्य-प्रणालियों को ग्रहण करते चले जाने की शक्ति।" आगे इसमें जोड़ा, "इस दृष्टि से हिन्दी भाषी जनता के प्रतिनिधि कवि ये निःसन्देह कहे जा सकते है।"[63] निःसन्देह जगत् और जीवन के व्यक्त क्षेत्र का कवि जिसमें समय के अनुसार ढलने की क्षमता भी हो प्रतिनिधि और अनुकरणीय हो सकता है। मैथिलीशरण में काव्यानुसरण की

जितनी क्षमता है, उतना ही वे अनुकरणीय कवि भी हैं।

बाद का काव्य-विकास अपने अनुभव की बनावट से ज़रा अलग दिखाई पड़ता है और उसकी भाषा-भंगिमा में कुछ बदलाव आ गया, फिर भी उसका सम्बन्ध मैथिलीशरण के काव्य से टूटता नहीं है। विपिनकुमार अग्रवाल ने इस तथ्य की पुष्टि में 'साकेत' से उदाहरण देते हुए एक उल्लेख-योग्य व्याख्या प्रस्तुत की है।[64]

सीता चित्रकूट के प्राकृतिक सौन्दर्य को देखकर कहती है :

निधि खोले दिखला रही प्रकृति निज माया,
मेरी कुटिया में राज-भवन मन भाया।

कहता है कौन कि भाग्य ठगा है मेरा?
वह सुना हुआ भय दूर भागा है मेरा।
कुछ करने में अब हाथ लगा है मेरा
वन में ही तो गार्हस्थ्य जगा है मेरा।

(साकेत, अष्टम सर्ग, पृ. 118)

यह सिर्फ़ सन्तोष-भाव का प्रदर्शन नहीं है। अपने अस्तित्व को प्रमाणित करने, उसे सार्थक करने का उपक्रम है। विपिनकुमार ने यही उपक्रम लक्ष्मीकांत वर्मा और सर्वेश्वर की कविताओं में ढूँढ़ा है। सर्वेश्वर की ये पंक्तियाँ इस सन्दर्भ में अत्यन्त सार्थक हैं :

तुम्हारे साथ रहकर
अक्सर मुझे लगता है
कि हम असमर्थताओं से नहीं
सम्भावनाओं से घिरे हैं।

विपिनकुमार की टिप्पणी है, ''सीता को गार्हस्थ्य घेर लेता है, मैं (नई कविता का 'मैं') को दायित्व और सम्भावनाएँ। पर नए कवियों का ढंग अधिक विकसित है, अधिक सधा हुआ है, अधिक पका हुआ है। उनमें प्रथम अन्वेषी का अटकाव, जो मैथिलीशरण में था, अनुपस्थित है।''[65]

नए कवि का ढंग विकसित है। उसे सीता की तरह बहुत बोलना नहीं पड़ता है। उसका काम निहारने से चल जाता है। सीता की तरह वह भी सघन वन को पैदल पार करते हुए चित्रकूट पहुँचता तो उसका ढंग उतना विकसित नहीं हो पाता। वाल्टर बेंजामिन ने जार्ज सिमैल का एक बहुत महत्त्वपूर्ण कथन नोट किया है, ''19वीं शताब्दी से पहले, जब बसें, रेल, मोटर गाड़ियाँ नहीं आई थीं, लोगों के सामने यह स्थिति नहीं आई थी कि बिना बोले घंटों दूसरे को निहारते रहें।''[66]

सर्वेश्वर की कविता में साथ रहने (गार्हस्थ्य जीवन) की सुविधा है। बाद की पीढ़ी का कवि उस सुविधा को खोकर भी अकेला नहीं पड़ता :

प्याज की तेज गंध हींग जीरे की कपूर की गंध
मुझे किसी औरत की गंध लग रही है

अकेले जो रहता है नहीं है अकेले
अदहन में चावल छोड़ते भी नहीं हैं अकेले
उनकी साँसें छूट गई हैं यहाँ उनकी छाया
उनकी देह का प्रभा-वलय

(अरुण कमल: नए इलाके में, पृ. 36)

सर्वेश्वर और नई कविता के दूसरे कवियों की तरह आज के कवि को घोषणा नहीं करनी पड़ती। उसने आधुनिकता से उत्पन्न बेचैनी पर काबू पा लिया है। इसलिए उसमें मैथिलीशरण गुप्त वाली थोड़ी सरलता भी है और मंद रूमानियत भी।

राजेश जोशी के 'मैं' की पीठ में होटल के बिस्तर पर लेटे-लेटे खुजली हो रही है। जनेऊ इस ज़माने में पैतृक घर की खूँटी पर छूट गई है। बैलगाड़ी का भी ज़माना नहीं रहा कि उसके पहिए से टिककर खुजला लिया जा सके। खुद के हाथ से ही कोशिश करनी पड़ती है। जहाँ हाथ की हद खत्म होती है, वहाँ से शुरू होती है किसी हथेली की याद।

याद ने भी क्या कारण खोजा है आने के लिए
घर से इतनी दूर इस गुलाबी शहर में!

(दो पंक्तियों के बीच, पृ. 42)

कविता भी क्या-क्या कारण खोजवाती है उसकी परम्परा को याद करने के लिए!

कविता क्या है ?

'कविता क्या है ?' इस शीर्षक से रामचन्द्र शुक्ल के निबन्ध का जब पहला प्रारूप 1909 में छपा था, तब 'हिन्दी कविता क्या है' को लेकर जबर्दस्त भ्रान्ति और खींचतान थी। मुजफ्फरपुर के बाबू अयोध्याप्रसाद खत्री के 'खड़ी बोली का पद्य' आन्दोलन के ज़ोर-झटके और महावीरप्रसाद द्विवेदी द्वारा 'सरस्वती' में 'बोलचाल की हिन्दी में कविता' को विशेष महत्त्व दिए जाने के बावजूद आधुनिक कहे जाने योग्य बहुत कम कविताएँ थीं। श्रीधर पाठक और मैथिलीशरण गुप्त आदि की कुछ कविताओं में आधुनिक कविता का रूप-रेख उभरने लगा था, लेकिन अभी बड़ा गुणात्मक परिवर्तन नहीं हुआ था। ब्रजभाषा की 'पुरानी गूदड़ी' के प्रति खड़ीबोली कविता के समर्थकों में भी थोड़ा मोह बना हुआ था। महावीरप्रसाद द्विवेदी जिसे 'बोलचाल की भाषा में कविता' कह रहे थे, उसमें ब्रजभाषा की रूढ़ि से उबरने की चेष्टा तो थी लेकिन साहित्यिक नवीनता की दृष्टि से बड़ी बात पैदा नहीं हुई थी। कुल मिलाकर हिन्दी कविता अभी जिस जगह पर थी, उसे आधार बनाकर कविता की समुचित व्याख्या और आधुनिक परिभाषा सम्भव नहीं थी। लेकिन एक नई भाषा में कविता लिखने का जब दबाव पैदा हुआ हो, उसी समय उस भाषा में 'कविता क्या है' विषय पर विचार व्याख्या और परिभाषा की दृष्टि से उतना महत्त्वपूर्ण नहीं था जितना अपनी भाषा में कविता की ज़रूरत अनुभव करने की दृष्टि से। उसमें यह प्रश्न भी शामिल रहा है—किस प्रकार की कविता ? 'कविता क्या है' के प्रथम प्रारूप की इन पंक्तियों पर ध्यान दें—

> *...कविता मनोवेगों को उत्तेजित करने का एक उत्तम साधन है। ...कार्य-प्रवृत्ति के लिए मन में वेग का आना आवश्यक है। यदि किसी से कहा जाए कि अमुक देश तुम्हारा इतना रुपया प्रतिवर्ष उठा ले जाता है; इसी से तुम्हारे यहाँ अकाल और दारिद्रय बना रहता है ? तो सम्भव है कि उस पर कुछ प्रभाव न पड़े। पर यदि दारिद्रय और अकाल का भीषण दृश्य दिखाया जाए; पेट की ज्वाला से जले हुए प्राणियों के अस्थि-पंजर सामने पेश किए जाएँ, और भूख से तड़पते हुए बालक के पास बैठी हुई माता का आर्त्तस्वर सुनाया जाए तो वह मनुष्य क्रोध और करुणा से विह्वल हो उठेगा और इन बातों को दूर करने का उपाय नहीं तो संकल्प अवश्य*

करेगा। पहले प्रकार की बात कहना राजनीतिज्ञ का काम है और पिछले प्रकार का दृश्य दिखाना कवि का कर्तव्य है।[1]

इस दृष्टान्त में—कविता मनोवेगों को कैसे उत्तेजित करती है—आगे की कविता का संकेत है। राजनीतिज्ञ जो करता है, उसे दूसरे ढंग से कविता को करना होता है; आज के कवि का यही मुख्य कर्तव्य है। इससे पहले हिन्दी में किसी ने इस प्रकार के कवि-कर्तव्य की ओर संकेत किया हो, इसका हमें ध्यान नहीं। 'कविता क्या है' से पहले 1901 में 'सरस्वती' में महावीर प्रसाद द्विवेदी ने हिन्दी के कवियों को 'कवि-कर्तव्य' समझाते हुए लिखा था, "कविता में साधारण लोगों की अवस्था, विचारों और मनोविकारों का वर्णन हो।"[2] उनका दूसरा निबन्ध है दिसम्बर, 1903 की 'सरस्वती' में 'कविता' शीर्षक से, जिसमें कहा गया, "अन्तःकरण की वृत्तियों के चित्र का नाम कविता है।"[3] 'कवि और कविता' शीर्षक से उनका तीसरा निबन्ध 1907 में 'सरस्वती' में छपा, जिसमें मन की वृत्तियों का सम्बन्ध स्पष्ट करते हुए कहा गया, "अच्छी कविता सुनकर कविता-गत रस के अनुसार शोक, क्रोध, करुणा और जोश आदि भाव पैदा हुए बिना नहीं रहते।"[4] अन्तःकरण की वृत्तियों का चित्र कैसा? —साधारण लोगों के विचारों और मनोवेगों का वर्णन हो। कवि इस वर्णन के द्वारा लोगों में शोक, क्रोध, करुणा आदि भाव पैदा करता है। इस बात में रामचन्द्र शुक्ल ने उपयुक्त दृष्टान्त से जोड़ा कि जो भाव पैदा होते हैं उनमें परिवर्तन के उपाय ढूँढ़ने की इच्छा और संकल्प होते हैं। इस प्रक्रिया की समझ के आधार पर उन्होंने परिभाषा के स्तर पर कविता का काम (फंक्शन) बताने की चेष्टा की है :

कविता हमारे मनोवेगों को उच्छ्वासित करके हमारे जीवन में एक नया जीव डाल देती है। हम सृष्टि के सौन्दर्य को देखकर मोहित होने लगते हैं। कोई अनुचित या निष्ठुर काम हमें असह्य होने लगता है। हमें जान पड़ता है कि हमारा जीवन कई गुना अधिक होकर समस्त संसार में व्याप्त हो गया है।[5]

सौन्दर्यशास्त्र की दृष्टि से इसमें नया कुछ नहीं है। लेकिन सृष्टि के सौन्दर्य के आनन्द और अन्याय के प्रति असह्यता में कविता का यह परिसीमन थोड़ा चौंकाता ज़रूर है। पिछली एक शताब्दी की कविता को हम भी इन्हीं दो बातों को विशेष ध्यान में रखकर परखने का प्रयत्न नहीं करते रहे हैं? सौ साल पहले जब हिन्दी में कविता बहुत कम थी, तब कविता की मुख्य जिम्मेदारी तय करने का काम रामचन्द्र शुक्ल ने किया था। यह बहुत बड़ी बात थी।

'कविता क्या है' के प्रथम प्रारूप की प्रथम पंक्ति है—'कविता से मनुष्य-भाव की रक्षा होती है।'[6] इसकी व्याख्या में रामचन्द्र शुक्ल ने यह भी कहा, "बात यह है कि संसार के अनेक कृत्रिम व्यापारों में फँसे रहने से मनुष्य की मनुष्यता जाती रहने का डर रहता है। ...कविता यही प्रयत्न करती है कि प्रकृति से मनुष्य की दृष्टि

फिरने न पावे।"[7] 'प्रकृति' यानी मनुष्य-भाव। मनुष्य-भाव की रक्षा अत्याचार के विरोध में निहित है। अत्याचार के प्रति क्रोध प्रकट करने के बजाय, उसे होते देखकर भी मुँह मोड़ लेना "महा-भयानक मानसिक रोग है। इससे मनुष्य जीते जी मृतवत् हो जाता है। कविता इसी मरज की दवा है।"[8]

अत्याचार के प्रति क्रोध से पहला छंद फूटा था, हमारे यहाँ ऐसा माना जाता है :

मा निषाद प्रतिष्ठांत्वमगमः शाश्वतीः समाः।
यत कौञ्चमिथुनादेकमवधीः काममोहितम्॥

यह आकस्मिक नहीं है कि रामचन्द्र शुक्ल ने इस क्रौंच-वध प्रसंग का उल्लेख एकाधिक स्थलों पर किया है। इस प्रसंग का प्रतीकात्मक महत्त्व है। न तो यह पहला छंद होगा और न ही कोई पहला छंद शोकवश उत्पन्न क्रोध से फूटा होगा। कविता का जन्म कैसे हुआ, दार्शनिक-सौन्दर्यशास्त्रीय विवेचनों में इस पर बहुत कुछ कहा गया है। यहाँ हमारे लिए मुख्य बात है रामचन्द्र शुक्ल द्वारा कविता के सन्दर्भ में अत्याचार के प्रतिकार को विशेष महत्त्व दिया जाना।

वह स्वाधीनता आन्दोलन के प्रथम उन्मेष और नवजागरण का काल है जिसमें 'कविता क्या है' लिखा गया। 'कविता क्या है' में अनुचित या निष्ठुर काम के प्रति असह्यता को कविता का सबसे बड़ा काम मानने के रूप में मानवतावाद के स्वर की प्रमुखता दिखाई पड़ती है। 'कविता से मनुष्य-भाव की रक्षा होती है' को उद्धृत करते हुए नामवर सिंह ने सटीक टिप्पणी की है, "अत्यन्त सामान्य प्रतीत होने वाला यह छोटा-सा वाक्य वस्तुतः हिन्दी साहित्य में नए मानववाद का बीज मंत्र है।"[9]

'कविता क्या है' गांधीजी के 'हिन्द स्वराज' (1909) से पहले लिखा जा चुका था। नामवर सिंह के उल्लेख के मुताबिक अक्टूबर, 1908 से पहले। सत्याग्रह 'हिन्द स्वराज' का 'बीज मंत्र' है। रामचन्द्र शुक्ल ने किसी अनुचित या निष्ठुर काम के प्रति असह्यता को जो कविता का बड़ा मूल्य बताया है, उसमें सत्याग्रह जैसी विचार-चेतना सक्रिय है। सत्याग्रह स्वयं नए मानवतावाद से अभिन्न प्रतिरोध की शानदार युक्ति है—विद्रोह की कविताओं के ही समान। दूसरी ओर कविता अपने सर्वोत्तम उदाहरण में, अथवा रामचन्द्र शुक्ल की नज़र में जो कविता का अर्थ है, सत्याग्रह ही है। एक सौन्दर्यबोधीय सत्याग्रह!

'कविता', रामचन्द्र शुक्ल का कथन है, "उच्चाशय, उदार निःस्वार्थ हृदय की उपज है।"[10] जिसके हृदय में यह उपजती है, उसे शुक्ल जी ने 'सत्कवि' कहा। 'चिन्तामणि' पहला भाग के संशोधन में 'सत्कवि' की जगह 'सच्चे कवि' हो गया और बात भी ज़रा सुलझे ढंग से कही गई :

सच्चे कवि राजाओं की सवारी, ऐश्वर्य की सामग्री में ही सौन्दर्य नहीं ढूँढ़ा करते। वे फूस के झोपड़ों, धूल-मिट्टी में सने किसानों, बच्चों के मुँह में चारा डालते हुए पक्षियों, दौड़ते हुए कुत्तों और चोरी करती हुई बिल्लियों में कभी-कभी ऐसे

सौन्दर्य का दर्शन करते हैं जिसकी छाया भी महलों और दरबारों तक नहीं पहुँच सकती। श्रीमानों के शुभागमन पर पद्य बनाना, बात-बात में उनको बधाई देना कवि का काम नहीं। जिनके रूप या कर्म-कलाप जगत् और जीवन के बीच में उसे सुन्दर लगते हैं, उन्हीं के वर्णन में वह 'स्वान्तः सुखाय' प्रवृत्त होता है।''[11]

स्वान्तः सुखाय! जो खुद को अच्छा लगे। गांधीजी ने 'हिन्द स्वराज' में कहा, ''हम तो जो अच्छा है, उसे खोजना चाहते हैं और उसके मुताबिक बरतना चाहते हैं।''[12] साहित्य-दृष्टि और राजनीति-दृष्टि, दोनों एक बिन्दु पर कैसे आकर मिल गई हैं!

'कविता क्या है' की पृष्ठभूमि में न्यूमन के निबन्ध 'लिटरेचर' का महत्त्व असंदिग्ध है, जिसका भावानुवाद रामचन्द्र शुक्ल 'साहित्य' ('सरस्वती', मई, 1904) शीर्षक से कर चुके थे। तुलसीदास और संस्कृत के कवियों का जिस तरह उसमें नामोल्लेख है और प्रसंग के अनुकूल उनकी कविता उद्धृत की गई है, उसे देखते हुए वह भावानुवाद से भी ऊपर, जैसा कि नामवर ने कहा है, ''न्यूमन के निबन्ध का 'हिन्दीकरण' है।''[13] भारतीयकरण भी कह सकते हैं। कुछ बातें उसमें जुड़ गई हैं तो कुछ छूट भी गई हैं। नामवर सिंह ने इसे मूल पाठ के दो-तीन हिस्से से मिलान करके दिखाया है।[14]

न्यूमन के निबन्ध में एक वाक्य आता है—"Science has to do with things, literature with thought"[15] शुक्ल जी ने इसका अनुवाद किया है, ''विज्ञान पदार्थ या 'तत्त्व' का बोधक है और साहित्य 'कल्पना' और 'विचार' का।''[16] 'विचार' से पहले 'कल्पना' शब्द जोड़ दिया गया है। यह एडिसन के 'प्लेजर ऑफ़ इमैजिनेशन' के प्रभाव के कारण है, जिसका अनुवाद शुक्ल जी 'कल्पना का आनन्द' शीर्षक से पहले कर चुके थे। 'कविता क्या है' के पहले प्रारूप में कल्पना पर विचार नहीं है, लेकिन उसके संशोधित प्रारूप और 'रसात्मक बोध के विविध रूप' आदि में 'कल्पना' और उसके विभावक तत्त्व 'बिम्ब' को बहुत ज़्यादा महत्त्व मिला है।

न्यूमन के मूल पाठ में एक पंक्ति है, जिसका उल्लेख नामवर सिंह ने किया है : "Literature is the personal use or exercise of language."[17] भाषा का वैयक्तिक प्रयोग अथवा निजी अभ्यास है साहित्य—इस बात को रामचन्द्र शुक्ल ने अपने अनुवाद में छोड़ दिया है। साहित्य में वैयक्तिक अथवा 'निजी' की इस उपेक्षा को नामवर सिंह ने शुक्ल जी की 'लोकबद्ध दृष्टि' के विकास का प्रारम्भ माना है।[18] लोकबद्ध दृष्टि का प्रारम्भ निश्चित ही न्यूमन के अनुवाद से माना जा सकता है, लेकिन भाषा के निजी प्रयोग वाली बात को छोड़ने के कारण नहीं, बल्कि अलंकारवाद के विरोध के कारण। 'भाषा का निजी प्रयोग' और 'लोक-सामान्य भाव-भूमि' के बीच में विरोधाभासी विशेष सम्बन्ध की पर्याप्त पहचान शुक्ल जी को थी। उल्लेखनीय यह भी है कि न्यूमन वाले अनुवाद में नामवर सिंह द्वारा उद्धृत उपर्युक्त वाक्य भले

नहीं आया हो, उसका भाव खारिज़ नहीं हुआ है :

> *बहुतेरे लोग भाषा का उसी प्रकार प्रयोग करते हैं जैसा कि वे होता हुआ देखते हैं। प्रतिभाशाली पुरुष उसका प्रयोग तो करता है, किन्तु उसे अपने आशय के अधीन रखता है और उसे निराले ढंग पर ले चलता है। कल्पना-समूह, विचार-माला, अनुभव और उत्साह इत्यादि जो उसके चित्त में उत्पन्न होते हैं, उन्हीं को वह अपनी भाषा में व्यक्त करता है। उसकी भाषा वैसी ही बहु-रूपिणी है जैसे आन्तरिक क्रियाएँ हैं; क्रियाएँ वास्तव में उसकी छाया के सदृश हैं। जैसे उसकी कल्पना उसकी निज की है; उसके विचार उसके निज के हैं, वैसे ही उसकी भाषा या स्टाइल भी उसकी निज की है।*[19]

अन्तिम वाक्य में 'साहित्य भाषा का निजी प्रयोग अथवा अभ्यास है' का भाव पूरी तरह उतर आया है। सच्चे कवि काव्य-रचना में 'स्वान्तः सुखाय' प्रवृत्त होते हैं, मानने वाला व्यक्ति भाषा के निजी प्रयोग के महत्त्व को न समझे, यह आश्चर्य में डालने वाली बात न होगी!

रामचन्द्र शुक्ल की लोकदृष्टि के विकास का प्रारम्भ अलंकारवाद के खंडन से होता है। यह बात 'साहित्य' निबन्ध से शुरू होकर उनके लगभग सभी कार्यों में फैल गई है। चमत्कारपूर्ण अनुरंजन, उक्ति-वैचित्र्य, अभिव्यंजनावाद—सभी अलंकारवाद के ही लगभग पर्याय हैं, जिन्हें शुक्ल जी ने निस्तेज करने के अधिकाधिक प्रयास किए हैं। उनके प्रयास सर्वथा निरापद नहीं हैं। लेकिन महत्त्वपूर्ण यह है कि जिस विषय को हम निजी अथवा वैयक्तिक के रूप में देखते हैं, काव्य-अभिव्यक्ति में वह कैसे सामाजिक और सार्वजनिक दायरा तैयार करता है, इसे शुक्ल जी बखूबी समझते थे। कविता यदि, जैसा कि शुक्ल जी ने कहा, 'मनोवेगों को उत्तेजित करने का साधन है' और उससे मनुष्य भाव की रक्षा भी होती है, तो निजी और सामाजिक का भेद कहाँ रह जाता है?

'कविता क्या है' के प्रथम परिवर्धित रूप (1922) में 'मनुष्य भाव की रक्षा' की जगह रामचन्द्र शुक्ल ने लिखा, ''कविता वह साधन है जिसके द्वारा शेष सृष्टि के साथ मनुष्य के रागात्मक सम्बन्ध की रक्षा और निर्वाह होता है।''[20] इसे मिलाकर देखें न्यूमन के ही एक दूसरे निबन्ध 'कविता' (अरस्तु के काव्यशास्त्र को सन्दर्भ बनाकर लिखा गया, 1829) की इस धारणा से कि काव्य-मस्तिष्क भौतिक और नैतिक संसार में जो कुछ भी महान और गौरवपूर्ण है उससे स्वाभाविक सहानुभूति रखता है।[21] 'रागात्मक सम्बन्ध' और 'स्वाभाविक सहानुभूति' में यहाँ मात्र पद-भेद है; बात लगभग वही है। सम्बन्ध-सूत्र और दूर तक बैठता है। न्यूमन का समुचित कथन यह है कि सामान्यतः तथ्यात्मक रूप से साधारण मस्तिष्कों में 'विशेष' और 'वैयक्तिक' बाधित होता है, जबकि काव्य-मस्तिष्क अपने चिन्तनशील स्वभाव में कल्पनाशील और सृजनधर्मी होता है। लेकिन यह भी है कि भौतिक और नैतिक संसार में जो कुछ भी

महान और गौरवपूर्ण है, काव्य–मस्तिष्क उससे स्वाभाविक सहानुभूति रखता है; और लोक की सामान्य संवृत्ति को अपने विषय और भाव के अन्तर्गत समाविष्ट करता है।[22]

'विशेष' और 'वैयक्तिक' के स्थान पर रामचन्द्र शुक्ल ने 'मनुष्यता' की बात कही है। दुनियावी झंझट में पड़े रहने के कारण सामान्य मनुष्य की मनुष्यता बाधित होने का डर रहता है।[23] 'मनुष्यता' के अन्तर्गत, हमारी समझ से, 'विशेष' और 'वैयक्तिक' की अवधारणा शामिल है। वस्तुतः मनुष्य के उच्चतर गुणों अथवा मनुष्यता के ऐतिहासिक विकास में ही 'विशेष' अथवा 'वैयक्तिक', कल्पनाशीलता, सृजनधर्मिता, और काव्य–रचना की प्रवृत्ति शामिल है। इसे मार्क्स के इस कथन के सहारे बेहतर ढंग से समझा जा सकता है :

> *'बर्बर युग की' निम्न अवस्था में मनुष्य के उच्चतर गुणों का विकास प्रारम्भ हो गया था। व्यक्तिगत मान–मर्यादा, वाग्मिता, धार्मिक संवेदना, ईमानदारी, पौरुष और पराक्रम जब चरित्र के सामान्य गुण बन गए, लेकिन उसी के साथ क्रूरता, कपट और मतान्धता का भी जन्म हुआ। धर्म के क्षेत्र में वैयक्तिक देवताओं और परम आत्मा की धुँधली अवधारणाओं से जुड़कर प्रकृति–तत्त्व की पूजा, बेढब कविताओं की रचना, सामूहिक जीवन–यापन और मक्के की रोटी इस युग से जुड़ी वस्तुएँ हैं। इसने संयुक्त परिवार, जात–बिरादरी और गोत्रों में संगठित कबीलों के संघ को जन्म दिया। कल्पना मानव जाति के उन्नयन में बहुत बड़ा योग देने वाली शक्ति बन गई थी—मिथकों, अनुश्रुतियों और परम्पराओं के अलिखित साहित्य का अब निर्माण करने लग गई थी, और वह मानव–जाति पर जबर्दस्त प्रभाव डालने लग गई थी।*[24]

सामाजिक विकास की उच्चतर अवस्थाओं में सामान्य मस्तिष्क और काव्य–मस्तिष्क, वैयक्तिक और सामूहिक, साधारण और अद्वितीय के भेद और अन्तःसम्बन्ध की विभिन्न कोटियों के भीतर मनुष्यता की परिभाषा का विकास हुआ। मनुष्यता के विकास की संगति में ही कविता में 'वैयक्तिक' और 'सामूहिक' का सार्थक अनबन निरूपित होता रहा है।

लोक की सामान्य संवृत्ति को काव्य–मस्तिष्क अपने विषय और भाव के अन्तर्गत समाविष्ट करता है, यह न्यूमन का कथन है। इसके वज़न पर रामचन्द्र शुक्ल का कथन है, "कविता ही मनुष्य के हृदय को व्यक्तिगत सम्बन्ध के संकुचित मंडल से ऊपर उठाकर लोक–सामान्य भावभूमि पर ले जाती है।"[25] 'लोक–सामान्य भावभूमि' रस–सिद्धान्त के अन्तर्गत विचारित साधारणीकरण की अवधारणा के मेल में है, लेकिन इसमें न्यूमन की भी झलक देखी जा सकती है।

उल्लेखनीय है कि यह बात 'कविता क्या है' के प्रथम दो प्रकाशित पाठों (1909 और 1922) में नहीं है। यह 'चिन्तामणि' पहला भाग में है और 'काव्य में रहस्यवाद' निबन्ध में उद्धृत हुआ है।[26] न केवल उद्धृत हुआ है, आगे के वाक्यों में

हेरफेर भी हुआ है, और वह सार्थक और सप्रयोजन है। 'चिन्तामणि' पहला भाग में प्रकाशित 'कविता क्या है' वाले पाठ में, जिसे मुकम्मल पाठ माना जाता है, "कविता... लोक-सामान्य भावभूमि पर ले जाती है" के बाद लिखा गया, "जहाँ जगत् की नाना गतियों के मार्मिक स्वरूप का साक्षात्कार और शुद्ध अनुभूति का संचार होता है।" 'काव्य में रहस्यवाद' में लिखा गया, "जहाँ जगत् के नाना रूपों और व्यापारों के साथ उसके प्रकृत सम्बन्ध का सौन्दर्य दिखाई पड़ता है।" 'गति' के स्थान पर 'रूप', 'मार्मिक स्वरूप' के स्थान पर 'व्यापार' और 'अनुभूति' के स्थान पर 'सौन्दर्य' हो गया। कदाचित् यह हेरफेर रहस्यवाद को टक्कर देने के लिए किया गया है। इस बात की पुष्टि में 'चिन्तामणि' पहले भाग की अगली पंक्ति को लें, जिसे 'काव्य में रहस्यवाद' में अपने स्थान से हटा दिया गया है, "इस भूमि पर पहुँचे हुए मनुष्य को कुछ काल के लिए अपना पता नहीं रहता।" अपना पता न रहना तो रहस्यवाद ही हुआ न! हालाँकि अगले वाक्य में रहस्य-भावना पर परदा ज़रूर डाल दिया गया है : "वह अपनी सत्त को लोक-सत्ता में लीन किए रहता है।" लेकिन यहाँ भी उसकी गूँज समाप्त नहीं हुई है। आगे बहुचर्चित पंक्ति है, "इस अनुभूति-योग के अभ्यास से हमारे मनोविकारों का परिष्कार तथा शेष सृष्टि के साथ हमारे रचनात्मक सम्बन्ध की रक्षा और निर्वाह होता है।" इसे 'काव्य में रहस्यवाद' में इस प्रकार लिखा गया, "इस सौन्दर्य के अभ्यास से हमारे मनोविकारों का परिष्कार और जगत् के साथ हमारे रागात्मक सम्बन्ध की रक्षा और निर्वाह होता है।"

'अनुभूति' और 'सौन्दर्य' रामचन्द्र शुक्ल के प्रिय शब्द हैं; लेकिन तभी तक प्रिय हैं जब वे कविता के सन्दर्भ में जगत् और जीवन के विभिन्न रूप और मार्मिक पक्ष के उद्घाटन में मदद करें। सामान्य रूप से सौन्दर्य का अर्थ उनके यहाँ सृष्टि है और अनुभूति का अर्थ भाव-जगत् का साक्षात्कार अथवा रसानुभूति। प्रसंग के अनुकूल वे दोनों शब्दों को एक दूसरे के स्थानापन्न के रूप में रखने से नहीं चूकते। और दो ही मुख्य प्रसंग हैं—रहस्यवाद और कलावाद, जिनसे असहमति रखते हुए कविता सम्बन्धी अपनी उपर्युक्त अवधारणा को उन्हें दोहराने की ज़रूरत पड़ी है। अन्तिम बार यह 'काव्य में अभिव्यंजनावाद' निबन्ध में हुआ, जिसे कविता की उनकी मुकम्मल परिभाषा के रूप में पढ़ा जाना चाहिए :

> *कविता के सम्बन्ध में मेरी धारणा बराबर से यही है कि वह एक ऐसी साधना है जिसके द्वारा शेष सृष्टि के साथ मनुष्य के शुद्ध रागात्मक सम्बन्ध की रक्षा और निर्वाह, तथा उसके हृदय का प्रसार और परिष्कार होता है। जब तक कोई अपनी पृथक सत्ता की भावना को ऊपर किए जगत् के नाना रूपों और व्यापारों को अपने व्यक्तिगत योग-क्षेम, हानि-लाभ, सुख-दुःख आदि से सम्बद्ध करके देखता है, तब तक उसका हृदय एक प्रकार से बद्ध रहता है। इन रूपों और व्यापारों के सामने जब कभी वह अपनी पृथक सत्ता की धारणा से छूटकर—अपने आपको बिल्कुल*

भूलकर —विशुद्ध अनुभूति मात्र रह जाता है, तब वह मुक्त हृदय हो जाता है। जिस प्रकार आत्मा की मुक्तावस्था ज्ञानदशा कहलाती है उसी प्रकार हृदय की यह मुक्तावस्था रसदशा कहलाती है। हृदय की इसी मुक्ति की साधना के लिए मनुष्य की वाणी जो शब्द-विधान करती आई है वही कविता है।[27]

नामवर सिंह ने 'कविता क्या है' के लेखन की 'अन्तर्यात्रा' की पड़ताल की है, जो 1909 से 1930 के बीच की है। 'काव्य की अभिव्यंजनावाद' से उद्धृत उपर्युक्त कथन का उल्लेख नहीं किया है। थोड़ा बिखरे रूप में 'चिन्तामणि' के पहले भाग में पूरी बात आ गई है, फिर भी इसका महत्त्व परिभाषा-रूप में बात को समेटने में है। बहरहाल, 'कविता क्या है' की 'अन्तर्यात्रा' पर नामवर सिंह की यह टिप्पणी महत्त्वपूर्ण है, ''कविता व्यक्ति-हृदय से चलकर लोक-हृदय तक पहुँची और बद्धावस्था से मुक्तावस्था तक।''[28] कविता, हमारी समझ से, मुक्तावस्था तक पहुँची ज़रूर, लेकिन उसके 'तेज' का नुकसान भी हुआ। 1909 वाले प्रारूप में 'उच्च आदर्श' शीर्षक के अन्तर्गत कविता की जादुई शक्ति का उल्लेख है, जिसे बाद में हटा दिया गया—''कविता मनुष्य के हृदय को उन्नत करती है और उसे उत्कृष्ट और अलौकिक पदार्थों का परिचय कराती है।''[29] हृदय उत्कृष्ट और अलौकिक पदार्थों का परिचय प्राप्त करे, यह रहस्यवाद है। रामचन्द्र शुक्ल का परवर्ती 'उच्च आदर्श' है, जिसे उन्होंने 'मनुष्यता की उच्च भूमि' कहा—भावयोग से 'जगत् के साथ पूर्ण तादात्म्य' के द्वारा 'विश्वहृदय' हो जाना।[30]

मनुष्यता की यह उच्च भूमि नए मानववाद के अनुरूप है। लेकिन कविता से 'अलौकिक' का बहिष्कार 'प्रतिभा' अथवा कल्पना की शक्ति को कमतर ठहराना है। इस रूप में 'विश्वहृदय' का विचार भी, रामचन्द्र शुक्ल के सारे ज़ोर के बावजूद, सीमित अर्थ देता है। कवि 'दृष्टा' होता है, इस भ्रम को पीछे के लोगों के लिए छोड़ दें, लेकिन संस्कृत के आचार्य यह प्रतिपादित करने में अत्यन्त समर्थ थे कि 'प्रतिभा' (जिसे पश्चिमी समीक्षा में 'काव्य-मस्तिष्क' कहा गया) के अन्तर्गत 'अदृष्टपूर्व' का साक्षात्कार होता है, जो काव्य का उच्च-आदर्श है : 'प्रज्ञा नवनवोन्षशालिनी प्रतिभा मता', 'प्रतिभा अपूर्ववस्तुनिर्माणक्षमा प्रज्ञा', 'प्रतिभानं वर्णनीयवस्तुविषय-नूतनोल्लेख—शालित्वम्' और 'अपारे काव्यसंसारे कविरेव प्रजापतिः। यथास्मै रोचते विश्वं तथेदं परिवर्तते।' और यह कोई दैवी गुण नहीं, बल्कि भाषा-गुण है। शब्द, पद-विन्यास, छंद, अलंकार आदि से ही यह सम्भव होता है।

वस्तुतः रामचन्द्र शुक्ल ने जिसे 'विश्वहृदय' होना कहा है, उसके कार्य-व्यापार में भाव और भाषा दोनों का विशिष्ट सम्बन्ध काम करता है। यह भाषा ही है जो अनोखी अनुभूतियों और इच्छाओं की ऐसी जटिल संरचना उपस्थित करती है जो सर्वोच्च बिन्दु पर 'लोकोत्तर अहं' के रूप में दिखाई पड़ती है—यानी जिसमें समाज और व्यक्ति का भेद मिट जाता है।

समाज और व्यक्ति का अभेद ही 'विश्वहृदय' है। विश्वहृदय की, जैसा कि

रामचन्द्र शुक्ल ने लिखा है, ''अश्रुधारा में जगत् की अश्रुधारा का, उसके हास-विलास में जगत् के आनन्द-नृत्य का, उसके गर्जन-तर्जन में ज ात् के गर्जन-तर्जन का आभास मिलता है।''[32] यह 'आभास' अलौकिक पदार्थों के परिचय के समान है—इतना तो 'कविता क्या है' के संशोधित संस्करण में कहा ही जा सकता था, जो नहीं कहा गया। 1909 वाले निबन्ध में भर्तृहरि को उद्धृत करके विलक्षण भाषा-प्रयोग के महत्त्व को स्वीकार किया गया है।[33] संशोधित संस्करण से उसे भी हटा दिया गया।

कविता की भाषा पर विचार के क्रम में 'नाद-सौन्दर्य' के महत्त्व का प्रतिपादन है। लेकिन 1909 वाले निबन्ध की अपेक्षा संशोधित संस्करण में इस पर बल कम है। प्रथम पाठ में शुक्ल जी ने लिखा, ''भाव-सौन्दर्य और नाद-सौन्दर्य दोनों के संयोग से कविता की सृष्टि होती है।... यदि किसी कविता में भाव-सौन्दर्य के साथ नाद-सौन्दर्य भी वर्तमान हो तो वह अधिक ओजस्विनी और चिरस्थायिनी होगी।''[34] बाद में इसे हटाकर इतना ही कहना पर्याप्त समझा कि ''नाद-सौन्दर्य से कविता की आयु बढ़ती है।''[35]

बहरहाल, कविता में नाद-सौन्दर्य ज़रूरी है। ''जो अन्त्यानुप्रास को फालतू समझते हैं, वे छंद को पकड़े रहते हैं; जो छंद को भी फालतू समझते हैं, वे लय में ही लीन होने का प्रयास करते हैं।''[36] समझ बहुत साफ है। अनुप्रास आदि शब्दालंकारों से ध्वनि पैदा करें, या छंद-योजना से, या फिर लय-मात्र से—कवि को यह करना ही पड़ता है। उसकी यह मजबूरी है। इससे ऊपर, किसी अन्य विचार से, शुक्ल जी की दृष्टि में 'नाद' कविता का बहुत बड़ा गुण नहीं है।

नाद-सौन्दर्य भाव-सौन्दर्य का समप्रतियोगी होता है; अथवा उसमें भाव-सौन्दर्य भी होता है; अथवा ध्वन्यात्मक संधियों में अर्थ से परे जाकर कविता को चरितार्थ करने की क्षमता होती है। इस तरह की धारणा से शुक्ल जी ने अपने को दूर रखा है। उनके लिए अधिक महत्त्वपूर्ण हुआ 'बिम्ब' अथवा 'बिम्बग्रहण'। यह अवधारणा प्रत्यक्षतः 'कविता क्या है' के प्रथम प्रारूप में नहीं है। लेकिन भाषा के विशेष प्रयोग को जिस रूप में इसमें निरूपित किया गया है—'समय बीत जाता है, कहने की अपेक्षा, समय भाग जाता है, कहना अधिक काव्य-सम्मत है'—बिम्बपरक काव्यभाषा की आवश्यकता से प्रेरित है। नामवर सिंह ने इसकी ओर संकेत किया है, जो उचित है। लेकिन इससे पहले भी बिम्बपरक काव्यभाषा की चिन्ता 'अपनी भाषा पर विचार' निबन्ध में दिखाई पड़ती है। यह 1907 में प्रकाशित निबन्ध है। इसमें 'नाद' के स्थान पर 'बिम्ब' को स्थान देने की बात है—''भाषा का प्रधान उद्‌देश्य लोगों को भावों और विचारों तक पहुँचाना है न कि नाद से रिझाना जो कि संगीत का धर्म है।... यदि आपकी कल्पना में सद्‌गुण की कोई मनोहारिणी छाया दिखाई पड़ी हो तो आप उसे खींचकर संसार के सन्मुख उपस्थित कीजिए...।''[37]

इस 'मनोहारिणी छाया' ही का स्थान 'बिम्ब' अथवा 'बिम्बग्रहण' शब्द ने लिया है।

बिम्ब-सम्बन्धी शुक्ल जी के विचार इतने जाने-माने हुए हैं कि उन्हें रखने-परखने की ज़रूरत नहीं है। बस प्रसंगवश चर्चा अपेक्षित है। साधारणतया शुक्ल जी ने बिम्ब-ग्रहण को अभिधा शक्ति का कार्य माना है।[38] यह विभाव-पक्ष को चित्रित करने का काम करता है। इस रूप में यह प्रस्तुत रूपविधान का अंग है। लेकिन अप्रस्तुत रूपविधान भी बिम्ब-ग्रहण के द्वारा हो, इसका आग्रह भी शुक्ल जी करते हैं।[39] अर्थात् वस्तु-योजना प्रस्तुत अप्रस्तुत, दोनों स्तर पर वस्तुनिष्ठ होनी चाहिए। वस्तुनिष्ठ और मौलिक।

प्रश्न है कि प्रथमत: वह कौन-सी ज़रूरत थी जिसके कारण रामचन्द्र शुक्ल बिम्ब अथवा बिम्बग्रहण की अवधारणा के विकास के लिए अग्रसर हुए? हमारा ध्यान पुन: 'अपनी भाषा पर विचार' पर जाता है। उस निबन्ध का सम्बन्ध मुख्यत: हिन्दी भाषा के विकास की समस्या से है। उसमें भाषा-प्रयोग की जड़ता से उत्पन्न चिन्ता पर गौर कीजिए :

> *कुछ दिन पहिले हमारी हिन्दी की स्थिति ऐसी हो गई थी कि उसका विचार क्षेत्र में अग्रसर होना कठिन दिखाई पड़ता था। बने बनाए समास, जिनका प्रयोग हज़ारों वर्ष पहले हो चुका था, लाकर भाषा अलंकृत की जाती थी। किसी परिचित वस्तु के लिए जो विशेषण बहुत काल से स्थिर थे, उनके अतिरिक्त कोई अपनी ओर से लाना मानो भारतभूमि के बाहर पैर बढ़ाना है। यहाँ तक कि उपमाएँ भी स्थिर थीं—मुख के लिए चन्द्रमा, हाथ-पैर के लिए कमल, प्रताप के लिए सूर्य, कहाँ तक गिनाएँ। जहाँ इनके आगे कोई बढ़ा कि वह साहित्य में अनभिज्ञ ठहराया गया अर्थात् इन सब नियत उपमाओं का जानना भी आवश्यक समझा जाता था। पाठक! यह भाषा की स्तब्धता है, विचारों की शिथिलता है और जाति की मानसिक अवनति का चिह्न है।*[40]

20वीं शताब्दी के पहले दशक में हिन्दी एक स्थापित भाषा हो गई थी। लेकिन उसके प्रारम्भिक विकास में पुरानी अभिव्यक्तिगत रूढ़ियाँ भारी मात्रा में शामिल हो गई थीं। 'अपनी भाषा पर विचार' और 'कविता क्या है' में इस बात को लेकर विशेष चिन्ता दिखाई पड़ती है। हमने प्रारम्भ में ही कहा है कि 'कविता क्या है' का महत्त्व हिन्दी में कविता की ज़रूरत अनुभव करने की दृष्टि से है। उसमें जोड़ा जाना चाहिए कि उसका सम्बन्ध हिन्दी की अभिव्यक्ति प्रणाली से जुड़ी समस्या से सबसे पहले है। इस दृष्टि से 'अपनी भाषा पर विचार' के उल्लेखित अंश को भी 'कविता क्या है' से मिलाकर पढ़ा जाना चाहिए। इसमें भाषा की जिस 'स्तब्धता' की बात की गई है, उसका तोड़ है 'बिम्ब' की धारणा।

बिम्ब आते हैं जीवन-संवेदना के बल पर वस्तु के अन्त:साक्षात्कार के द्वारा।

भाषा में वे ढलते भी इसी प्रक्रिया के द्वारा हैं। वस्तु वही होती है, कमोबेश शब्द भी वही होते हैं, लेकिन अन्त:साक्षात्कार के द्वारा उनमें नयापन आता है। अन्त:साक्षात्कार द्वारा वस्तु-निर्माण भाषा की शक्ति है।

> *भाषा के दो पक्ष होते हैं—एक सांकेतिक (Symbol) और दूसरा बिम्बधायक (Presentative)। एक तो नियत संकेत द्वारा अर्थबोध मात्र हो जाता है, दूसरे में वस्तु का बिम्ब या चित्र अन्त:करण में उपस्थित होता है। वर्णन में सच्चे कवि द्वितीय पक्ष का अवलम्बन करते हैं। वे वर्णन इस ढंग पर करते हैं कि ऐसी वस्तुओं का बिम्ब ग्रहण कराया जाए, ऐसी वस्तुएँ सामने लाई जाएँ, जो प्रस्तुत रस के अनुकूल हों, उसकी प्रतीति में बाधक न हों। सादृश्य और साधर्म्य के आधार पर आरोप द्वारा भी जो वस्तुएँ लाई जाएँ वे भी ऐसी ही होनी चाहिए।*[41]

बिम्ब की वस्तुनिष्ठता स्पष्ट है। लेकिन बिम्ब उद्‌भूत होता है आत्मगत प्रक्रिया के द्वारा। 'सांकेतिक' और 'बिम्बधायक' वर्गीकरण क्या प्रचलित भाषा-विज्ञान से प्राप्त है या सॉस्यूर की धारणा के समान है—भाषा (लांग) और वाक् (परोल) अथवा ऐतिहासिक भाषा (सिनक्रॉनी) और समकालिक भाषा (डॉयक्रॉनी) जैसी कोई बात? लिखने और बोलने की भाषा में भेद वाली धारणा को छोड़कर देखें तो 'सांकेतिक' और 'बिम्बधायक' का 'लांग' और 'परोल' जैसा ही अर्थ लगाया जा सकता है। 'लांग' भाषा-व्यवस्था है जबकि 'परोल' वास्तविक जीवन-व्यवहार की भाषा है। 'लांग' सीखी जाने वाली भाषा है, एक व्याकरण प्रणाली, जो एक समुदाय के सभी बोलने वालों में सक्रिय रहती है।[42] यह एक सामाजिक उत्पाद है, जो व्यक्ति में निहित भाषा-संकाय को अभ्यास की अनुमति देता है। 'परोल' भाषा के कार्यपालन से सम्बद्ध है। इसमें बोलने वाले की भूमिका प्रमुख होती है। यह मनोभौतिक मैकेनिज़्म है, जो वक्ता-प्रयोक्ता को विशेष भाषा-संयोजन के बाह्यकरण की अनुमति देता है।[43] उसी प्रकार समकालिक भाषा ऐतिहासिक भाषा से इस मायने में विशिष्ट है कि उसके द्वारा कर्त्ता अपनी अभिलाषा व्यक्त करता है। मोटे तौर पर सॉस्यूर की अवधारणा के चिह्न रामचन्द्र शुक्ल के उपर्युक्त कथन में देखे जा सकते हैं। वस्तु का बिम्ब या चित्र अन्त:करण में उपस्थित होना 'मनोभौतिक मैकेनिज़्म' से ही तो सम्बद्ध है। 'बिम्बधायक' लगभग 'समकालिक' का वाचक है। समकालिक भाषा में जहाँ किसी समय-सम्बद्ध वस्तुओं का निरूपण मात्र नहीं होता, उसमें परम्परा से प्राप्त प्राणवाण तत्त्व भी मौजूद रहते हैं। शुक्ल जी के उपर्युक्त कथन में इसका आंशिक संकेत है। इसे रोमान याकोब्सन की इस बात से मिलाकर पढ़ा जा सकता है—"भाषा का समकालिक प्रकार केवल किसी समय के साहित्यिक उत्पादन को आमने-सामने नहीं रखता, बल्कि साहित्यिक परम्परा के हिस्सा के रूप में उसके प्राणाधार अथवा पुनर्जीवन के लक्षण को बनाए रखता है।"[44]

बिम्ब अथवा बिम्बग्रहण काव्य-विधान का अंग है, स्वयं काव्य-मूल्य नहीं है।

नई कविता से पहले शायद किसी ने इसे काव्य–मूल्य के रूप में नहीं देखा। चित्र–भाषा के प्रति विशेष आकर्षण के बावजूद छायावादियों ने भी नहीं। शुक्ल जी ने रूपविधान की दृष्टि से इसे महत्त्वपूर्ण माना है। अप्रस्तुत योजना को उन्होंने कम ही महत्त्व दिया है। उनका मानना था कि अप्रस्तुत योजना कम–से–कम होनी चाहिए। इसकी बहुलता ही भाषा में 'स्तब्धता' लाती है।

रामचन्द्र शुक्ल ने यदि अपने लेखन में काव्य–मूल्य सम्बन्धी कोई विशेष सैद्धान्तिक बुनियाद तैयार की है तो वह है लोकमंगल की साधनावस्था। 'कविता क्या है' में रामायण आदि को सर्वोपरि रखकर देखने के रूप में इसकी प्रस्तावना देखी जा सकती है। 'कविता और सृष्टि–प्रसार', 'मार्मिक तथ्य', और 'मनुष्यता की उच्च भूमि' उपषीर्षकों में भी इसकी ध्वनि सुनी जा सकती है। दूसरे निबन्ध भी—'साधारणीकरण और व्यक्ति–वैचित्र्यवाद' और 'रसात्मक बोध के विविध स्वरूप'—मूलतः 'कविता क्या है' के प्रश्नों से गुज़रते हुए लोकमंगल की साधनावस्था की शक्ति का आख्यान गढ़ते दिखाई पड़ते हैं। 'चिन्तामणि' द्वितीय भाग के तीनों निबन्धों—'काव्य में प्राकृतिक दृश्य', 'काव्य में रहस्यवाद' और 'काव्य में अभिव्यंजनावाद'—को देखें तो इसी 'साधनावस्था' की शक्ति के सहारे वे रहस्यवाद, अभिव्यंजनावाद और कलावाद का खंडन कर रहे होते हैं।

आनन्द की साधनावस्था या प्रयत्नपक्ष को लेकर चलने वाले और आनन्द की सिद्धावस्था या उपभोग पक्ष को लेकर चलने वाले रामचन्द्र शुक्ल द्वारा निर्धारित काव्य के ये दो विभाग हिन्दी पाठकों के लिए इतने सुपरिचित हैं कि यहाँ इन्हें विस्तार से बताने की ज़रूरत नहीं है। इस विभागीकरण की पृष्ठभूमि में रस–सिद्धान्त का वह प्रचलित ढाँचा है जिसके अन्तर्गत रस की गति को नाटक अथवा प्रबन्ध–रचना के सन्दर्भ में अधिक महत्त्व दिया गया है। लेकिन इससे अधिक महत्त्वपूर्ण है शुक्ल जी का 'रामायण' आदि के प्रति विशेष आग्रह, जो 'जातीय छवि' प्रस्तुत करने में समर्थ माने जाते हैं। यह एक हद के बाद आलोचक का 'नॉस्टेल्जिया' प्रतीत होता है।

'कविता क्या है' के प्रथम पाठ में क्रोध, करुणा आदि जिन 'लोकवादी' भावों को विशेष महत्त्व प्राप्त हुआ, वह आलोचक की सीमा बन गया है। प्रबन्ध और मुक्तक अथवा प्रगीत के लिए अलग–अलग भावों का वर्गीकरण। मुक्तक में माधुर्य और प्रेम–व्यापार जैसे एकान्तिक भाव; प्रबन्ध में उत्साह, क्रोध, करुणा, भय, घृणा इत्यादि के द्वारा जीवन की अनेक परिस्थितियों के भीतर सौन्दर्य का साक्षात्कार।[45] 'जीवन की अनेक परिस्थितियाँ'—यानी कविता मानव–समाज के इतिहास की समान्तरता में सामाजिक मनुष्य की मनोभूमि को व्यक्त करने वाला इतिहास का काम करे। न्यूमन कविता को मानसिक सृजन के रूप में इतिहास की तुलना में ज़्यादा स्वाभाविक इतिहास और दर्शन मानते थे।[46] न्यूमन ने जितना भी स्वाभाविक

मान लिया हो, 'विक्टोरियन नैतिकता' से बद्ध कविता ही उनका आदर्श रही। उसी तरह रामचन्द्र शुक्ल के द्वारा सामाजिक मनुष्य की 'साधना' अथवा 'प्रयत्न' के महिमा मंडन के बावजूद उनकी प्रबन्धवादी दृष्टि सामाजिक गतिशीलता को पहचानने में बहुत सफल नहीं हो सकी।

आनन्द की साधनावस्था अथवा प्रत्यन पक्ष का महत्त्व है विरुद्धों के सामंजस्य में। यह 'सामंजस्य' ही 'लोकधर्म' है, जिसमें 'लोक' अथवा 'मनुष्य' एक तात्त्विक धारणा के रूप में प्रस्तुत हुआ है :

> *लोक में फैली छाया को हटाने में ब्रह्म की आनन्दकला जो शक्तिमय रूप धारण करती है, उसकी भीषणता में अद्भुत मनोहरता, कटुता में अपूर्व मधुरता, प्रचंडता में गहरी आर्द्रता साथ लगी रहती है। विरुद्धों का यही सामंजस्य कर्मक्षेत्र का सौन्दर्य है, जिसकी ओर आकर्षित हुए बिना मनुष्य का हृदय नहीं रह सकता।... भीषणतम और सरलता, कोमलता और कठोरता, कटुता और मधुरता, प्रचंडता और मुदुता का सामंजस्य ही लोकधर्म का सौन्दर्य है।*[47]

लोकधर्म का यह सौन्दर्य कितना लोमहर्षक है! रामायण और महाभारत के उदाहरण से आगे कम ही बढ़ता है। क्या उक्त महाकाव्यों तक मनुष्यता सिमट गई है या फिर कविता? नन्ददुलारे वाजपेयी को इसे देखते हुए कहना पड़ा है, "शुक्ल जी का 'लोकधर्म' भी जीवन के प्रगतिशील स्वरूप का आकलन नहीं करता। वह रूढ़िबद्ध होकर श्रेष्ठ काव्य की पहचान में असफल सिद्ध हुआ है।"[48]

रूढ़िबद्धता रस-सिद्धान्त से पैदा हुई है। वाजपेयी जी ने उसके विकल्प के रूप में रखा मनोविश्लेषणशास्त्र।[49] प्रस्ताव अच्छा है, लेकिन उसके लिए 'कविता क्या है' के बजाय 'कवि क्या है' माकूल विषय बनता है।

'कवि' की अवधारणा में लेखन का 'व्यक्तीकरण' निहित है। यह 'व्यक्तीकरण' भी 'लोकधर्म' के समान कोई कम 'मिथ' नहीं है। आखिर कवि नामक व्यक्ति किसी समाज और उसकी संस्कृति के भीतर ही स्वीकृति और स्थान पाता है। अब विषय को उलट दीजिए। 'कविता क्या है' के स्थान पर 'कवि क्या है' कर दीजिए। समाज 'रामायण' की जगह वाल्मीकि और 'मानस' की जगह तुलसी बोलने के लिए स्वतंत्र होगा। उसी तरह, 'रस' के स्थान पर 'मनोविश्लेषण' बोलिए। लोग 'भाव' की जगह 'संवेदना' अथवा 'अनुभूति' ही तो बोलेंगे। इसलिए रामचन्द्र शुक्ल के सन्दर्भ में 'रस' के बदले मनोविश्लेषण के सिद्धान्त लाने की बात मुख्य नहीं है। रस-चिन्तन की 'उन्नति, परिष्कृति और संशोधन' की दृष्टि से शुक्ल जी ने मनोविश्लेषण न सही, मनोविज्ञान नामक अनुशासन को अपनाने में आपत्ति नहीं प्रकट की है।[50] उन्होंने मनोविज्ञान का अपने ढंग से सहारा भी लिया है।

मुख्य रूप से यहाँ विचारणीय विषय यह है जब हिन्दी में प्रगीत और मुक्तक के प्रति व्यापक स्वीकृति का वातावरण बनने लगा था, उस समय एक आलोचक

ने प्रबन्ध के प्रति इतनी आकुलता क्यों दिखाई ? उसी नवजागरण की चेतना इसके पीछे तो नहीं है, जिसे रामविलास शर्मा ने आधुनिक हिन्दी साहित्य के सन्दर्भ में बड़े मूल्य के रूप में स्थापित करने का प्रयास किया है ? आखिर छायावाद को नवजागरण से जोड़कर देखा जाता है, तो 'प्रलय की छाया', 'शेरसिंह का शस्त्र-समर्पण' 'पेशोला की प्रतिध्वनि', 'राम की शक्तिपूजा' और 'तुलसीदास' जैसी प्रबन्धात्मक कविताओं का ही तो सबसे पहले ध्यान आता है! नवजागरण अपनी बहुत-सी विशेषताओं के बीच प्रबोधनमूलक है। प्रबोधन-तत्त्व आधुनिक कविता में भी वहीं अधिक देखा गया, जहाँ प्रबन्ध-तत्त्व मौजूद रहा है।

इसमें शक नहीं, जैसा कि हम पहले कह चुके हैं, प्रबन्धकाव्य के प्रति रामचन्द्र शुक्ल का लगाव पक्षपात की पराकाष्ठा छूता है। उनके द्वारा एक ऐसी रणनीति तैयार की गई है, जो मुक्तक और प्रगीत को प्रबन्ध-रचना के आसपास फटकने नहीं देती। यह कितना न्यायोचित है, इस पर विचार के बजाय यहाँ वाल्टर बेंजामिन को उद्धृत करना पर्याप्त होगा, ''बिना किसी पक्षपात के ईमानदारीपूर्ण आलोचना फीकी और सारहीन होती है। किसी भी आलोचनात्मक क्रिया के लिए यह कठिन होता है कि वह एक ठोस रूपरेखा (रणनीतिक योजना) को लेकर चलती है या नहीं, जिसका अपना एक तर्क हो, अपनी सुव्यवस्था हो।''[51]

काव्यशास्त्रीय प्रस्थान बिन्दु

कविता में उसका काव्यशास्त्रीय प्रस्थान बिन्दु क्या है—अर्थात् किसी कवि और युग की कविता किस कला-दृष्टि को प्रकट करती है अथवा किन नियमों का अतिक्रमण करती है, इसकी खोज साहित्यिक आलोचना के आवश्यक कार्यों में शामिल है। कविता स्वयं में प्रकट-अप्रकट सम्बन्धों का जटिल रूप है। चेतना का मानचित्र इसमें भिन्न स्तर पर रेखित होता है। यह बात उसके काव्यशास्त्रीय लक्षणों पर भी लागू होती है। वस्तुत: यह ज़रूरी नहीं कि कविता में या उसके समर्थन में आई आलोचना में जिन बिन्दुओं और उनसे जुड़ी खूबियों की दुहाई दी जाती है वही मुख्य हों। प्राय: जिस बात पर ध्यान नहीं जाता, अथवा जिसे विरोधी श्रेणी में शामिल कर दिया जाता है, उस पर विचार से नए नतीजे सामने आ सकते हैं। दूसरी बात, कुछ प्रचलित गुणों की लगातार दुहाई से रचना के कला-उद्देश्यों का महत्त्व घटता जाता है। इसलिए ज़रूरी है समय-समय पर बहुस्तरीय छुपे सम्बन्धों की खोज। 'दुहाई', रोलाँ बार्थ (कविता जिनके विचार क्षेत्र में नहीं आती) के शब्दों में कहें, 'अनावश्यक विस्तार' है और 'छुपा सम्बन्ध' काव्योचित गुण है।

'छुपा सम्बन्ध' काव्यशास्त्रीय स्थापनाओं में भी कभी-कभी आ धमकता है। रामचन्द्र शुक्ल ने 'विशुद्ध अनुभूति' और 'हृदय की मुक्तावस्था' की जो दुहाई दी है, उसका सम्बन्ध द्विवेदी युग की प्रबन्ध-रचना से अधिक छायावादी कविता से है। निराला ने मुक्तछंद के समर्थन में लिखा है, "मनुष्यों की तरह कविता की मुक्ति होती है। मनुष्यों की मुक्ति कर्मों के बंधन से छुटकारा पाना है, और कविता की मुक्ति छंदों के शासन से अलग हो जाना।"[1] कर्मों के बंधन से छुटकारा पाना 'विशुद्ध अनुभूति' की दशा अथवा 'हृदय की मुक्तावस्था' है, जो कविता में भाषा-युक्ति (छंद-विचार आदि) से सम्भव होती है। रामचन्द्र शुक्ल ने 'मुक्तावस्था' का अर्थ 'शेष सृष्टि के साथ मनुष्य के शुद्ध रागात्मक सम्बन्ध की रक्षा और निर्वाह' के रूप में किया है।[2] निराला ने इसे अपनी कविता में कहा—"मैं हूँ निर्मल व्याप्ति" (तुम और मैं); और प्रसाद ने कहा—"मानस जलधि रहे चिर चुम्बित/ मेरे क्षितिज! उदार बनो" (लहर)।

रामचन्द्र शुक्ल ने, यह अलग बात है, इस प्रकार की अभिव्यक्ति को 'विशुद्ध अनुभूति' के बजाय 'भावानुभूतियों की कल्पना'[3] कहकर 'हृदय की मुक्तावस्था'

से अलग रखा है। इसे एक ही मानदंड के द्विविभाजन के रूप में देखा जाना चाहिए। रामचन्द्र शुक्ल के सौन्दर्यशास्त्रीय विचार में पर्याप्त सुसंगति है, लेकिन उसमें अनुभूति-विलक्षणता की स्वीकृति का अभाव खटकता है। दूसरी ओर, इसमें भी शक नहीं, छायावादी कवि के 'हृदय प्रसार' में 'निजी' दबा-छुपा रह जाता है। दबा-छुपा ही, गायब नहीं रहता। उसे अप्रस्तुत-विधान की छवियों में ढूँढ़ने की आवश्यकता होती है। अप्रस्तुत-विधान छायावाद की शक्ति है और सीमा भी। छायावाद का काव्यशास्त्र मुख्यत: अप्रस्तुत-विधान का है, इसे शुक्ल जी ने बखूबी समझा था, जो छायावाद की परिभाषा की दृष्टि से भी महत्त्वपूर्ण है, "छायावाद का सामान्य अर्थ हुआ प्रस्तुत के स्थान पर उसकी व्यंजना करने वाली छाया के रूप में अप्रस्तुत का कथन।"[4]

प्रस्तुत के स्थान पर छाया के रूप में अप्रस्तुत का कथन—इस विधान को अपनाने की आखिर क्या मजबूरी हो सकती है?

हमने जिस काव्यशास्त्रीय प्रस्थान बिन्दु का प्रश्न उठाया है, उस पर विचार की दृष्टि से अन्य बातों के अतिरिक्त यह ध्यान देने की ज़रूरत है कि किसी समय की कविता का काव्यशास्त्रीय सम्बन्ध किस पिछले युग से अधिक जीवन्त रहा है।

निराला की 'जुही की कली' के बारे में कहा जाता है, दूधनाथ सिंह का इस बात पर खास ज़ोर है, रवीन्द्रनाथ की कविताओं की चुनौती से उपजी हुई है।[5] यहाँ 'चुनौती' से आशय रवीन्द्रनाथ की कविताओं की कलात्मकता और शृंगारिकता से है। बात में दम है। निराला, यह सर्वप्रसिद्ध है, रवीन्द्रनाथ की कविताओं की चुनौती से उपजे छायावाद के शीर्ष कवि हैं। 'जुही की कली', 'शेफालिका', 'स्मृति चुम्बन' जैसी उन्होंने कलात्मक-शृंगारिक कविताएँ तब लिखीं जब हिन्दी में शृंगारिकता के प्रति सम्मान-भाव घट चुका था और नैतिक भाव की इतिवृत्तात्मक कविता का ज़ोर था।

प्राय: माना जाता है कि छायावाद द्विवेदी युग की इतिवृत्तात्मकता के प्रति विद्रोह है। दूधनाथ सिंह की 'जुही की कली' के सम्बन्ध में इस स्थापना पर ध्यान दें तो इतिवृत्तात्मकता के प्रति विद्रोह वाली बात मान्य नहीं रह जाती है, "कविता के इतिवृत्त और विवरण को ही निराला ने एक बिम्ब में परिवर्तित कर दिया है।"[6] इतिवृत्त और विवरण का बिम्ब में परिवर्तन यानी हिन्दी की आसन्न काव्य-शैली को अपनाते हुए उसका उत्कट रूपान्तरण। रूपान्तरण की यह शक्ति कहाँ से प्राप्त हुई? क्या उसी रीतिकाव्य से नहीं, जिसकी प्रतिक्रिया में द्विवेदी-युग की सुधारवादी नैतिक भावबोध की कविताएँ आई थीं?

रीतिकाल की निन्दा के युग में 'जुही की कली' लिखी गई। उसमें भरपूर शृंगारिकता है। कविता मुक्तछंद में अवश्य है, लेकिन उसमें रीतिकालीन काव्य-सुघड़ता भी है। एक बात और है, जो इसे रीतिकाल के निकट करती है। रीतिकाव्य

में श्रृंगारिक भाव के उदात्तीकरण के लिए कृष्ण और राधा को आलम्बन बनाया जाता था। निराला श्रृंगारिक भावना के उदात्तीकरण के लिए प्रकृति का सहारा लेते हैं। लेकिन प्रकृति यहाँ आलम्बन नहीं, अप्रस्तुत की प्रस्तुति के द्वारा 'अन्य' (मानव आलम्बन) का संकेत है। रीतिकाव्य की निन्दा के युग में क्या खूब मार्ग निकाला था छायावादी कवि ने!

छायावाद की प्रकृति-सम्बन्धी पदावली में निपुण श्रृंगारिक संकेत हैं। यह बात भले शेली, कीट्स, वर्ड्सवर्थ और रवीन्द्रनाथ के प्रभाव से पैदा हुई हो, लेकिन इसका अपनी परम्परा में स्रोत रीति-कविता है।

पद्माकर की प्रसिद्ध पंक्तियाँ हैं—

कूलन में केलि में कछारन में कुंजन में।
क्यारिन में कलिन कलीन किलकंत है।

'जुही की कली' में भी कुछ ऐसी ही क्रीड़ा है—

फिर क्या? पवन
उपवन-सर-सरित गहन-गिरि-कानन
कुंज-लता-पुंजों को पार कर
पहुँचा जहाँ उसने की केलि
कली-खिली-साथ।

(परिमल, पृ. 171)

निराला ने 'पंत और पल्लव' में एक जगह भूषण और पन्त के पदों का सुन्दर मिलान किया है—

''ये आये वीर बादर बहादर मदन के'' **(भूषण)**
''मदन-राज के वीर बहादर'' **(पंत)**

पंत ने 'पल्लव' की भूमिका में रीतिकाल के कवियों की यह कहकर निन्दा की थी, ''तीन फुट के नखशिख के संसार से बाहर ये कवि पुंगव नहीं जा सके।''[7] निराला ने इसके खंडन में उदाहरण रखा—

सावन-बहार झूलै घन की घुमण्ड पर,
घन की घुमण्ड पौन चंचला के दोले पै;
चंचलाहूँ झूलै घन सेवक आकास पर,
झूलत अकास लाज-हौसले के टोले पै।

और लिखा, ''देखिए आकाश-जैसे बड़े को लज्जा जैसी छोटी-सी सखी के टोले में झुला दिया—कितने बड़े को कितने छोटे में।''[8]

गागर में सागर—'कितने बड़े को कितने छोटे में'—यह है रीति-काव्य का सौन्दर्य, जिसमें रहस्य-भाव भी छिपा है। छायावाद ने इस परम्परा का विकास किया। छायावादी कवि ने रीतिकाव्य की निपुण वक्रता से सीखा और श्रृंगारिक

भावनाओं की अभिव्यक्ति में चातुर्य दिखाया। रामचन्द्र शुक्ल की सजग बुद्धि ने इसे सहज ताड़ लिया था, ''रीतिकाल की शृंगारी कविता की भरमार की तो इतनी निन्दा की गई पर वह शृंगारी कविता कभी रहस्य का पर्दा डालकर, कभी खुले मैदान—अपनी कुछ अदा बदलकर फिर प्रायः सारा काव्यक्षेत्र छेंककर चल रही है।''[9]

रहस्य का पर्दा डालने की प्रवृत्ति प्रसाद में अधिक है और अदा बदलने की निराला में। पंत खुले मैदान अप्रस्तुत को कोमल-कांत रूप देकर अपने अकुंठ होने का परिचय देते हैं। महादेवी के समक्ष अन्तश्चेतना को मुखरित करने में परेशानी अधिक रही है। उन्हें अनुभूतियों को रहस्यपरक बिम्बों और प्रतीकों में अधिकाधिक सजगता से अभिव्यक्त करने की ज़रूरत पड़ती है। महादेवी को इस बात की बेहतर समझ है कि कविता अनुभूतियों (चाहे वे जितनी गोपन हों) के निकास का मार्ग है, लेकिन समाज के ख्याल से वे अपने को खोल नहीं पातीं। रहस्य का मार्ग उनके लिए आवश्यक हो जाता है। इस बात का उन्हें लाभ भी मिला है। सूक्ष्म अवचेतन अंश, जो अकुटिल भाषा में नहीं आ सकता, महादेवी के यहाँ उसकी सुन्दर क्रीड़ा है।

कुल मिलाकर, छायावाद को अभिव्यक्ति का जटिल मार्ग अपनाना पड़ा है। प्रेमपरक अभिव्यक्ति हो या राजनीतिक संकेत—छायावादी कवि खुला-स्वतंत्र वर्णन कम ही कर पाता है। रूपक बाँधने की मजबूरी है और आदत भी। निराला की प्रसिद्ध कविता है 'भारति, जय, विजय करे'। कविता की यह प्रथम पंक्ति है जो सुन्दर लाक्षणिक उक्ति है। शेष कविता में भारत का भौगोलिक सांस्कृतिक रूपक बाँधा गया है। भारत की मुक्ति का इसमें संकेत ज़रूर है, लेकिन प्रत्यक्ष आह्वान का पक्ष दबा-दबा है। 'शिवाजी का पत्र', 'जागो फिर एक बार', 'तुलसीदास' और 'राम की शक्तिपूजा' सबमें रूपक और प्रतीक-व्यवस्था के अन्तर्गत ही मुक्ति का आह्वान है।

निराला जब छायावादी शैली से ऊपर उठ रहे थे तब भी सांस्कृतिक रूपक बाँधने की उनमें प्रबल प्रवृत्ति रही। 'अणिमा' की एक कविता है 'भारत ही जीवन-धन'। इसमें देश के प्राकृतिक सौन्दर्य को सांस्कृतिक ऊर्जा देकर स्वतंत्रता का सांकेतिक आह्वान है।

निराला की उपर्युक्त कविताएँ, यह कहा जा सकता है, मैथिलीशरण गुप्त की 'भारत भारती' की साहित्यिकता के अभाव की क्षतिपूर्ति करती हैं। लेकिन रूपक-धर्म और लाक्षणिक कौशल की अधिकता के कारण कविता कलात्मक आनन्द का साधारण विषय बन जाती है। वर्तमान अनभिव्यक्त रह जाता है। इससे अलग, रूपक-अन्योक्ति प्रणाली को तोड़कर जहाँ वर्तमान का स्वर सुनाई पड़ता है, कविता में जीवित जाति सर उठाती दिखाई देती है—

जितने विचार आज
मारते तरंगें हैं
साम्राज्यवादियों की भोग-वासनाओं में,
नष्ट होंगे चिरकाल के लिए।
आएगी भाल पर
भारत की गई ज्योति,
हिन्दुस्तान मुक्त होगा घोर अपमान से,
दासता के पाश कट जाएँगे।

(महाराज शिवाजी का पत्र, परिमल, पृ. 219-20)

जयशंकर प्रसाद ने स्वतंत्रता की पुकार के गीत लिखे; हिमालय के आँगन में महान संस्कृति विकसित हुई, इसका सुन्दर गीतात्मक बखान किया; 'पेशोला की प्रतिध्वनि' और 'शेरसिंह का शस्त्र-समर्पण' में जातीय दुर्गति की कथा कही। लेकिन इतिहास के फ्रेम में अभिव्यक्ति की लाचारी एक विवादास्पद काव्यशास्त्र को आगे करती है। वर्तमान को अतीत में ठेलना गम्भीर समस्या भी पैदा कर सकता है। 'शेरसिंह का शस्त्र-समर्पण' में बहुत विश्वसनीय रूप में वर्तमान इतिहास के फ्रेम को तोड़कर सामने आता है। यह किसी हूण, मलेच्छ या मुसलमान को नहीं, सीधे अंग्रेज़ों को सम्बोधित है—

"आज विजयी हो तुम
और हैं पराजित हम
तुम तो कहोगे, इतिहास भी कहेगा यही,—
किन्तु यह विजय प्रशंसा भारी मन की—
एक छलना है।"

(लहर, पृ. 51)

लेकिन इतिहास के फ्रेम में वर्तमान का प्रवेश सभी स्तर पर युक्तियुक्त नहीं हो सकता। 'पेशोला की प्रतिध्वनि' और 'तुलसीदास' का उदाहरण लें। 'साधना पिशाचों की बिखर चूर-चूर होके/ धूलि रही उड़ेगी किस तृप्त फुत्कार से' (पेशोला की प्रतिध्वनि) के लिए नामवर सिंह ने कहा कि "यह 'पिशाच' अतीत का नहीं, बल्कि वर्तमान का है।"[10] "उर के आसन पर शिरस्त्राण/ शासन करते हैं मुसलमान" (तुलसीदास) को आधार बनाकर किसी और ने लिखा है कि निराला ने कूटनीतिक रूप से अंग्रेज़ के लिए 'मुसलमान' कहा है। क्या व्याख्या की इस 'अनुवादशीलता'[11] से महाराणा प्रताप और तुलसीदास के प्रति दी गई श्रद्धांजलि का महत्त्व कम नहीं होता? वस्तुत: छायावादी कविता में रूपक गढ़ने पर ज़ोर रहा और यह बात उसकी व्याख्या में भी देखी गई। प्रश्न है कि अगर 'पेशोला की प्रतिध्वनि' का 'पिशाच' अतीत का नहीं वर्तमान का है और 'तुलसीदास' का 'मुसलमान' अंग्रेज़ है तो

महाराणा और तुलसीदास किस युग के हैं? इसलिए कहा जाता है कि हर रूपक कहीं न कहीं लँगड़ा होता है।

नामवर सिंह ने छायावाद को आधार बनाकर लिखा है, "रचना की महानता से ही आलोचना महान होती है।"[12] इसे यों भी कहा जा सकता है—रचना की महानता के समान ही आलोचना की महानता होती है। जैसी रचना वैसी आलोचना। डॉ. नगेन्द्र, शान्तिप्रिय द्विवेदी, नंददुलारे वाजपेयी, रामविलास शर्मा और स्वयं नामवर सिंह पर यह बात लागू हुई। रचना के विरुद्ध जाकर आलोचना महान हुई तो केवल रामचन्द्र शुक्ल की।

रूपक छायावाद का केन्द्रीय तत्त्व है। कल्पना, जिसे छायावाद के सन्दर्भ में बहुत महत्त्व दिया जाता है, इसी रूपक प्रणाली के भीतर क्रीड़ा करती देखी गई। प्रतीक-मूलक अप्रस्तुत विधान अथवा लाक्षणिकता के मामले में देखें तो छाया-वाद ने पूरी हिन्दी काव्य परम्परा को पछाड़ दिया। इस काम में पंत सबसे आगे रहे।

भावों का लक्षण-निर्माण पंत-काव्य की बड़ी विशेषता के रूप में देखा जा सकता है, जिसकी ओर इशारा करते हुए रामचन्द्र शुक्ल ने लिखा है, "जैसे सुख, आनन्द, प्रफुल्लता, यौवन-काल इत्यादि के स्थान पर उनके द्योतक उषा, प्रभात, मधुकाल; प्रिया के स्थान पर मुकुल प्रेमी के स्थान पर मधुप; श्वेत या शुभ्र के स्थान पर कुंद, रजत; माधुर्य के स्थान पर मधु; दीप्तिमान या कांतिमान के स्थान पर स्वर्ण; विषाद या अवसाद के स्थान पर अंधकार, अँधेरी रात, संध्या की छाया, पतझड़; मानसिक आकुलता या क्षोभ के स्थान पर झंझा, तूफान, भावतरंग के लिए झंकार; भावप्रवाह के लिए संगीत या मुरली का स्वर इत्यादि।"[12] लाक्षणिकता का यह बीजगणित तुलना और निषेध दोनों रूपों में है। इसके पीछे एक बड़ा रूपक गढ़ने की प्रवृत्ति रही है। दूसरे शब्दों में प्रतिसंसार रचने की, लेकिन यह बहुत-कुछ बच्चों के खेल के समान था। रामचन्द्र शुक्ल की सटीक टिप्पणी है, "प्रकृति की नाना वस्तुओं का उपयोग केवल उपादान के रूप में है; उसी प्रकार जैसे बालक ईंट, पत्थर, लकड़ी, काग़ज़, फूल-पत्ती लेकर हाथी-घोड़े, घर-बगीचे इत्यादि बनाया करते हैं।"[13]

पंत की काव्य-प्रतिभा पर सन्देह नहीं करते हुए भी कहा जा सकता है कि घर-बगीचे बनाने की अपनी इस प्रवृत्ति के कारण उन्होंने रीतिकाल के जिन कवियों का उपहास साहित्य का माली[14] कहकर किया था, उनकी श्रेणी में आने से स्वयं भी नहीं बच सके।

जयशंकर प्रसाद ब्रजभाषा से आए और अपनी सौन्दर्यप्रियता और प्रेमशीलता के कारण छायावाद के स्थायी नागरिक बन गए। आरम्भिक कृति 'चित्राधार' और 'प्रेमपथिक' ब्रजभाषा के काव्य हैं। 'प्रेमपथिक' का बाद में खड़ीबोलीकरण किया।

'चित्राधार' से ही सौन्दर्य के प्रति उनका आकर्षण प्रकट हो जाता है। 'प्रेमपथिक' में बाल-प्रेमियों के मिलन और बिछोह की कथा के द्वारा 'आन्तरिक स्वर्ग में रमण' का मार्ग तैयार किया गया है। इसी चेतना का बाद में 'आँसू' और 'कामायनी' का उच्च कलात्मक विकास हुआ। 'प्रेमपथिक' में एक कथाक्रम है, 'आँसू' में नहीं है। 'कामायनी' में एक क्षीण पौराणिक कथा का सहारा लिया गया है। लेकिन तीनों में सघन प्रेमानुभूति के प्रसार का प्रयास है। उस प्रयास में रीतिकाल की कला का भी योगदान है। 'आँसू' के कई नारी-चित्र रीतिकाव्य की याद दिलाते हैं। 'शशिमुख पर घूँघट डाले', 'बाँधा था विधु को किसने/ इन काली जंजीरों से' जैसी निपुण कथन-वक्रता के पीछे वही चमत्कार है जिसे पैदा करने में ब्रजभाषा के कवि भिड़े रहते थे। 'खिला हो ज्यों बिजली का फूल/ मेघ-बन बीच गुलाबी रंग' (कामायनी) में नख-शिख वर्णन हुआ है, इसे समझने में छायावाद के प्रखर आलोचक डॉ. देवराज को ज़रा भी कठिनाई नहीं हुई—"पहले अवतरण में कानों का वर्णन है जो एकदम नया है, दूसरे में श्रद्धा के वक्षभाग के आभापूर्ण सौन्दर्य का संकेत है।"[15]

प्रसाद पर रीतिकाल के काव्यशास्त्र का प्रभाव है, लेकिन उससे आगे भी बहुत कुछ है। लाक्षणिकता सामान्य अनुभूति के मेल में है और उसका गहरा सम्बन्ध आत्मानुभूति से भी है। नंददुलारे वाजपेयी की यह टिप्पणी उचित है कि " 'आँसू' कवि के जीवन की वास्तविक प्रयोगशाला का आविष्कार है।"[16] इसमें यह भी जोड़ने की ज़रूरत है कि इस कविता में नए काव्यशास्त्र के संधान का भी प्रयास है। अप्रस्तुत विधान की प्रबलता है तो उसके पीछे छुपी हुई प्रणयी उत्तेजनाएँ हैं। दूसरे शब्दों में, जितने कलात्मक उपादान हैं, वे प्रसाद की चेतना के विस्तृत लक्ष्य में रोड़ा बने हैं। चेतना के लक्ष्य के आगे कला कमजोर पड़ जाती है, प्रसाद की कविता इस बात को बेहतर ढंग से प्रमाणित करती है। इसका तोड़ महादेवी ने खोजा।

महादेवी ने कला-पक्ष के प्रति इस हद तक सजगता दिखाई है कि भाव उसी के प्रवाह के अंग बन गए। संगीत का प्रवाह, जो चेतना की दशा के बारे में सोचने का अवसर ही नहीं देता। लय की विविधता के भीतर अनुभूति ध्वनित होती है। परम्परा-धर्मी नारी व्यक्तित्व ने अद्‌भुत कौशल निकाला है मन की निगूढ़ वृत्तियों के प्रकाशन का। सुमित्रानंदन पंत की सुन्दर टिप्पणी है, "महादेवी ही छायावादियों में एकमात्र वह चिरन्तन भाव-यौवना कवयित्री हैं जिन्होंने नए युग के परिप्रेक्ष्य में राग-तत्त्व के गूढ़ संवेदन तथा रागमूल्य को अधिक मर्मस्पर्शी, गम्भीर, अन्तर्मुखी, तीव्र संवेदनात्मक अभिव्यक्ति दी है, जिसका कारण.... स्पष्टत: उनका नारी व्यक्तित्व है।"[17] इस कथन का सार है नारी व्यक्तित्व का संगीत में उच्चतर रूपान्तरण, जहाँ अभाव और भाव के स्वत:स्फूर्त टकराव का चमत्कार है!

वैसे जयशंकर प्रसाद भी काव्यशास्त्र की नई श्रेणी के संधान में पीछे नहीं रहे। उनकी प्रणयी अनुभूतिशीलता अभिव्यक्ति की संश्लिष्ट प्रविधि की खोज में प्रवृत्त

दिखाई पड़ती है। टेकनीक की दृष्टि से प्रसाद अपने प्रयासों में कमजोर हो सकते हैं, असफल नहीं। 'आँसू' के बारे में रमेशचन्द्र शाह की यह टिप्पणी उल्लेखनीय है, "यह लिरिक भी लगता है, वृत्तान्त-काव्य भी लगता है, शोकगीत भी लगता है।"[18] लिरिक को वृत्तान्त-काव्य में ढालने का काम 'कामायनी' में हुआ है। रूपक (एलिगरी) के विधान की चेष्टा की गई है। स्वानुभूति की अभिव्यक्ति के लिए जगह बनाने में कोई कसर नहीं छोड़ी गई है। मुक्तिबोध को 'कामायनी' एक विशाल फैंटेसी के रूप में दिखाई पड़ी तो मुख्यतः इसी बात के कारण। स्वानुभूति अथवा जीवनानुभूति के उद्रेक के रूप में सामाजिक जीवन का वर्गीय पक्ष भी, जिस बात पर मुक्तिबोध का सर्वाधिक ज़ोर है, प्रकट हुआ है। उसमें भौतिक इतिहास की कौंध है।[19]

'कामायनी' छायावाद की बड़ी प्रयोगशील रचना है। अधिक प्रयोग के कारण इसमें ढीलापन भी है। प्रयोग के ढीलेपन के बावजूद कविता बड़ी साबित हुई। 'कामायनी' फैंटेसी है तो ढीले प्रयोग के कारण भी। ढीले प्रयोगों में प्रायः यात्रा लम्बी होती है। उसमें संक्रमण की गहरी चेष्टा होती है। आधुनिक कवि प्रयोग को महत्त्व देता है, काव्यशास्त्रीय अपवाद पैदा करता है। प्रसाद के प्रयोग काव्य-परम्परा में बने रहकर संक्रमण के महत्तर प्रयास हैं।

'कामायनी' की प्रयोगशीलता से निराला की 'राम की शक्तिपूजा' और 'तुलसीदास' की तुलना की जा सकती है। निराला ने स्वानुभूति को इतिहास और उसके सांस्कृतिक सन्दर्भ में प्रक्षिप्त किया है। सांस्कृतिक सन्दर्भ अनुभूति का ही विस्तार और रूपक है। दूसरे शब्दों में, स्वाभिमान-जन्य अनुभूति परम्परा अथवा संस्कार गौरव का रूपक है।

देखूँगा नहीं कभी फिरकर
लेता मैं, जो वर जीवन-भर बहने का।

(तुलसीदास, निराला ग्रन्थावली-1/307)

या

वह एक और मन रहा राम का जो न थका;
जो नहीं जानता दैन्य, नहीं जानता विनय।

(राम की शक्तिपूजा, ग्रन्थावली-1/337)

परम्परा में प्रक्षेपण के द्वारा निराला अनुभूतियों को बल प्रदान करते हैं। ब्रजभाषा और रीतिकाल के प्रति भी उनका झुकाव आकस्मिक नहीं है। रामविलास शर्मा ने उन्हें नवजागरण की चेतना का प्रतिनिधि कवि माना है। उसमें जोड़ा जाना चाहिए कि निराला की नवजागरण-चेतना शुष्क ज्ञान-आधरित नहीं है। उसमें सौन्दर्यबोधीय साहस है। यह साहस दिलचस्प रूप से उन्हें रीतिकाल की श्रृंगारिकता से प्राप्त होता रहा है।

नयनों का नयनों से बंधन,
काँपे थर-थर-थर युग तन
......
समझे रागानुराग मुक्ति रे—
ज्ञान परम, मिले चरम युक्ति से;
सुन्दरता के, अनुपम उक्ति के
बँधे हुए श्लोक पूर्ण कर चरण।

(गीतिका, ग्रन्थावली-1/248-49)

नयन जुड़ने से युग तन काँप उठते हैं। रागानुराग की मुक्ति में ज्ञान, युक्ति, सुन्दरता, काव्य की पूर्णता सब शामिल हो गए हैं।

शृंगारिक चेष्टाओं में मुक्ति का भाव शामिल होता है। रीतिकाल की जहाँ प्रत्यक्ष पुनःरचना हुई है, वहाँ सघन रत्यात्मकता के भीतर उन्मुक्ति का भाव है।

नयनों के डारै डाल लाल गुलाल-भरे, खेली होली!
जागी रात सेज प्रिय पति-संग स्नेह-रंग घोली,
दीपित दीप-प्रकाश, कुंज-छवि मंजु-मंजु हँस खोली—
मली मुख चुम्बन-रोली।

(गीतिका, रचनावली-1/226)

संयोग में जो 'अभिमान' और 'अहंकार' (भोज ने शृंगार को अभिमान और अहंकार की संज्ञा दी है) है उसमें बंधनों से मुक्ति का सन्देश है, और यह निराला के यहाँ अनिंद्य स्तर का है।

रूपक गढ़ने की प्रवृत्ति छायावाद में अधिक है। लेकिन यह सर्वथा उसका दुर्गुण नहीं है। इस प्रवृत्ति से काव्य-भाषा के विकास में सहायता मिली है। कविता भाषा की आत्मचेतना है। छायावादी कविता में इस शक्ति को हासिल करने की जी-तोड़ कोशिश मिलती है। रूपक-निर्माण की ओर झुकाव इसी कोशिश का अंग है।

2

नई कविता में उल्लेखनीय परिवर्तन रूपक के स्थान पर बिम्ब पर ध्यान देने के रूप में हुआ। रूपक में अप्रस्तुत पक्ष का महत्त्व होता है, और बिम्ब में वर्ण्य-वस्तु पर। इस प्रकार बिम्ब पर ध्यान देने को वस्तुनिष्ठता की प्रतिष्ठा के अर्थ में लिया गया। यह बात कुछ लोगों के लिए छायावादी रोमांटिक भावुकता से मुक्ति का संकेत लग रही थी। हालाँकि न तो बिम्ब रूपकीय तत्त्व से मुक्त होते हैं और न ही नई कविता में रोमांटिकता का अभाव है।

साहित्यिक-कलात्मक रचनाशीलता में मूर्तिमत्ता को गुण माना जाता है। मनोवैज्ञानिक अध्ययन में यह 'बिम्ब' कहलाता है। मनोविज्ञान में बिम्ब 'मानसिक

प्रतिकृति या स्मृति' है। स्वप्न, दिवास्वप्न, काल्पनिक इच्छापूर्ति अर्थात् फैंटेसी—ये सभी मानसिक बिम्ब ही हैं। इनमें भाषा की मध्यस्थता या भूमिका गौण होती है। काव्यबिम्ब 'शब्द-निर्मित चित्र' है। इसलिए उसे रूपक से अलग करके नहीं देख सकते। ज़्यादा से ज़्यादा यही कहा जा सकता है कि बिम्ब काव्यभाषा को अधिक वस्तुनिष्ठ बनाने की टेकनीक है। इसमें तुलना अथवा अप्रस्तुत विधान के बजाय दूरस्थ को निकट लाने का प्रयत्न होता है। इसे हर्बट रीड ने 'वस्तुनिष्ठ सम्बन्ध का अकस्मात् ज्ञान'[20] कहा है। अर्थात् रूपक-निर्माण में काव्य-भाषा तुलना-निर्भर होती है, बिम्ब वस्तुनिष्ठ सूझ है।

वस्तुतः 1935 के आसपास स्वयं छायावादी कवि वस्तुनिष्ठता की आवश्यकता का अनुभव करने लगे थे। पंत ने छायावाद का 'युगान्त' घोषित किया था और इस प्रकार की पंक्तियाँ लिखने लगे थे—

बाँसों का झुरमुट
संध्या का झुटपुट
हैं चहक रही चिड़ियाँ
टी-वी-टी —टुट्-टुट्!

छायावादी कवि रोमांटिक-दार्शनिक रूपकीय आविष्कारों से कितना ऊब चुका था, इसका अन्दाज़ इसी बात से लगाया जा सकता है कि महादेवी ने 'दीपशिखा' के बाद काव्य-रचना के प्रति उत्सुकता ही नहीं दिखाई। निराला 'तुलसीदास' के बाद 'अणिमा' और 'नए पत्ते' में नई राह के अन्वेषण में लग गए, जिसमें बिम्ब-रचना की प्रवृत्ति प्रबल थी।

जलाशय के किनारे कुहरी थी,
हरे-नीले पत्तों का घेरा था
पानी पर आम की डाल आई हुई;
गहरे अँधेरे का डेरा था।

(अणिमा, पृ. 87)

उल्लेखनीय यह है कि छायावादी कवियों में जो परिवर्तन आया, वह प्रयोगवाद-नई कविता के दबाव से नहीं, प्रगतिवाद के दबाव से।

प्रगतिवाद में भाषा की सरलता का आग्रह था, जिसे छायावादी कवियों ने भी अपनाया। लेकिन छायावादी कविताओं में पूर्ववर्ती काल की भी छाप बनी रही। यही बात प्रगतिवाद के कवियों में भी देखी गई। भाषा की सरलता और लोकजीवन से निकटता के आग्रह के बावजूद उनमें छायावादी कल्पनाशीलता के प्रति भी आकर्षण देखा गया। यह इसलिए भी कि छायावाद एक बड़ी काव्य-परम्परा और उसके काव्यशास्त्र का नवोन्मेष था, जिसे सहज नहीं झटका जा सकता था। प्रगतिशील लेखक संघ के घोषणा-पत्र में छायावाद को पतनशील बताने के बावजूद प्रगतिशील

कवि उस भाव-धारा से अपने को मुक्त नहीं कर सका तो आलोचकों के लिए आवश्यक हुआ कि छायावाद को ही प्रगतिवाद के अनुकूल व्याख्या प्रदान कर दी जाए। वैसे भी छायावाद केवल छायावाद नहीं था। उसकी कल्पनाशीलता पर यथार्थ का स्पष्ट दबाव था और उसकी अभिव्यक्तियों में भाव-स्फुरित क्रान्ति चेतना थी, जो प्रगतिवाद को भाता था। प्रयोगवाद-नई कविता के साथ दूसरी दिक्कत थी। संवेदना के छोर से वह छायावाद का साथ छोड़ने में समर्थ नहीं था, लेकिन उसने वैसी काव्य-मुद्राएँ गढ़ने की कोशिश की, जिनमें उसका छायावाद-विरोध प्रकट हो। बिम्ब-सिद्धान्त उसमें सबसे अधिक मददगार साबित हुआ। उसकी आधुनिकता का प्रथम प्रस्थान, हमारी समझ से, 'बिम्ब' को महत्त्व देने में है।

काव्य-विधान के अंग के रूप में बिम्ब कोई नई चीज़ नहीं है। संस्कृत काव्यशास्त्र में विभावन-व्यापार के अन्तर्गत चित्रात्मकता अथवा 'प्रतीति' की पर्याप्त व्याख्या है जिसका स्वाभाविक सम्बन्ध बिम्ब की धारणा से बनता है। एक कोटि 'चित्रकाव्य' की बताई गई है जो बिम्ब की धारणा से तुल्य है। रस-ध्वनि के अभाव की अलंकार-रचना को चित्रकाव्य कहा गया है। आनन्दवर्धन के अनुसार रस, भाव आदि से सम्बन्धित अर्थ के अभाव में जो अलंकारों की रचना होती है, वह चित्रकाव्य का विषय माना जाता है। लेकिन जब रस आदि की प्रधानता होती है तो कोई काव्य चित्र-भर न होकर ध्वनि के क्षेत्र में आ जाता है।[21] 'ध्वनि' के क्षेत्र से बाहर की चित्रात्मकता 'निजी आस्वाद्यता' है, और यह काव्य का दोष है। नई कविता की 'आधुनिकता' में 'व्यक्ति' अथवा 'निजी' मुख्य है। इसलिए इसमें रस-दृष्टि के प्रतिकूल आचरण का प्रयास है। पुराने आचार्यों ने जिस चित्रकाव्य को दोष माना, वह इसके काव्यशास्त्रीय प्रस्थानों का हिस्सा हो गया। जगदीश गुप्त के निबन्ध 'काव्य-बिम्ब: समस्या और स्वरूप' में यह बात साफ रूप से कही गई है।[22]

कविता में 'रूप तत्त्व' महत्त्वपूर्ण है। रूप-तत्त्व यानी 'चित्र' अथवा 'बिम्ब'। जगदीश गुप्त का आक्षेप है कि "बिम्बात्मक आस्वाद्यता की सूक्ष्मताओं में भारतीय काव्य-चिन्तक ने प्रवेश नहीं किया... । रस के भीतर व्यक्त होने वाले रूप-तत्त्व पर... किसी काव्य-विवेचक ने दृष्टिपात नहीं किया।"[23] बिम्बात्मक आस्वाद्यता को पुराने आचार्यों ने पर्याप्त नहीं माना था। यह बात मान ली जानी चाहिए। लेकिन रूप-तत्त्व पर उन्होंने दृष्टिपात नहीं किया तो 'ध्वन्यालोक' से अप्पय दीक्षित की 'चित्र मीमांसा' तक क्या सब वैसे ही है? बात यह है कि आनन्दवर्धन ने 'सुकवि' को जिस भाव-सत्ता से सम्पन्न माना था—अपार काव्य-संसार के प्रजापति के रूप में अपनी रुचि के अनुसार विश्व को रूप प्रदान करना (यदि कवि शृंगार-प्रेमी हुआ तो संसार को रसमय बना देना आदि)[24]—आधुनिकतावादी 'काव्य देवता' उससे मुक्ति चाहता है। उसे खालिस बिम्ब चाहिए, भाव नहीं।

नई कविता की पक्षधर आलोचना की अपनी सीमा जो भी हो, लेकिन इसमें भी शक नहीं कि बिम्ब को काव्य-मूल्य के रूप में अपनाया जाना कम महत्त्व का विषय नहीं है। इसके द्वारा आधुनिकता की माँग की पूर्ति हुई है। आधुनिकता की कोई जितनी निन्दा करे, लेकिन उसकी सशक्त ऐतिहासिक उपस्थिति से कैसे इनकार किया जा सकता है?

प्रयोग और नवीनता, जिसका रोमांटिकता और यथार्थ दोनों से मतभेद हो, आधुनिकता की माँग रही है। अंग्रेज़ी में एज़रा पाउंड और टी.एस. इलियट नई शुरुआत और चुनौती स्वीकार करने की प्रवृत्ति से लबालब होकर तोड़-फोड़ और नई शैली के लिए प्रयत्नशील दिखाई पड़े। पाउंड को तो अंग्रेज़ी कविता में बिम्बवाद का प्रवर्तक ही माना जाता है, इलियट का भी बिम्ब के प्रति गहरा आकर्षण रहा है। इन कवियों ने रोमांटिकता और यथार्थवादी माँगों को अस्वीकार किया था। इन्होंने, टेरी इगल्टन के सहारे कहें, दिलचस्प रूप से वास्तविक क्रान्तिकारी कला की अनुपस्थिति में सिर्फ़ मूलभूत रूढ़िवाद से ही अत्यन्त महत्त्वपूर्ण साहित्य की रचना की थी।[25] इसके पीछे, हमारी समझ से, और बातों के अतिरिक्त इनके बिम्ब-प्रेम का बड़ा योगदान था। हिन्दी में अज्ञेय, शमशेर और मुक्तिबोध आदि पर इन कवियों का गहरा असर देखा गया। टेकनीक और काव्यमूल्य दोनों दृष्टियों से।

टेकनीक और काव्यमूल्य के उदाहरण के रूप में अज्ञेय की कविता 'नदी के द्वीप' को देखें। कविता विवरण अथवा आत्मकथन के रूप में एक रूपकीय बिम्ब है जिसमें प्रकृति अनुभवगम्य होती है व्यक्ति और समाज की अन्योन्याश्रयिता और भेद के रूप में। बिम्ब-रूप में 'नदी के द्वीप' एक रूपक है दर्शन का और कला-दर्शन का। रोमांटिक संवेदना के विपरीत निस्संगता, विद्रोह-क्रान्ति के विरुद्ध निश्चेष्ट समर्पण!

'नदी के द्वीप' का दर्शन कितना श्लाघ्य या निन्दनीय है, अलग सवाल है। यहाँ महत्त्वपूर्ण यह है कि कैसे एक कवि परम्परा का सहारा लेता है नदी को माँ आदि बताकर और उसमें द्वीप रूप में नए मनुष्य की प्रतिष्ठा (जो नई कविता का मुख्य धर्म है।) करके मनोनुकूल बिम्ब खड़ा करने में कामयाब होता है।

अज्ञेय की कुछ कविताओं में बिम्बों की लड़ियाँ हैं। 'यह दीप अकेला' की लगभग प्रत्येक पंक्ति स्वतंत्र बिम्ब है। एक बिम्ब-चक्र चलता है, जो प्रतीक-चक्र भी है। और अगर मन की आँखों से देखें तो सब मिलकर एक बड़ा रूपक बन जाते हैं। नए मनुष्य की प्रतिष्ठा का रूपक। किस विचारधारात्मक आधार पर कवि ने ऐसा किया है, अलग सवाल है, लेकिन इसके शिल्प-प्रयोग को हम नज़रअन्दाज़ नहीं कर सकते। हमें यह भी सोचने के लिए विवश होना पड़ता है कि प्रयोगशीलता आखिर प्रगतिशीलता ही तो है।

अन्योन्याश्रयिता और भेद! अज्ञेय ने 'द्विविभाजन' को जिस रूप में स्वीकार किया है उसमें विरोध में एकता और एकता में विरोध है। उसमें कवि स्वयं एक

बिम्ब है। किसी व्यक्ति के लिए आसान नहीं होता कि वह अपनी छवि प्रथमतः और अन्ततः खुद गढ़े। भाषा-छवि का कवि-छवि में रूपान्तरण!

भाषा की आत्मचेतना को साधने की दृष्टि से अज्ञेय बहुत आगे रहे। बिम्ब-निर्माण में अथवा समग्र रूप से काव्य-भाषा के व्यवहार में शब्द-चयन की दृष्टि से उनकी समझ प्रशंसा-योग्य है। रोमान याकोब्सन ने जिसे 'समतुल्यता' (इक्विवलेंस) कहा है, उसके ज्ञान का अज्ञेय के काव्य-कर्म में सुन्दर परिचय मिलता है।

"भाषा का काव्य-कर्म", रोमान याकोब्सन के अनुसार, "चयन की धुरी से संयोजन की धुरी में समतुल्यता का सिद्धान्त पेश करना है।"[26] इस सिद्धान्त का हमारे यहाँ पर्याप्त विवेचन लक्षणा-व्यापार के अन्तर्गत हुआ है। सादृश्यता पैदा करना भाषा-कर्म का अंग है, काव्य-कर्म में जिसका उपयोग छटा बिखेरने के लिए किया जाता है। याकोब्सन ने कहा, "सादृश्यता का सामीप्यता पर अध्यारोपण कविता को पूर्ण रूप से प्रतीकात्मक बहुविध, अनेकार्थी सार प्रदान करता है।"[27] अज्ञेय की कविता इस 'सार' के लिए सिद्धान्ततः प्रयत्नशील है। 'कलगी बाजरे की' की ये बहुउद्धृत पंक्तियाँ हैं—

अगर मैं तुमको ललाती साँझ के नभ की अकेली तारिका
अब नहीं कहता
या शरद के भोर की नीहार-न्हायी कुईं,
टटकी कली चम्पे की, वगैरह, तो
नहीं कारण कि मेरा हृदय उथला या सूना है
या कि मेरा प्यार मैला है।

बल्कि केवल यही: ये उपमान मैले हो गए हैं।
देवता इन प्रतीकों से कर गए हैं कूच।

(सदानीरा-1/251)

नए बिम्ब-प्रतीक के लिए अज्ञेय लोक-अनुभव में गए, उपज-फसलों में गए, औद्योगिक सभ्यता में गए, पर्वतीय-दृश्यों में गए:

सूप-सूप भर
धूप-कनक
यह सूने नभ में गई बिखर।
चौंधाया
बीन रहा है
उसे अकेला एक कुरर।

(सदानीरा-2/47)

गेहूँ की हरी बालियों में से
कभी राई की उजली,
कभी सरसों की पीली फूल ज्योत्सना दिप गई
कभी लाली पोस्ते की सहसा चौंक गई—
कभी लघु नीलिमा तीसी की चमकी और छिप गई।

(सदानीरा-2/81)

बँधी लीक पर रेलें लादे माल
चिहुँकती और रँभाती अफराये डाँगर सी
ठिलती चली जाती हैं।

(सदानीर-2/139)

ये कुछ उदाहरण हैं, जो काव्यशास्त्रीय प्रस्थान बिन्दु की दृष्टि से महत्त्वपूर्ण हैं—नए की तलाश, आन्तरिक सादृश्य की पहचान, आदि। लेकिन सर्जक अनुभव और लोक-अनुभव के बीच जो अघोषित दूरी है, वह कविता के प्रभाव के दायरे को पूर्ववर्तियों में निराला और अपने समकालीनों में नागार्जुन आदि के समान विस्तृत होने से रोकती है। मुक्तिबोध ने नई कविता के सन्दर्भ में 'जड़ीभूत सौन्दर्याभिरुचि' का जो खतरा देखा था, उसका संकेत हमारी समझ से अज्ञेय की कविता में है। इसलिए, काव्यशास्त्रीय प्रस्थान बिन्दु का चुनाव महत्त्वपूर्ण है, लेकिन प्रभावकारी जीवन संस्कार का उसे सहारा भी चाहिए। बहरहाल, अज्ञेय की कविता में आश्चर्यजनक लालित्य है, जिसके पीछे विषय की निकटता से पहचान और सादृश्य पैदा करने की उत्कट क्षमता है।

मलयज ने बिम्ब-कविता के साथ सम्प्रेषण की समस्या को उठाया है। लिखा है, "बिम्ब वाली कविता कवि का रचनात्मक अनुभव हमेशा प्रेषित कर पाने में असफल होती है : कविता के रचनात्मक अनुभव में पाठक भी अपना अनुभव आवश्यकतानुसार मिला बढ़ा लेता है।"[28] अज्ञेय, अपनी 'पहचान' को सुरक्षित रखने की चेष्टा के बावजूद पाठक को यह अवसर खुद देते हैं। शमशेर पाठकों को अलग से अवसर देने की जरूरत नहीं समझते। यह दो-तीन कारणों से सम्भव होता है—चित्रकला का सहारा लेने के कारण, सादृश्यता पैदा करने में सामान्य अनुभव का सहारा लेने के कारण, और रोमांस-उन्मुखी 'रीति' की ओर झुकाव के कारण।

संसार के चक्के पर हैं दो हाथ
दो हाथ पूरब-पश्चिम
आँख
दोनों देखतीं एक साथ
यह एक ही दृश्य

(इतने पास अपने, पृ. 37)

संसार एक चित्रकला है। कवि की आँख इसे जिस तरह देखती है, पढ़कर विस्मय होता है, लेकिन हम नहीं कह सकते कि यह हमारा अनुभव नहीं है। अनेक कविताओं में यह बात नहीं भी है। स्वप्न-दृश्य के संसूचक कुछ सुररियल बिम्ब होते हैं। जैसे, सूर्योदय के लिए बिम्ब—"जो कि सिकुड़ा हुआ बैठा था, वो पत्थर/ सजग-सा होकर पसरने लगा/ आप से आप।" (कुछ कविताएँ, पृ. 36) ऐसे बिम्बों में 'कवि की आँख' ही महत्त्वपूर्ण होती है, 'वस्तु' पूरी तरह उस पर निर्भर होती है। यह अवचेतन-सृष्टि की कला है। हिन्दी में शमशेर की इसमें मास्टरी है। इससे भिन्न 'उषा' कविता में उत्पन्न सादृश्य का गहरा सम्बन्ध अत्यन्त सामान्य जीवन के अनुभव से है।

प्रात नभ था बहुत नीला शंख जैसे
भोर का नभ

राख से लीपा हुआ चौका
(अभी गीला पड़ा है)

बहुत काली सिल ज़रा से लाल केसर से
कि जैसे धूल गई हो

स्लेट पर या लाल खड़िया चाक
मल दी हो किसी ने

नील जल में या क़िसी की
गौर झिलमिल देह
जैसे हिल रही हो।

(कुछ कविताएँ, पृ. 15)

सामान्य जीवन का अनुभव भी सामान्य नहीं होता। शमशेर अपनी आँख को ऐसी जगह स्थिर करते हैं जहाँ सामान्य/साधारण से अनूठा कुछ हो ही नहीं सकता। वर्ण्य-वस्तु के सौन्दर्य का अतिक्रमण करने वाला साधारण-सा उपमान ('सावन' कविता):

मैली, हाथ की धुली खादी
सा है
आसमान।
जो बादल का पर्दा है वह मटियाला धुँधला-धुँधला
एक-सार फैला है लगभग :
कहीं-कहीं तो जैसे हलका नील दिया हो।

(कुछ और कविताएँ, पृ. 60)

'सादृश्यता का सामीप्यता पर अध्यारोपण' और उससे उच्चतर रोमान की सृष्टि :

मौन गुलाबी झलक
...
जैसे घोल गया हो कोई गंदले जल में
अपने हल्की-मेंहदी वाले हाथ।

ये नीले होंठ
जो शाम का पूरब हैं आज
...
मोतियों की लूट.... कहाँ गई वह हँसी?
जहाँ ज़मीन और आसमान मिल रहे हैं
वह भौंह
काँप रही है।

(वही, पृ. 60-61)

बिम्बों की कतार जाकर समाप्त होती है एक वाग्मिक कथन पर—

तुम मेरे लिए
मेरी हद हो मेरी हद हो

(वही, पृ. 65)

'हद'—यानी असामीप्य की सारी गुंजाइश खत्म। विषय और विषयी का दुर्लभ अभेद। 'एक नीला दरिया बरस रहा' कविता के सहारे कहें दृष्टि ही दृश्य है :

आँख जो कि अँखुआ
आयी हो बहुत ही करीब बहुत
ही करीब।

(चुका भी हूँ मैं नहीं, पृ. 17)

शमशेर की कविता के सन्दर्भ में विजयदेव नारायण साही की सही टिप्पणी है कि "चित और अचित एक-दूसरे का निषेध नहीं करते, बल्कि एक-दूसरे को प्रतिबिम्बित करते हैं।"[29] इस 'प्रतिबिम्बन' में कला की कई परम्पराएँ सक्रिय हैं—रीतिकाल, छायावाद, सुररियलिज़्म; साथ ही एक 'अभेद-दृष्टि', जिसे न अद्वैत वेदान्त कह सकते हैं और न ही मार्क्सवाद। आखिर चित-अचित का प्रतिबिम्बन अथवा उनका पुनर्मिलन कला के ही क्षेत्र में आता है!

रामविलास शर्मा की स्थापना है कि शमशेर की कविता में रूमानियत और रीतिवाद का संगम है।[30] स्थापना गलत नहीं है, उसमें निहित धारणा अनुचित है। शमशेर ने उर्दू और हिन्दी रीतिवाद से काव्य-कौशल ग्रहण किए हैं। सूक्ष्म विधान और मितकथन में निश्चित ही उन्हें रीतिवाद मदद करता है। उर्दू-परम्परा से भी उन्हें

खूब मदद मिली है। शरीर और उससे जुड़े शृंगारिक भावों के प्रति शमशेर में दृढ़ आकर्षण है। उसमें सौन्दर्यबोधीय स्खलन वाली बात नहीं है। शृंगार से सम्बद्ध विषयों में मानव-चेतना का उत्कट रूप होता है, जिसके प्रयोग के द्वारा शमशेर ने अनुश्रुति (लेजेंड) का नया क्षेत्र तैयार किया है। नया और श्लाघ्य!

दूसरी बात, शमशेर के यहाँ कविता की परम्परा मुख्यतः भाया छायावाद पहुँची है। इस आसन्न परम्परा के बगैर शायद ही शमशेर कुछ बड़ा कर पाते। मलयज की यह बात महत्त्व देने योग्य है, ''शमशेर ने पंत और निराला दोनों से ही प्रभाव ग्रहण किया—भाव-संवेदना और शिल्प दोनों ही स्तरों पर।''[31]

तीसरी बात, शमशेर की कविता में रूमानियत है, लेकिन उससे संघर्ष भी है। वे 'बात बोलेगी' के कवि हैं, बात पर हावी होने के कवि नहीं। एक तटस्थता है उनकी कविता में, जो उन्हें क्लैसिकल परम्परा के निकट करती है। छायावादी भाव-सम्पदा भी उनके पास एक प्रकार के क्लैसिकल ढाँचे में पहुँची है। 'ढाँचा' यानी शिल्प के अर्थ में नहीं, भाव-सम्पदा की ही बनावट के अर्थ में। समग्रतः शमशेर ने छायावाद का विकास किया है, और उससे मुक्त होने की उनमें चेष्टा भी है।

शृंगार स्वयं एक संसार है और शिल्प भी। फैंटेसी का संसार, फैंटेसी का शिल्प प्रथमतः इसी वृत्ति के अधीन माना गया है। स्वप्न और दिवास्वप्नों का लोक शृंगार-वृत्ति से जिस रूप में तैयार होता है, कलात्मक गतिविधियों के लिए वह अनुकरणीय रहा है। इस तरह, हमारी समझ से, शृंगार का महत्त्व अपने विषय तक सीमित नहीं है। शृंगार चेतना और शिल्प के रूप में कला की एक अन्तहीन सम्भावना का मार्ग खोलता है। उसी की सम्भावना का एक छोर मुक्तिबोध की फैंटेसी है।

शृंगारिक फैंटेसियाँ अपने स्वाभाविक रूप में अस्वतंत्रता का प्रतिवाद होती हैं। मुक्तिबोध की कविता के केन्द्र में राजनीतिक अस्वतंत्रता का प्रतिवाद है। राजनीतिक अस्वतंत्रता के प्रतिवाद की एक शैली शृंगारिक फैंटेसियों की रचना भी है। क्योंकि स्वयं शृंगार स्वतंत्रता का मनोरम क्षेत्र है। दूसरी शैली जिसे मुक्तिबोध ने अपनाई, उस लोक का सृजन जिसमें आतंक की नग्न छवि उपस्थित होती है। शृंगारिक फैंटेसी की बनावट में जिन भाषा-प्रतीकों का उपयोग होता है, मुक्तिबोध ने उन्हें खूबसूरती से भय, रहस्य आदि का आधार प्रदान किया है। 'अँधेरे में' कविता में तिलक की मूर्ति का वर्णन विपरीत छोर से 'कामायनी' की श्रद्धा की याद दिलाता है :

मुसकान पत्थरी होठों पर काँपी
आँखों में बिजली के फूल सुलगते।

(मुक्तिबोध रचनावली-2/370)

एक कविता है 'ज़माने का चेहरा', जिसमें मुक्ति और स्वतंत्रता के बिम्ब के रूप में सीधे-सीधे 'इरोटिक' भंगिमा का सहारा लिया गया है :

मुक्ति के गौर-वक्ष-अंचल से झाँकती है
शान्ति की शशि-श्री।

(वही, पृ. 86)

मुक्तिबोध ने न केवल फैंटेसी कविता लिखी, बल्कि 'कामायनी' के निमित्त और रचना-प्रक्रिया पर विचार के अन्तर्गत उसका काव्यशास्त्र भी तैयार किया। यह उनकी अपनी रचना की आवश्यकता से प्रेरित था। उल्लेखनीय तथ्य है कि उसे रामचन्द्र शुक्ल के बिम्ब-सम्बन्धी विचार के समतुल्य ख्याति मिली। तीन क्षण की अवधारणा और फैंटेसी की शैल्पिक विशेषताओं को मुक्तिबोध ने जिस आत्मविश्वास के साथ प्रस्तुत किया है, वह प्रशंसनीय है। उसे दुहराने की यहाँ खास ज़रूरत नहीं है। उससे अलग भी ज़रा विस्तृत परिप्रेक्ष्य में फैंटेसी पर विचार अपेक्षित है। मुक्तिबोध की कविता के अध्ययन की दृष्टि से भी।

फैंटेसी स्वप्न/अवचेतन क्रिया से सम्बद्ध बिम्ब है। उसमें दृश्यात्मकता के अतिरिक्त चरित्र और घटना की प्रधानता होती है। यह रूपकीय गतिशील बिम्ब है। गतिशील और भ्रामक, जो ग्रहण (पढ़ने, देखने आदि) में वास्तविक होने का प्रभाव छोड़ती है। यह वस्तुतः भिन्न कोटि का रूपक (मेटॅफर) है। रूपक के फंतासीय प्रभाव-गुणों को फ्रांको मोरेती नामक आलोचक ने 'आतंक का साहित्य' के सन्दर्भ में सुलझे ढंग से प्रस्तुत किया है। लिखा है, "आज सामान्य रूप से, साहित्य में, रूपक रचे जाते हैं (लेखक के द्वारा) और (पाठक के द्वारा) ग्रहण किए जाते हैं यथातथ्य रूपक के रूप में ही, लेकिन आतंक के साहित्य में यह नियम बहुत दूर तक कायम नहीं रहता। रूपक बहुत दूर तक रूपक नहीं रह जाता है। यह अन्य चरित्र के समान वास्तविक हो जाता है।"[32] मोरेती की इस स्थापना का आधार है ज्योतान तोदोरोव की फैंटेसी-सम्बन्धी वह धारणा, जिसमें वे कहते हैं, "अतिप्राकृत मानस-पटल पर उतरते हैं, क्योंकि हम उन्हें अक्षरशः मूर्त अर्थ में लेते हैं।"[33] और तोदोरोव की भी इस धारणा के मूल में है मार्क्स का वह कथन—"हृदय में घर कर लेने पर सिद्धान्त भी एक भौतिक शक्ति बन जाता है।"

'चेतना' (सेंस) स्वयं यथार्थ के संज्ञान के रूपक के अर्थ में भौतिक सारतत्त्व से सम्पन्न होती है। उसकी प्रत्येक क्रिया किसी न किसी मूर्त्त सत्ता की उपस्थिति को इंगित करती है। कुछ क्रियाएँ विवेक-मूलक होती हैं और कुछ अतर्क्य। लेकिन दोनों स्थितियों में यथार्थ-तत्त्व से उनका सम्बन्ध होता है। और बौद्धिक-निर्मिति आवश्यक नहीं कि विवेक-मूलक कार्यों का ही अनुसरण करे। इसका अर्थ यह हुआ, जैसा कि फ्रांको मोरेती ने लिखा है, "विशिष्ट बौद्धिक निर्मिति—जिसमें रूपक और विचारधारा अपनी अभिव्यक्ति पाते हैं—सचमुच एक 'भौतिक शक्ति' और स्वतंत्र अस्तित्व के रूप में उपस्थित होती है और वह अपने प्रयोक्ता के विवेकशील नियंत्रण के बाहर चली जाती है।"[34] यहाँ विवेकशील नियंत्रण पद महत्त्वपूर्ण है। बौद्धिक निर्मिति

अवचेतन परिस्थिति में जाने के लिए विवश करती है। लेकिन इसका यह भी अर्थ नहीं लगाया जाना चाहिए कि वह अवचेतन परिस्थितियों में ही भटककर गुम हो जाया करती है। साहित्य का फैंटेसीपरक रूपक अवचेतन के संकेतों से सम्बन्ध बनाते हुए भी निजी बौद्धिक निर्मिति नहीं होता है। सांस्कृतिक सृष्टि के अंग के रूप में एकान्तिक स्वप्नों से आगे बढ़कर वह सामूहिक चेतना का भी प्रतिनिधित्व करता है। जिसे निजी बौद्धिक निर्मिति माना जाता है—इरोटिक्स, डरावनी कथा आदि—उसके पीछे भी एक प्रकार की संस्कृति और उसकी राजनीति सक्रिय रहती है। उससे अलग जो निर्मिति मूलगामी सरोकारों के साथ खड़ी की जाती है, यदि वह उपर्युक्त उदाहरण की तकनीक और शैली व्यवहार में लाए तो इसमें कोई गुनाह नहीं है। जासूसी कथाओं के ढाँचा और पद्धति का इस्तेमाल महान साहित्य में होता ही रहा है। स्वयं मुक्तिबोध की रचनाओं में यह बात बखूबी देखी जा सकती है।

बहरहाल, फैंटेसी एक रूपकीय रचना है, जिससे तोदोरोव ने तीन अपेक्षाएँ रखी हैं :

> *प्रथम, पाठ पाठक को यह सोचने के लिए विवश कर दे कि चरित्रों का संसार जीवित व्यक्तियों का संसार है। वर्णित घटनाएँ प्राकृतिक और अतिप्राकृतिक में अनिश्चय पैदा कर दें। दूसरे, यह अनिश्चय चरित्र में अनुभूत रूप में हो ताकि पाठक अपने को उसके अधीन कर सके... यह अनिश्चय कार्य (फैंटेसी) के कथ्य के रूप में भी उभर कर आए। तीसरे, पाठक पाठ के प्रति एक निश्चित रुझान अपनाए : अन्योक्तिपरक अर्थ को शास्त्रीय (पोयटिक) व्याख्या के समान ठुकराए।*[35]

ये तीनों अपेक्षाएँ यद्यपि मुख्यतः आख्यान साहित्य से रखी गई हैं, लेकिन मुक्तिबोध की कविता भी इन्हें पूरी करती दिखाई पड़ती हैं। 'अँधेरे में' का काव्यनायक जीवनानुभूति-प्रेरित अतिप्राकृत सृष्टि है। सारा घटना-चक्र जिस रूप में प्रस्तुत हुआ है, उसमें अतिप्राकृत का वास्तविक से विच्छेद नहीं हुआ है। अन्योक्ति का तो सवाल नहीं—एक श्लिष्ट हो गया संसार है। परिचित का अपरिचित रूप।

पीछे हमने जिस निजी बौद्धिक निर्मिति के रूप में फैंटेसी को चिह्नित किया है आतंक का साहित्य आदि के रूप में, जिसमें एक प्रकार की सांस्कृतिक राजनीति सक्रिय रहती है, उसके 'डरावना' (पिशाच) का विपर्यय है ब्रह्मराक्षस ('ब्रह्मराक्षस' कविता का नायक)। वस्तुतः पश्चिम में ड्रैकुला और फ्रेंकेस्टाइन जैसे पिशाच वर्ग-विभाजित समाज को समाप्त न होने देने की इच्छा से रचे जाते रहे हैं। मार्क्स ने जिस बुर्जुआ संस्कृति को पूर्व-चेतावनी दी थी, उसी ने अपनी प्रतिरक्षा में ऐसे पिशाच प्रस्तुत किए; इसमें यह सन्देश है कि भविष्य अत्यन्त डरावना है। डरावना भविष्य यानी पूँजीवाद के स्थानापन्न में आने वाला। 'ब्रह्मराक्षस' का राक्षस उस 'डरावना' का जवाब है।

मुक्तिबोध की फैंटेसी मानव-मुक्ति के संघर्ष का उत्कट बिम्ब है। इस विषय पर विस्तार से हमने अन्यत्र लिखा है। हम यहाँ केवल यह कहना चाहेंगे कि मुक्तिबोध के बाद कविता में फैंटेसी का काव्यशास्त्र लगभग ठहर गया।

मुक्तिबोध का एक दूसरा महत्त्व भी है। नई कविता ने 'सह-अनुभूति', 'प्रामाणिक अनुभूति', 'अनुभूति की प्रामाणिकता' आदि के रूप में तत्त्वमीमांसीय काव्यशास्त्र विकसित करने का प्रयास किया। यह, नामवर सिंह के सहारे कहें, नई कविता की नवीनता के आग्रह का अस्त्र था।[36] व्यापक जीवन-सन्दर्भ और जनसंवेदी विचार से दूरी अनुभव करने के इस तरीके से मुक्तिबोध ने आपत्ति प्रकट की। उनके द्वारा सौन्दर्यानुभूति के अन्तर्गत जीवनानुभूति अथवा जीवनानुभव के विचार को आगे किया जाना[37] नई कविता के तत्त्वमीमांसीय काव्यशास्त्र पर चोट है।

3

मुक्तिबोध ने नई कविता की प्रगतिशील धारा के आत्मसंघर्ष के मद्देनज़र एक काव्यशास्त्र विकसित करने की चेष्टा की थी। उसकी समीक्षा में इस बात को ध्यान में रखना चाहिए। मुक्तिबोध नई कविता के भीतर के कवि थे, और प्रगतिशील कवि थे। इसलिए उनका आत्मसंघर्ष प्रकट है। नई कविता से बाहर के प्रगतिशील कवियों को यह संघर्ष नहीं करना पड़ा। इसलिए उन्हें काव्यशास्त्रीय प्रस्थान को लेकर उस प्रकार से चिन्ता का शिकार भी नहीं होना पड़ा। नागार्जुन, केदारनाथ अग्रवाल और त्रिलोचन अच्छे और बड़े कवि हैं, प्रगतिशील हैं और पर्याप्त रूप से प्रयोगशील; लेकिन काव्यशास्त्रीय चिन्ताएँ इन्हें कम सताती हैं।

वस्तुतः प्रगतिशील कवियों को काव्यशास्त्रीय चिन्ता करने की ज़रूरत ही बहुत कम पड़ी। इसका एक सामान्य कारण यह माना जा सकता है कि इनकी कविता का बड़ा भाग शुद्ध-सरल कविता का है। नागार्जुन ने जब कहा—"कलाकार को लग गया प्रवचन का चस्का/ सरल को जटिल बनाने का रोग" (नागार्जुन रचनावली-1/210) तो उसमें नई कविता के 'बौद्धिक व्यायाम' के विरुद्ध सरलता का आह्वान था। और यह भी एक काव्यशास्त्रीय प्रस्थान है। इसे शमशेर ने त्रिलोचन की 'धरती' के सन्दर्भ में साफ-साफ अनुभव किया था—"तुमने 'धरती' का पद्य पढ़ा है?/ उसकी सहजता प्राण है।" (कुछ कविताएँ, पृ. 10)।

प्रगतिवादी कवियों के पास बिम्ब की कमी नहीं है, न ही इनकी सरलता निश्चेष्ट है। अन्यत्र हमने लिखा है कि इनकी सरलता में कई पेंच हैं। ये सधे हुए जुआरी के समान हैं। आसान लगने वाली चाल से मात देने की क्षमता रखते हैं। यहाँ उसमें हम जोड़ना चाहेंगे कि इनकी कविता में सरल दृष्टि, वाग्मिता, छंद-चातुर्य, जनभावना-निष्णात भावुकता और मैदान मार लेने का उत्साह—सब मिलकर असाधारण बिम्ब की सृष्टि करते हैं।

प्रगतिशील कवि अतिरिक्त कला-चिन्तन के बगैर ही काव्यशास्त्रीय विवेक के कवि हैं। दूसरा पहलू यह है कि इन्हें आलोचकों ने भी सैद्धान्तिक संस्कार देने की चेष्टा की, जिसमें एक प्रकार का काव्यशास्त्र दिखाई पड़ता है। उसका कवियों पर कितना प्रभाव पड़ा, यह अलग सवाल है। यह दिलचस्प है कि प्रगतिवाद के आन्दोलन ने जितने कवि-लेखक नहीं दिए उससे अधिक आलोचक दिए। आलोचक अधिक हुए, लेकिन आलोचना में आयामों की कमी देखी गई। प्रगतिशील कविता के कई रूप हैं, कई रंग हैं; लेकिन आलोचना उस तुलना में इकहरी है।

यहाँ अधिक नहीं, केवल रामविलास शर्मा की आलोचना का उदाहरण लें। उसका क्षेत्र अत्यन्त विस्तृत है, और उसकी उपलब्धियों पर हिन्दी समाज को गर्व है। लेकिन यथार्थवाद उसमें जिस प्रकार कसौटी के रूप में आता है, वह रचना की स्वतंत्रता को बाधित करता है। उसके अन्तर्गत मुक्तिबोध की फैंटेसी कोई महत्त्व नहीं रखती। नागार्जुन की कविता में जहाँ ज़्यादा यथार्थ प्रतिबिम्बित है वही हिस्सा मूल्यवान है। शमशेर की कविता में रीतिवाद और रूमानियत का संगम है और यह उसका कमजोर पक्ष है। केदारनाथ अग्रवाल की कविता में देशप्रेम है, क्रान्ति की आकांक्षा है, गरीबी का चित्रण है, स्वकीया प्रेम है, आदि—यह यथार्थवाद है। केदार यथार्थवाद की कसौटी पर सबसे खरे कवि हैं। केदारनाथ अग्रवाल को केन्द्र में रखकर रामविलास शर्मा ने एक लम्बा लेख लिखा है—'कविता में यथार्थवाद और नई कविता'। उसमें सबसे पहले ज़ोर ही इस बात पर है कि "प्रगतिशील कविता की चर्चा में यथार्थवाद पर यथेष्ट ज़ोर न देने के कारण इस कविता के इतिहास को समझने में भूल होती है और अनेक कवियों के योगदान का सही मूल्यांकन नहीं होता।"[38] अब यह कौन कहे कि प्रगतिशील कविता की चर्चा में प्रयोगशीलता (जो स्वयं केदारनाथ अग्रवाल की कविता में पर्याप्त रूप से है) पर यथेष्ठ ज़ोर न देने के कारण उसके कवितापन को समझने में भूल होती है।

यथार्थवाद पर ज़ोर देने के कारण जो इतिहास बना, उसमें प्रगतिशील कविता के कई रंग-रूप छूट गए। रंग-रूप अधिक होंगे तो वे प्रयोगशीलता न कहलाएँगे!

यथार्थवादी रचनाशीलता के प्रति आग्रह अन्य प्रगतिशील आलोचकों का भी रहा है, लेकिन कविता के सन्दर्भ में यथार्थवाद का काव्यशास्त्र रामविलास शर्मा की देन है। यह एक ऐसी देन है जिसके कारण कई कवि प्रगतिशील धारा से बाहर दिखाई पड़े; और जिन्हें खुद रामविलास शर्मा ने यथार्थवाद का बड़ा कवि कहा—यानी केदारनाथ अग्रवाल और नागार्जुन को, उनकी बड़ी कविताएँ 'यथार्थवाद का काव्यशास्त्र' में फिट नहीं दिखाई पड़ीं।

प्रगतिशील आन्दोलन का साहित्य के इतिहास में महत्त्वपूर्ण स्थान है। प्रगतिशीलता साहित्य के लिए आवश्यक है। लेकिन हमारी समझ से प्रयोग और नएपन से प्रगतिशीलता का कोई विरोध नहीं है। हिन्दी कविता में दो आन्दोलन समानान्तर चले—

प्रयोगवाद और प्रगतिवाद। देवीशंकर अवस्थी की इस बात में पर्याप्त दम है कि प्रगतिवादी और प्रयोगवादी कवियों के कृतित्व के मूल में कुछ ऐसा है जिसमें नयापन स्थित है।[39] इसमें जोड़ा जा सकता है कि नएपन को 'स्थित' करने पर ज़ोर के कारण प्रयोगवाद/ नई कविता का वर्चस्व ज़्यादा देखा गया। खुद प्रगतिशील कवियों में नई कविता के प्रति रुझान देखे गए। केदारनाथ अग्रवाल जैसे कवि को, जिन्हें रामविलास शर्मा ने सबसे बड़े प्रगतिशील-यथार्थवादी कवि के रूप में देखा है, 'सप्तक' में स्थान देने की बात उठी थी। केदारनाथ अग्रवाल के बिम्ब-प्रेम को देखें तो यह उचित ही था। हम यहाँ तीन कविताओं की कुछ पंक्तियाँ इस बात के उदाहरण के रूप में रखना चाहेंगे कि कैसे प्रगतिवाद और प्रयोगवाद-नई कविता के बीच समान कोटि का नयापन सक्रिय रहा है।

धूप कोठरी के आइने में खड़ी
हँस रही है

पारदर्शी धूप के पर्दे
मुस्कुराते
मौन आँगन में

(शमशेर, कुछ और कविताएँ, पृ. 37)

धूप नहीं, यह
बैठा है खरगोश पलंग पर
उजला,
रोएँदार, मुलायम

(केदारनाथ अग्रवाल, फूल नहीं रंग बोलते हैं, पृ. 50)

वर्षा में अनावृत धुले पात
फीके थे कल, आज खुले पात
धूप के जादू में खिले पात
मस्तानी हवा में हिले पात।

(नागार्जुन, रचनावली-1/390)

अपने समय को जो कोई देख सकता है, वही इतिहास के विस्तार में यात्रा कर सकता है; और जो अभीपन का अनुभव कर सकता है, उसी की दृष्टि यथार्थ को भेद सकती है। मुक्तिबोध, शमशेर समेत नागार्जुन, केदार और त्रिलोचन में यह बात है। नागार्जुन की कविता में रोज़मर्रा की राजनीतिक घटनाएँ हैं तो उसमें एक प्रकार की इतिहास-यात्रा है। राजनीतिक और रोज़मर्रा की घटनाओं से अलग 'अभीपन' की विलक्षणता का भी अनुभव है।

आँगन में, दूबों पर गिर पड़ी—
अब मगर किस कदर सँभल रही चाँदनी

पिछवाड़े, बोतल के टुकड़ों पर
नाच रही, कूद रही, उछल रही चाँदनी
वो देखो, सामने
पीपल के पत्तों पर फिसल रही चाँदनी!

(नागार्जुन रचनावली-2/132-33)

त्रिलोचन के यहाँ पलभर के परिवर्तन को आँखों से न देख पाना एक दृष्टि बन जाता है :

कुहरे में
उषा कब आई
कब चली गई
नीला आकाश
यदि कहे कह सकता है

(त्रिलोचन-संचयिता, पृ. 278)

कविता में यथार्थ होता है, लेकिन केवल यथार्थ की माँगों को पूरा करने के लिए कविता नहीं होती। दर्शन और साहित्य में यथार्थवाद का महत्त्व है। लेकिन दोनों में इसका अलग-अलग अर्थ है। साहित्य में भी अलग-अलग विधाओं के सन्दर्भ में इसका एक जैसा अर्थ नहीं रहा है। दूसरी बात, कविता में यथार्थवाद को मानदंड के रूप में किसी बड़े मार्क्सवादी आलोचक ने नहीं माना। रामविलास शर्मा ने मानदंड अवश्य माना, लेकिन उनके काम को भी हम कविता के यथार्थवादी काव्यशास्त्र का प्रस्ताव भर मान सकते हैं। केदार और नागार्जुन एक अलग श्रेणी हैं हिन्दी कविता की, इसे स्थापित करने में रामविलास शर्मा दूसरों की तुलना में अधिक सफल रहे हैं। लेकिन उनके काव्यशास्त्र की बड़ी सीमा यह है कि बदली हुई परिस्थितियों में की जा रही काव्य-रचना की शक्ति को पहचानने के लिए आगे नहीं बढ़ता। वह यह नहीं देखता कि कविता स्वयं मुक्ति का एक क्षेत्र है—मुक्ति का एक तरीका है। तरीका एक-सा रहे, ज़रूरी नहीं। उसे बदलते रहना चाहिए। तरीका कहीं-कहीं गलत भी हो सकता है। उसकी आलोचना ज़रूरी है।

वस्तुत: यथार्थवाद की ज़रूरत कविता को कम है, आलोचना को अधिक। कविता के आन्तरिक कक्ष को खोलना आलोचना का काम है। इसी बात में, हमारी समझ से, आलोचना के यथार्थवाद का विकास भी है।

4

तीन कवियों का एक प्रसिद्ध गुट है 'नकेन' (नलिन विलोचन शर्मा, केसरी कुमार और नरेश कुमार)। 'नकेन के प्रपद्य' अथवा प्रपद्यवाद नाम से यह इस दावे के साथ

खड़ा हुआ कि "हिन्दी कविता में प्रयोगवाद का वास्तविक आरम्भ 1936-38 में लिखी गई नलिन विलोचन शर्मा की कविताओं से होता है।"[40] यानी अज्ञेय और 'तार सप्तक' से पहले है प्रपद्यवाद।

कौन पहले, कौन बाद में—इसे महत्त्व न दें, तो भी नकेन के प्रपद्य में कुछ बातें ध्यान देने योग्य हैं। इस मामले में यह सबसे आगे है कि इसका घोषित और सूत्रबद्ध काव्यशास्त्र है—'प्रपद्य-द्वादशसूत्री' (बाद में छह सूत्र और जोड़कर 'प्रपद्य-अष्टादश सूत्री') नाम से। काव्य-व्यवहार में 'नकेन' की क्या स्थिति है, यह अलग सवाल है, लेकिन इसके कुछ सूत्र आकर्षित करते हैं।

'प्रपद्यवाद', प्रथम सूत्र है, "भाव और व्यंजना का स्थापत्य है।" छठवाँ सूत्र है, "प्रयोगशील प्रयोग को साधन मानता है, प्रपद्यवादी साध्य।" दसवें सूत्र में प्रपद्यवाद को 'दृष्टि का अनुसंधान' कहा गया। इन तीन सूत्रों में तालमेल बैठाएँ तो परिभाषा इस प्रकार तैयार होगी—कविता भाव और व्यंजना का स्थापत्य है। प्रयोग साध्य है। उसी के रास्ते 'दृष्टि' प्राप्त की जा सकती है। अर्थात् दृष्टि कविता की अनुवर्ती है। और यह इसलिए कि 'पद्य में उत्कृष्ट केन्द्रण होता है' (ग्यारहवाँ सूत्र)।[41] यह बात आश्चर्यजनक रूप से हाइडेगर की उस धारणा के निकट है, जिसमें काव्यभाषा को अस्तित्व के प्रकटीकरण की दृष्टि से सर्वोपरि माना गया है : "'काव्यात्मक' अभिव्यक्ति का अस्तित्व के प्रकटीकरण में ऐसा योग हो सकता है, जिसमें अस्तित्वगत सम्भवता की मनोचेतना का सम्प्रेषण अपने में ही उद्‌देश्य बन सके।"[42]

छठवें सूत्र से स्पष्ट है कि द्वादश सूत्री घोषणा का उद्‌देश्य अज्ञेय और उनके सहयोगी कवियों के प्रयोगवाद से अपने को अलगाने के लिए किया गया है। इस सीमित उद्‌देश्य के बावजूद उल्लेखित चार सूत्र मिलकर बड़ी बात पैदा कर देते हैं।

द्वादश सूत्र 'नकेन' के द्वारा जारी साझा घोषणापत्र है, लेकिन हमारी समझ से यह नलिन विलोचन शर्मा की ही कलम से सम्पन्न हुआ है। नलिन जी की मृत्यु के बीस साल बाद 'नकेन-2' प्रकाशित हुआ, जिसमें छह और सूत्र जुड़े। इन सूत्रों में सिर्फ़ एक चमत्कारी सूत्र है—"प्रपद्यवाद बिम्ब का काव्य नहीं, काव्य का बिम्ब है।"[43] 'नकेन' की समीक्षा में बहुत पहले डॉ. रघुवंश लिख चुके थे कि "प्रपद्यवादियों की काव्य-सम्बन्धी मान्यताओं पर फ्रांस के प्रतीकवादियों तथा बिम्बवादियों से लेकर अवैयक्तिकतावादी इलियट तक की विचारधारा, मान्यताओं और स्थापनाओं का सीधा प्रभाव है।"[44] इस दृष्टि से नकेन की कविताएँ बिम्बवादी काव्य के बिम्ब ही हों तो इसमें कोई आश्चर्य नहीं। नकेन के प्रपद्य ने कहाँ-कहाँ से प्रभाव ग्रहण किए, यह महत्त्वपूर्ण नहीं है; महत्त्वपूर्ण है इसकी खास काव्य-व्यवस्था, जो अब तक की कविता में दिखाई नहीं पड़ी थी।

'नकेन' के अन्त में 'पस्पशा' शीर्षक से केसरी कुमार की भूमिका है। उसमें

टी.एस. इलियट के सहारे कहा गया है—"कविता राग नहीं, राग से बचाव है।"[45] यही 'बचाव' उसे पर्याप्त रूप से आधुनिकता से जोड़ता है और प्रयोगवाद से अलग करता है। प्रयोगवाद रोमांटिसिज़्म से मुक्त नहीं है जबकि प्रपद्यवाद ने लगभग उससे अपने को बचा लिया है। 'नकेन' के प्रकाशन के एक साल के भीतर ही त्रिलोचन ने 'कवि' (अंक:8, 1957) में टिप्पणी की थी, "प्रयोगवाद स्वच्छन्दतावाद या रोमांटिसिज़्म की ओर झुका हुआ है, जबकि प्रपद्य में बौद्धिकता की विशेष प्रवृत्ति है।"[46]

प्रपद्यवादी कवि में बौद्धिक तटस्थता है। इस तरह वह अधिक लोकतांत्रिक और न्यायप्रिय है। न्याय का आधार होता है साक्ष्य। प्रपद्यवादी ने जो नहीं देखा, उसे लिखने में वह विश्वास नहीं करता। वह हृदयहीन नहीं, तटस्थ-हृदय है।

मैंने देखा नहीं क्रौंच-वध
सो मैं न तो लिख रहा अनुष्टुप में
और न रामायणी कथा ही।
पर हृदय उद्वेलित उतना ही
जितना होगा वाल्मीकि का :
दृष्टि में तटस्थता ज़्यादा।

(नलिन विलोचन शर्मा, नकेन, पृ. 18)

नकेन की कविताएँ यूरोपीय प्रतीकवाद और बिम्बवाद के बिम्ब हैं या नहीं, इससे अधिक महत्त्वपूर्ण बात यह है कि इनके बिम्बों, बयानी और निरंकुश भाषा में आने वाले युग की कविता की झलक है।

सड़क का यकृत खराब था,
उसे सुखंडी हो गई थी :
ठूँठ।

(न.वि.श., नकेन, पृ. 15)

एक तारे की कानी आँख से
चू पड़ा अश्रु-बिंदु एक ही।

(वही, पृ. 18)

नाचो शंकर
नाचो कै...
लाश पर।

(के., वही, पृ. 42)

आज का संविधान ब्रासो!
यह कहने की इस संविधान ने दी है स्वतंत्रता जो!

(न., वही, पृ. 87)

शल्य-चिकित्सा का युग है यह—
क्यों न अपनी 'लै क्राइ मल' ग्रंथि
निकलवा लो?

(वही, पृ. 83)

ये कुछ उदाहरण हैं। राजकमल चौधरी, श्रीकान्त वर्मा, धूमिल, सौमित्र मोहन, लीलाधर जगूड़ी और 'विजप' के कवियों की कविता के बीज इनमें देखे जा सकते हैं। उसी समय एक और कवि थे शिवचन्द्र शर्मा। ये प्रपद्यवाद से जुड़े थे, बाद में इन्होंने 'लिंग्वादलमोतवाद' चलाया। इन्हें 'अकविता' का पहला कवि कहा जा सकता है। इनका चार-सूत्री घोषणापत्र था, जिसमें चौथा सूत्र है—'अलय की सिद्धि अ-लय में अकविता'।[47] इनके संग्रह 'कविताएँ शिवचन्द्र शर्मा की'ब में कवि-नाम से पहले 'ब्रह्मा' विशेषण लगाया गया है। इसकी आकाराकृति राजकमल चौधरी ने मकबूल फ़िदा हुसैन से तैयार करवाई थी। संग्रह की पहली कविता है 'अकविता-कविता'।

करूँगा वह निश्चय ही, करना चाहिए नहीं जो—
कविता करूँगा, कृत-विकृत को—
या कि अनधिकार को धन-प्रसाधन,
वर्जित, फैशनफरोश मैं।

(पृ. 2)

अकविता-फैशनफरोशी का दौर चल पड़ा। लेकिन नकेन के प्रपद्य में जो बौद्धिक तटस्थता थी, वह इसमें कम दिखाई पड़ी। बौद्धिकता है, लेकिन बौद्धिक सन्तुलन से विचलन भी; भाषा-सामर्थ्य है, लेकिन भाषा के परखच्चे उड़ा देने का उत्साह भी; आक्रामक मुद्रा, मूल्य-द्रोह—सब मिलकर 'एक नई रूमानियत'[48] का शास्त्र गढ़ रहे थे।

अन्तर्वस्तु और शैली की खराब अतियों के इस दौर में राजकमल चौधरी, श्रीकान्त वर्मा और धूमिल निषेधात्मक स्वर के बावजूद कविता में सार्थक झटका पैदा करने में सफल रहे।

लुभावन बिम्बों के चक्कर से निकलकर कविता में रास्ता निकालने का प्रयास दिखाई पड़ा। अब बिम्बों की गति (सपाट-) बयानी और मुहावरेदानी के लगभग अधीन हो गई। भाषा से खिलवाड़ की प्रवृत्ति के कारण वक्तृत्व की रोचकता और शाब्दिक विडम्बना पैदा करने में सफलता मिली। लेकिन क्लैसिकल अर्थ में जिसे कविता कहा जाता है, उस धारणा की बेहद क्षति हुई। स्वयं कवि यही चाहते थे। क्लैसिकल अर्थ से दूर होकर ही कविता नया अर्थ पा सकती है। इस पीढ़ी से पहले यह बात सच्चे अर्थों में पहले कभी नहीं सोची गई थी। ठीक इससे पिछली पीढ़ी, नए प्रतिमानों की तलाश की चिन्ता के बावजूद, 'क्लैसिक्स' होने के विचार से

ओतप्रोत थी। अज्ञेय और शमशेर तो इस कोटि में आ भी चुके थे। इनका नामोल्लेख करते हुए राजकमल ने टिप्पणी की थी, "'क्लासिक्स' से बड़ी कब्रगाह और नहीं होती है, क्योंकि यहाँ सब कुछ स्थिर और जड़ हो जाता है।'[49]

यह बदला हुआ रुझान केवल सातवें दशक के कवियों का नहीं था। नई कविता से आए रघुवीर सहाय, सर्वेश्वर दयाल सक्सेना, कुँवर नारायण, भारतभूषण अग्रवाल और केदारनाथ सिंह की कविता में भी सपाटबयानी गौरवान्वित हुई। इस दिशा में रघुवीर सहाय की चेष्टा अधिक सचेत और सार्थक थी। उन्होंने घोषणा ही कर दी थी, जिसकी नोटिस नामवर सिंह ने 'बिम्ब के दायरे से निकलने' के रूप में ली है[50]—

प्रिय पाठक
ये मेरे बच्चे हैं
कोई प्रतीक नहीं
और इस कविता में
मैं हूँ मैं
कोई रूपक नहीं

(आत्महत्या के विरुद्ध, पृ. 75)

अज्ञेय की 'क्लैसिक्स' में जो 'व्यक्तित्व की खोज' थी उसका स्थान 'व्यक्ति की खोज' ने लिया। 'मैकू', 'हरचरना', 'रामकुमार' आदि के मार्फत भीड़ में लोकतंत्र की थाह लेने का प्रयास! इस रूप में रघुवीर सहाय की कविता समय की विडम्बना का वह बिम्ब उपस्थित करने में सफल रही जिसमें राजनीतिक विद्रूपता और आतंक का शासन है।

रघुवीर सहाय की सातवें दशक की कविता में धूमिल, राजकमल आदि की मन:स्थिति को भी छूने वाली बात दिखाई पड़ी। वह युग की मानसिक संरचना के अध्ययन का विषय है।

बीस वर्ष
खो गए भरमे उपदेश में
एक पूरी पीढ़ी जनमी पली पुसी क्लेश में
बेगाना हो गई अपने ही देश में

(रघुवीर सहाय, आत्महत्या के विरुद्ध, पृ. 19)

घृणा में
डूबा हुआ सारा का सारा देश
पहले की ही तरह आज भी
मेरा कारागार है।

(धूमिल, संसद से सड़क तक, पृ. 141)

मैं कबीरदास नहीं, दासों का कवि—दास कवि हूँ।

(राजकमल चौधरी, इस अकाल वेला में, पृ. 147)

रघुवीर सहाय की कविता में राजनीति और विचारधारा का विडम्बनापूर्ण सम्बन्ध है। दूसरी तरह से, श्रीकान्त वर्मा में भी, उनकी 'सिनिसिज़्म' वाली मनःस्थिति से पैदा होकर ही सही, लगभग यही बात है। राजकमल ने कहा कि उन्हें राजनीति से घृणा है। लेकिन चूँकि कविता 'मुक्ति' के लिए होती है, इसलिए उनमें यह उत्साह भी है, "मुझे राजनीतिक, अर्थचक्र, और मशीनों की गति को बदलना है—कविता की ताकत से बदलना है!"[51] धूमिल ने कविता को राजनीति पर हस्तक्षेप के रूप में देखा है। कविता विपक्ष की राजनीति है ('और विपक्ष में –/ सिर्फ़ कविता है।')। यही दौर नक्सल कविता का है जिसमें विद्रोह और क्रान्ति की कविता का काव्यशास्त्र तैयार करने की बेचैनी है। उस दौर में आलोकधन्वा की कविता 'गोली दागो पोस्टर' उस काव्यशास्त्र को सार्थक करते दिखाई पड़ी। बाद में गोरख पांडेय के भोजपुरी गीतों ने उसे लोकप्रिय कला से सम्पन्न करने का प्रयास किया। कुमार विकल की कविता से बात यहाँ जाकर छूटी:

मुझे लड़ना है—
अपनी ही कविताओं के बिम्बों के ख़िलाफ़
जिनके अँधेरे में मुझसे—
ज़िन्दगी का उजाला छूट जाता है।

(एक छोटी-सी लड़ाई, पृ. 33)

अपनी अराजकता और अतिवाद के बावजूद सातवाँ दशक कविता का बड़ा सन्दर्भ है। इसमें प्रयोगवाद वाली नियोजित प्रयोगधर्मिता (जिसमें कविताबद्धता ही केन्द्र में रही) से अलग किस्म का प्रयोग-कर्म है। हमने अन्यत्र लिखा है कि इसमें 'कविता' के 'मैट्रिक्स' को तोड़कर उसे सन्तुलन के अभाव के समकाल से मिलाने का काम किया। तोड़-फोड़ से भविष्य की ज़मीन तैयार की जा सकती है। उसमें यह सार मौजूद रहा है।

5

आठवें दशक के मध्य में कवि-आलोचक अशोक वाजपेयी ने 'कविता की वापसी' का नारा दिया। हंगेरियन कवि आर्तो ऑराबान को अपने समर्थन में उद्धृत किया, "शब्दों से त्रस्त लोग अब कविता की तरफ आ रहे हैं।"[52] शब्दों से त्रस्तता का हिन्दी सन्दर्भ है अकविता और अतिवामपंथी कविता की अस्वाभाविक मुद्रा। उससे मुक्ति के उदाहरण के रूप में अशोक वाजपेयी की पैनी दृष्टि आलोकधन्वा की 'पतंग' कविता पर पड़ी।

शरद आया
पुलों को पार करते हुए अपनी नई चमकीली साइकिल तेज चलाते हुए

घंटी बजाते हुए ज़ोर-ज़ोर से
चमकीले इशारों से बुलाते हुए
कि पतंग ऊपर उठ सके...
दुनिया की सबसे हल्की और रंगीन चीज़ उड़ सके...
बाँस की सबसे पतली कमानी उड़ सके...
कि शुरू हो सके सीटियों, किलकारियों और तितलियों की इतनी नाजुक दुनिया।

'पतंग' का यह संदेश आठवें दशक में फैल गया। कमसिन-सी लगने वाली परिपक्वता। घास, तिनका, चिड़िया, पेड़, बच्चे, गेंद, तितली, लालटेन, मकान, सुराही के सहारे कविता 'ज़िन्दगी की रंगारंग विविधता' की ओर लौटी। छोटी और मामूली चीज़ें, मनुष्य का शैशव और उससे जुड़े प्रतीक, औसपास की प्रकृति की उपस्थिति—इनके द्वारा कविता में नयापन जगाने का प्रयास, पाठक और आलोचक दोनों को आश्वस्त करने में सफल हुआ।

कविता की इस नई ज़मीन को तैयार करने का काम सातवें दशक से आए कवियों ने सबसे पहले किया, यह बात अशोक वाजपेयी द्वारा 'पतंग' कविता की उपर्युक्त पंक्तियाँ उद्धृत करने से स्पष्ट है। आलोकधन्वा के समकालीन कवि पंकज सिंह की कविता में नई ज़मीन की तलाश की बेचैनी देखी जा सकती है :

हवा कहाँ है
धूप कहाँ है
कहाँ हैं वे कोपलों से उगते हुए हाथ

(आहटें आसपास, पृ. 16)

कविता में मौसम बदलने का संकेत '70 के आसपास मंगलेश की भी कविता देने लगी थी :

इन ढलानों पर वसंत
आयेगा हमारी स्मृति में
ठंड से मरी हुई इच्छाओं को फिर से जीवित करता
धीमे-धीमे धुँधवाता हुआ खाली कोटरों में
घाटी की घास फैलती रहेगी रात को

(पहाड़ पर लालटेन, पृ. 9)

स्पष्ट है सातवें दशक के अन्तिम वर्षों में ही नई ज़मीन की तलाश कुछ कवियों ने शुरू कर दी थी। '67-'68 में चन्द्रकान्त देवताले इस तरह की पंक्तियाँ लिख रहे थे :

मैं रोपना चाहता हूँ
पारे को रेत में

और फिर रेत को
अपने ही भीतर...

(उसके सपने, पृ. 27)

आठवाँ दशक इसी पारे वाली रेत की फसल है।

राजेश जोशी की 'एक दिन बोलेंगे पेड़' की कविताओं से पहले विष्णु खरे ने 'शाप' लिखी थी, जिसमें पेड़ शाप देते हैं। हालाँकि इस बात का महत्त्व नए युग का सन्दर्भ खोजने तक सीमित है। मुहावरों की समानता और कुछ अन्य क्षीण सूत्र के सहारे हम बुनियादी परिवर्तन को नहीं समझ सकते। नई कविता के समय ही 'बोलने दो चीड़ को' जैसी कविता नरेश मेहता लिख चुके थे। इस एक पंक्ति के आधार पर रमेशचन्द्र शाह ने राजेश जोशी के 'एक दिन बोलेंगे पेड़' को नई कविता की शैली से जोड़ने की कोशिश की है। यह सर्वथा उचित नहीं है। 'बोलने दो चीड़ को' नई कविता की धुरी से बिल्कुल चिपका हुआ है, जबकि 'एक दिन बोलेंगे पेड़' 'धुरी' के उच्छेदन का काम करता है।

कुछ आश्चर्यजनक समानताएँ होती हैं जिन्हें युग की मानसिक संरचना से ही जोड़कर देखा जा सकता है। हम याद करें, लम्बे अर्से के बाद 'ज़मीन पक रही है' की कविताओं से केदारनाथ सिंह की वापसी हुई थी। उसमें चिड़िया की दंतकथा से बाहर निकलने की छटपटाहट और पेड़ों की यातना-भरी चुप्पी है। इसमें कविता के बदले हुए मिजाज का संकेत है। लेकिन इसके आधार पर यह नहीं कहा जा सकता कि पिछले कवियों ने ही कविता की धारा बदल दी। दूसरी ओर, यह निर्णय देना भी अनुचित होगा कि नए कवियों ने पिछले कवियों को अपनी दिशा में खड़ा कर दिया।

खालिस आठवें दशक के कवियों का अपना अलग विकास है। दूसरी बात, रघुवीर सहाय, कुँवर नारायण और केदारनाथ सिंह जैसे पुराने और खास कवियों को छोड़कर देखें तो इस दशक में सामान्य रूप से दो शृंखलाएँ दिखाई पड़ती हैं। एक शृंखला विष्णु नागर, मंगलेश डबराल और असद ज़ैदी की है; दूसरी अरुण कमल, राजेश जोशी, मनमोहन और उदयप्रकाश की है। ज्ञानेन्द्रपति, गोरख पांडेय, पंकज सिंह और सुदीप बॅनर्जी को भी दूसरी शृंखला से जोड़कर देखा जाना चाहिए। दूसरी शृंखला वामपंथी कवियों की है। यह आधुनिकतावाद के प्रवाह में कम बही है। पहली शृंखला पर आधुनिकतावादी दबाव अधिक देखा जा सकता है। एक तीसरी शृंखला है, जो कई वरिष्ठ कवियों से तैयार होती है—चन्द्रकान्त देवताले, आग्नेय, मलयज, विनोदकुमार शुक्ल, अशोक वाजपेयी, लीलाधर जगूड़ी और विष्णु खरे। यह एकाधिक रुझानों की शृंखला है।

बहरहाल, खालिस आठवें दशक के कवियों की उपस्थिति के अपने मायने हैं। छोटी और मामूली चीज़ों और जीवन-जगत् की साधारण सच्चाइयों का स्वांग! सर्व

जनसाधारण से आए मजदूर, किसान, विद्यार्थी, लेखक, कलाकार! प्रगति और प्रयोग का बिन्दु-स्थल! बिम्ब, रूपक, बयान, विवरण, प्रगीत, गद्यात्मकता—कविता की किसी एक कसौटी की ओर न रुझान न उसकी फिक्र।

अरुण कमल, यह मेरी पूर्व-स्थापना है ('नए इलाके' की समीक्षा में), मानवीय यथार्थ की उद्विग्न खोज के कवि हैं। वे स्थान, समय और मनुष्य के विडम्बनापरक सम्बन्धों को पहचानने की कोशिश करते हुए एक विक्षोभ का क्षेत्र तैयार करते हैं, और इसमें पर्याप्त रूप से सफल हैं। मंगलेश प्रकृति और भाषा में अनोखा मेल पैदा करते हैं। भाषा में कविता उसी तरह होती है, जैसे पेड़ पर पत्ता, आकाश में बादल, चेहरों पर धुँध और रात में नींद। प्रेम, स्पर्श और रिश्तों की दुनिया के भीतर से गुज़रते हुए दुनिया को देखने का तरीका है उनकी कविता में। राजेश जोशी ज़्यादा फैले-फैले कवि हैं। पेड़, चिड़िया, गली-कूचों, अनेकानेक पात्रों की खूबियों में धँसने के साथ-साथ स्वप्नलोक की सृष्टि में भी भिड़ी कविता! मनमोहन दुनिया को देखने का तरीका ढूँढ़ते हुए दुनिया से दूर और पास होते रहते हैं। उदयप्रकाश यथार्थ के चित्रण से ही उसका अतिक्रमण करते हैं। पंकज सिंह की प्रवृत्ति यथार्थ को वाग्मिता और नाटकीय भंगिमा के अन्तर्गत रचने और उससे भिड़ने की है। गोरख पाण्डेय को कविता की नागरिकता प्रिय है, और उसके नागरिक के रूप में ही वे क्रान्ति का मार्ग पकड़ते हैं। ज्ञानेन्द्रपति में गहरा रागतत्त्व है। सुदीप बॅनर्जी में दुनिया की व्याख्या पर ज़ोर है। निर्मम वर्णन और व्याख्या के जरिये करुणा की सृष्टि! असद ज़ैदी यथार्थ को यथार्थ की तरह देखते हैं। उनके यहाँ वस्तुएँ अपने अर्थ को दृढ़ता से पकड़े रहती हैं।

यह मूल्य-निर्णय की बात नहीं, न हमारा कोई ऐसा इरादा है। किसी कवि के यहाँ कोई खास बात हाइलाइट होती ही है, यहाँ उस पर उँगली रखना-भर हमारा उद्देश्य है। दूसरी बात, इन कवियों में पर्याप्त भेद है, इसके बावजूद इनकी कड़ी आपस में आसानी से मिल जाती है। वरिष्ठ कवियों की शृंखला में हमने जिन कवियों के नाम गिनाए, वे अलग-अलग महत्त्वपूर्ण हैं। इसलिए उन पर अलग-अलग ही दृष्टिपात सम्भव है।

यह बात भिन्न स्तर पर वर्तमान पीढ़ी के बारे में भी कही जा सकती है। बहुत मुश्किल है कुमार अम्बुज, नवल शुक्ल, देवीप्रसाद मिश्र, उदयन वाजपेयी, बद्रीनारायण, एकांत श्रीवास्तव, पंकज चतुर्वेदी, लाल्टू, पंकज राग, हरीश चन्द्र पांडे, प्रेमरंजन अनिमेष,कात्यायनी, अनामिका,सविता सिंह, सविता भार्गव, नीलेश रघुवंशी, पवन करण, आर.चेतनक्रांति आदि की कविताओं में एकता के सूत्र खोजना। एकता के सूत्र का अभाव सैद्धान्तिक धरातल के अभाव को भी दर्शाता है। "काव्यशास्त्रीय प्रस्थान बिन्दु", कहने की आवश्यकता नहीं, "साहित्यिक विमर्श के एक सामान्य सिद्धान्त पर आधारित होता है।"[53] वर्तमान पीढ़ी के पास कविता तो है, लेकिन वह

स्वयं विमर्श के लिए खड़ी नहीं हुई है। कुछ कोशिशें हैं भी, लेकिन नाकाफी हैं। ऐसे में सामान्य सिद्धान्त यही बनता है कि किसी पीढ़ी के लिए सिर्फ़ कविता लिखना काफी नहीं है। आप क्या लिख रहे हैं, कायदे से उसकी समझ भी ज़रूरी है।

कविता की आलोचना का बड़ा हिस्सा पीठ ठोकने तक सीमित हो गया है। चोट करने की ताकत आलोचना में कम बची है। उसके भ्रष्ट आचरण से कवियों को सुकून मिलता है। जब कोई आलोचक (जैसे विजय कुमार) 'चेतना के स्तर पर' जाकर कभी सख्त टिप्पणी करता है, तो कवि-बंधु तमकने में कोई कसर नहीं छोड़ते।

हालाँकि जिसे हमने खालिस आठवाँ दशक कहा, उसकी अलग मुश्किलें उजागर हो रही हैं। राजेश को कविता के बीच-बीच में सिद्धान्त--सूक्तियों की रचना का बुखार चढ़ जाता है। अरुण कमल 'पुतली में संसार' लेकर उपस्थित होते हैं; लेकिन उस संसार में पुराने 'सबूत' और 'इलाके' जगह-जगह झलकते हैं। 'मैं वो शंख महाशंख' में अपनी कविता की परम्परा में कैसे परिवर्तन लाया जाए, अरुण कमल में इसकी खास चेष्टा दिखाई पड़ती है। पंकज सिंह की अड़ने-भिड़ने की आदत बरकरार है। मुश्किल यह है कि 'आदत' बड़ी ऊर्जा में रूपान्तरित नहीं हो पाती। मंगलेश कविता को संगीत का संगतकार बनाने पर तुले हैं। इस हठ से मुक्त कविताएँ 'तारे के प्रकाश की तरह' भाती हैं। असद ज़ैदी 'सामान की तलाश' (विषय की तलाश) के प्रति सचेष्ट हैं। मुश्किल यह है कि वे हिन्दी परम्परा को हिन्दू परम्परा में खारिज करने के लिए आमादा हैं। इस दौर के कवियों का अपने समकालीनों से और परम्परा से भी सम्बन्ध-सूत्र शिथिल हुआ है।

नई कविता से आए कवियों में कुँवर नारायण और केदारनाथ सिंह की काव्य रचना की ऊर्जावान ज़िद बरकरार है। कुँवर नारायण अपने प्रथम संग्रह 'चक्रव्यूह' और नचिकेता प्रसंग पर आधारित 'आत्मजयी' की भाव-चेतना में नई चिंगारी पैदा करने की कोशिश करते रहे हैं। केदारनाथ सिंह ने वर्तमान पीढ़ी के साथ खड़े होने में अपनी सार्थकता देखी। इसलिए उनका अनुकरण करते हुए कवियों की एक कतार देखी गई। कौन किसका अनुकरण कर रहा है, केदारनाथ सिंह के सन्दर्भ में इसका भी सवाल यदा-कदा उठाया गया। अनुकरण के अनुकरण की परम्परा का काव्यशास्त्र पुराने और नए के बीच के आदान-प्रदान के नियमों के बीच फलता-फूलता रहा। उसका कोई मतलब नहीं है। खास दिक्कत हमारी समझ से यह है कि केदारनाथ सिंह में सूक्ति जैसी चीज़ रचने की प्रवृत्ति बढ़ी है। बिम्ब के प्रति उनकी पूर्व-ममता का कमाल है कि उसमें भी चमक-दमक पैदा करने में वे समर्थ रहे। उनकी सामर्थ्य एक और बात में देखी जा सकती है, वह है कविता में लोक-छवि गढ़ने की। केदार जी छवियाँ सुन्दर गढ़ते हैं। लेकिन गढ़ने की कला प्राय: आधुनिकता के पुराने नुस्खों वाली होती है। अमूर्तन-चातुर्य के भीतर लोक का चित्रण—जैसे राजा जी की फुलवारी!

बहरहाल, केदारनाथ सिंह की सबसे बड़ी सामर्थ्य समकालीन बने रहने में है। कुँवर नारायण की नवीनतम कविता 'वाजश्रवा के बहाने' में मिथकीय सन्दर्भ के भीतर आधुनिक मन की थाह लेने के रूप में एक बड़ा रचनात्मक अनुभव है। रचनात्मक अनुभव यानी अनुभववाद (जिसमें संवेदना या अवधारणा का लेखा-जोखा होता है) की कोटि का अतिक्रमण। दूसरे शब्दों में, कहानी के सन्दर्भ में कभी जो मुहावरा चला था—'भोगा हुआ यथार्थ', उसमें निहित सीमित यथार्थ अथवा अनुभव को तोड़ने वाली रचनात्मक ऊर्जा। रचनात्मक ऊर्जा, हमारी समझ से, स्वयं में एक कसौटी है। वस्तुतः अनुभव का 'सच्चा' होना ज़रूरी नहीं है; ज़रूरी है अनुभव करने की शक्ति का होना। इस दृष्टि से विष्णु खरे, चन्द्रकान्त देवताले, विनोदकुमार शुक्ल, लीलाधर जगूड़ी, ज्ञानेन्द्र पति और अशोक वाजपेयी हमें आज तक सन्तुष्ट करते आ रहे हैं।

वर्तमान पीढ़ी की बात करें। हमारे बीच युवा कवि-विचारक हैं बद्रीनारायण, जिन्होंने नब्बे के दशक में उभरने वाले कवियों में सामान्य सम्बन्ध-सूत्र की दृष्टि से 'स्थानीयता' अथवा 'लोक' को महत्त्वपूर्ण माना है। इस दशक में बद्री की मान्यता के अनुसार विविध आँचलिकताओं के कवि केन्द्र की कविता से लड़कर आगे आए हैं।

> *नब्बे के दशक में छोटे-छोटे शहरों से अनेक नए कवि उभरे। उन्होंने अपने उभरने की लड़ाई को दिल्ली से शासित कविता से संघर्ष करते हुए सम्भव किया। चूँकि अनेक लोकभाषीय पृष्ठभूमि एवं अनेक जीवन भावों से ये कवि आए थे, अतः उनमें भाषा, सांस्कृतिक भाव, लोकसंवाद, मुहावरे एवं डिक्शन की अनेक रूपता थी जो उसे एक सशक्त साहित्यिक हस्तक्षेप बना रही थी।*[54]

बद्री ने इसी के साथ एक और धारणा तैयार की—'सीमांत मन'। गाँव-कस्बे से प्रव्रजित व्यक्ति का मेट्रोपोल से शासित मन। बात ठीक है, लेकिन जिन कवियों के नाम बद्री द्वारा गिनाए गए हैं, वे भी, हमारी समझ से, सीमांत मन से मुक्त नहीं हैं। उनके उभरने की लड़ाई में दिल्ली से शासित कविता से संघर्ष रहा होगा; लेकिन संघर्ष आगे भी बरकरार रहा, यह दावे के साथ नहीं कहा जा सकता। दिल्ली हमेशा से समझौता करती है और दिल्ली के साथ हमेशा से लोग समझौता करते रहे हैं। कवि इसका अपवाद नहीं है।

सीमांत मन एक जटिल मन है। बद्रीनारायण लिखते हैं, "मेट्रोपोल इस बात को समझने में चूक कर देता है कि उसमें भी एक सीमांत बैठा होता है। वह सीमांत का जितना नगरीकरण करना चाहता है, सीमांत अनेक जगहों पर उसके मेट्रोपोलिटन गर्व को तोड़ता रहता है।"[55] यही तर्क दूसरे छोर के लिए लागू किया जाना चाहिए। यानी सीमांत मेट्रोपोलिटन गर्व को ही नहीं तोड़ता, आंचलिक मन को भी कमजोर करता है। आँचलिकता की खुमार में जहाँ नगरीकरण की मुख़ालफ़त देखी गई, वहीं

अपने 'इथनिक' के द्वारा नगर को लुभाने की प्रवृत्ति भी। बाज़ार क्या नहीं करवाता, चित्रकला इसका गवाह है। कृत्रिम 'लोक' की रचना से कविता भी नहीं बची है। भले उसके लिए बाज़ार तैयार नहीं हुआ है, लेकिन सराहना की भूख तो उसकी मिटती ही है। यह अच्छी बात है कि सिद्धान्ततः बद्री ने स्वीकार किया है आंचलिक अथवा लोक के अपने अन्तर्विरोध हैं। लेकिन बात इशारे तक ही सीमित है।

दूसरी बात, '90 के दशक में ही छोटे कस्बों से अनेक कवि नहीं उभरे। हम यह मान सकते हैं कि '80 के दशक में कस्बों से आने वाले कवि घटे। लेकिन '70 के दशक में तो कस्बों से ही आने वाले कवियों का जोर था। अकविता की रूमानियत का सम्बन्ध कस्बाई संवेदना है, इसे अशोक वाजपेयी ने सुलझे तर्क के साथ रेखांकित किया है।[56] तब महानगर की भीड़, निर्वैयक्तिकता और उपेक्षा कवियों को आतंकित करती थी, और कवि किशोर रूमान से लिपट जाता था। अशोक वाजपेयी ने जिसे 'किशोर रूमान' कहा है, असल में वह कवि की नॉस्टिलिजिया अथवा अंचल के प्रति विरह-भाव था।

अब का कवि विरही नहीं, लोक-विरहियों के बीच अपना माल लेकर खड़ा है। उसका माल थोड़ा कच्चा है। इथनिक माल में कच्चापन तो होगा ही; अगर उसमें कच्चापन नहीं है तो 'इथनिक' कैसा, जड़ाऊ है। नवें दशक और उसके बाद की कविता में ये दोनों बातें हैं, और दोनों बातों से अलग उसमें 'सहज लोक' भी है। मानव जाति की लड़ाई लड़ता 'लोक', जिसका केन्द्र से स्वाभाविक तनावपूर्ण सम्बन्ध होता है। स्वयं बद्री उसके प्रतिनिधि कवि हैं।

वस्तुतः बद्रीनारायण की थीसिस अपनी कविता का 'डिफेंस' है। हर किसी को अपने पक्ष में 'ऐतिहासिक गुट' तैयार करने का हक़ है। यह काम नवें दशक के और भी कवि करें तो उनके बीच वास्तविक सम्बन्ध-सूत्र की तलाश में आसानी होगी।

अलग-अलग 'हाशिए' (आँचलिकताएँ) यदि वास्तव में एक काव्य-परिदृश्य खड़ा करने में सफल हो रहे हैं, तो यह सुखद है। लेकिन बाज़ार के दबाव के 'इथनिक', अंधलोकवादी रुझान और ढीठ आत्ममुग्धता को उससे हिगराने की ज़रूरत है। झोल-झक्खड़ को साफ किए बगैर सुथरी तस्वीर सामने नहीं आ सकती।

बद्रीनारायण अन्यत्र 'लांग नाइन्टी' की धारणा रखते हैं। वह कुछ तो रेमंड विलियम्स की 'लांग रिवोल्यूशन' की याद दिलाती है और कुछ ऐरिक हॉब्सबाम की 'शार्ट सेंचुरी' की। 'लांग नाइन्टी' यानी 'शार्ट सेंचुरी' की समाप्ति/सोवियत संघ के पतन के बाद का असमाप्त दौर। हालाँकि बद्री ने उसे दस साल पीछे खींच दिया, ताकि उसमें अधिक लोग खप सकें (स्वयं बद्रीनारायण भी)। बहरहाल, बद्री की यह बात महत्त्व देने योग्य है :

> *लांग नाइटीज मोबाइल, एस.एम.एस., टेलीविजन, नेट, नए सूचना संजालों से बने एक वर्चुवल कम्युनिटी एवं वचुर्वल रियलिटी से टकरा रहा है, जहाँ '80 के*

पूर्व के रियलिटी (यथार्थ) का अर्थ बदल चुका है। महाकाव्यात्मक (रामायण, महाभारत) मिथक से इतर हम नए 'मिथक टाइम', जो इस वर्चुवल स्फेयर ने तैयार किया है, से गुज़र रहे हैं। ग्लोबलाइजेशन, बाज़ार, उसकी सुविधा, सुख एवं उसकी हिंसा भी 'कुछ के सुख पर अनेकों के दुख' को देख रही इस पीढ़ी की दुविधा की रचनात्मकता, जो आज हमारे सामने है, उक्त समय-सन्दर्भ पर विचार करते हुए मूल्यांकन की नई दिशाओं की ओर संकेत करती है। ऐसे में इस कालखंड के रचनाकारों की आलोचनात्मकता, उनके औज़ार, उनके चश्मे को लांग नाइन्टीज के समय के इतिहास के सन्दर्भ में देखने की रचनात्मक आवश्यकता है।[57]

यह एक ऐसा सन्दर्भ है जिसमें कस्बों से आए कवि और पुश्तैनी रूप से महानगर में जद्दोजहद करने वालों के बीच फ़र्क़ करने का प्रश्न नहीं रह जाता है। इसलिए 'रचनात्मक आवश्यकता', हमारी समझ से, अलग-अलग साहित्यिक अभिव्यंजनाओं के उस सार को पहचानने की है जिसमें प्रामाणिक संघर्ष झलकता हो। इस दृष्टि से बद्री द्वारा उल्लेखित कवियों (कुमार अम्बुज, अनामिका, नवल शुक्ल और विमल कुमार) के अतिरिक्त देवीप्रसाद मिश्र, एकांत श्रीवास्तव, आर. चेतनक्रांति, पंकज राग, सबिता सिंह, प्रेमरंजन अनिमेष आदि एक अन्त:सूत्र से आपस में जुड़ सकते हैं। इन सबकी रचनाओं में अलग-अलग ढंग से खतरे की घड़ी की कौंध है।

हालाँकि 'लाँग नाइन्टीज' की धारणा में वर्चुवल कम्युनिटी और वर्चुवल रियलटी को कुछ ज़्यादा ही इनलार्ज करके देखा गया है। बद्री वर्तमान पीढ़ी की 'दुविधा की रचनात्मकता' का उल्लेख अवश्य करते हैं, लेकिन उसकी व्याख्या से कतरा जाते हैं। वे यह नहीं बताते कि समकालीन रचनाशीलता का बड़ा हिस्सा बाज़ार से कितना प्रभावित हुआ है। राजेश जोशी की एक दशक पहले की 'कविता और वस्तुएँ' शीर्षक से एक टिप्पणी है। उसमें वर्तमान को 'वस्तुओं की महाविजय का समय' बताते हुए कविता पर उसके प्रभाव को रेखांकित करने की चेष्टा की गई है। कविता में विवरण बढ़ रहे हैं। वस्तुओं की उपस्थिति बढ़ रही है। भाषा का बोझ बढ़ रहा है। राजेश ने इन बातों को लक्ष्य करके सार्थक प्रश्न उठाया है : "क्या यह नए बाज़ार की भाषा है? क्या यह वस्तुओं के आक्रमण से उपजी भाषा है? क्या कविता सिर्फ़ विचार के स्तर पर विरोध कर रही है? व्यवहार के स्तर पर इस नई प्रवृत्ति के सामने घुटने टेक दिए हैं? या यह कि उसके व्यवहार और विचार के बीच कोई विरोधाभास बन रहा है?"[58]

सवाल तीखा है, जिससे एक दशक बाद भी बद्री कायदे से रूबरू होने की चेष्टा नहीं करते। वे 'वर्चुवल रियलिटी' के काट के पाठ जुटाने की जरा भी जहमत नहीं उठाते। 'दुविधा' को पाटने की जो चेष्टाएँ हैं, उन्हें रेखांकित करने के लिए वे आगे नहीं बढ़ते। जिस 'मिथक टाइम' से वे आतंकित हैं, उसी में यह भी प्रखरता के

साथ लिखा/सोचा जा रहा है (और वह भी किसी लोक-वादी कवि के द्वारा नहीं):

कि मेरा राजनीतिक एकांत आन्दोलन में बदल जाए।
मेरा दुःख अम्बानी की विपत्ति में।
मुंतजर अल जैदी को अपना दूसरा जूता मिल जाए।
बुश के घर की छत उड़ जाए।
वित्तमंत्री एक भूखे आदमी का
वृत्तान्त बताते हुए रोने लग जाए
मेरा बेटा घड़ी बनाना सीख जाए।
एक कवि का अकेलापन हिन्दी की शर्म में बदल जाए।

(देवीप्रसाद मिश्र, तद्भव-20, पृ. 108)

देवीप्रसाद मिश्र अधिकतम प्रयोगशील कवि हैं। प्रयोगशीलता में 'वर्चुवल' का तोड़ होता है। लेकिन देवीप्रसाद मिश्र के प्रयोगों से डर भी लगता है। हिन्दी में एक प्रयोगवाद का दौर हम देख चुके हैं। हम नहीं चाहते इतिहास अपने को दुहराए।

कविता में प्रयोगशीलता अपेक्षित है। लेकिन स्थानिक भाषा और मुहावरों के प्रयोग से या खेत-खलिहान में दम तोड़ देने की तमन्ना से ही प्रयोग लोक-वादी साबित नहीं हो जाते। यह भी थाई फूड की तरफ भागने जैसा ही एक फैशन है। यदि कविता बाज़ार जो हमें परोस रहा है उसी के स्वाद से ग्रस्त होकर लिखी जाएगी तो वह फ्रेंच डिक्शन के सहारे लिखी जाए या भोजपुरी-मैथिली की छौंक से, इससे कोई फ़र्क़ नहीं पड़ता। अभी हमारी नज़र भारतभूषण अग्रवाल पुरस्कार से नवाजे गए एकदम नए कवि मनोज कुमार झा की 'स्वदेश' कविता पर पड़ी। डिक्शन देखिए—

टूटी भंगी ईंटें उँकड़,...लुढ़का पिचका पितरिश लोटा, पीठ ऊपर टिनही थालियों की, हंडी के/बचाव में पेंदी पर लेपी गई मिट्टी करियाई छुड़ाई नहीं गई... एक जोड़ी कनटूटी प्यालियाँ...

(वागर्थ-171, अक्टूबर, 2009)

'स्वदेश' में लोक है, लेकिन लोक-राग नहीं। स्थानीय शब्दावली से लदे होने के बावजूद शिल्प दिल्ली के 'सीमांत मन' के कवियों वाला ही है। कविता अच्छी है। लेकिन यह बद्री की थिअरी में कैसे फिट बैठेगी, इसका इल्म हमें नहीं है।

खुद बद्री ने अपने दोनों लेखों में किसी कविता की व्याख्या नहीं की है। वे थिअरी से शुरू करते हैं और थिअरी पर बात छोड़ते हैं। किसी पाठ की व्याख्या करें तो बात बने।

थिअरी ने, असली बात है, अपनी असावधानियों के कारण साहित्य का नुकसान किया है। बद्रीनारायण 'फटी हुई जीभ की दास्तान'[59] का मुहावरा लेकर आते हैं। 'फटी हुई जीभ' यानी औपनिवेशिक आधुनिकता से ग्रस्त मेट्रोपोल की जुबान—

मानसिक गुलामी की जुबान। मुहावरा चुस्त है और इशारा बहुत साफ है। लेकिन इशारा काफी नहीं होता, उदाहरण रखने और उसकी व्याख्या की भी ज़रूरत होती है। इससे पहले हमने 'द्वन्द्वात्मक जीवित का साहित्य' (विनोद शाही)[60] पढ़ा था। उसमें अर्थ के छोर से पाठ की व्याख्या की खूब चिन्ता की गई, लेकिन उल्लेख किसी भी साहित्यिक पाठ का नाममात्र के लिए नहीं किया गया। 'लांग नाइंटीज' पर अगर आगे बात होती है तो विमर्श की इस शैली की भी उसमें समीक्षा होनी चाहिए।

दुहाई पर्याप्त नहीं है। साहित्यिक शास्त्रार्थ तभी सार्थक होता है, जब वह साहित्यिक पाठों को सामने रखकर बात करे और अपने तर्क के पक्ष में उसमें सबूत ढूँढ़ने का माद्दा दिखाए। पाठ के विरुद्ध भी सबूत के इस्तेमाल से शास्त्रार्थ सार्थक हो सकता है। रामचन्द्र शुक्ल के सबल आलोचनात्मक विरोध में छायावाद की शक्ति प्रकट हुई थी। आलोचक का शास्त्रार्थ, युग-मान्य नहीं होने के बावजूद, सार्थक रहा।

रचनाशीलता का महत्त्व समर्थन जुटाने में ही नहीं, अपने प्रति विरोध पैदा करने में भी है। रचना असल में तभी जीवंत कही जाएगी जब उसे परिभाषित करने वाले नियम उससे छोटे साबित हो जाएँ। सार्थक काव्यशास्त्रीय प्रस्थान बिन्दु, हमारी समझ से, साहित्यिक विमर्श के सामान्य सिद्धान्त की अनुरूपता के भीतर नियमों का अतिक्रमण करता है। इसी से सौन्दर्यशास्त्र का भी मार्ग प्रशस्त होता है।

कविता और प्रगीत

काव्य-विधाओं की प्रकृति का दृढ़ता से निर्धारण हमारे लिए व्यर्थ है। हम जानते हैं कि शास्त्रीयतावाद के दौर में महाकाव्य, कथाकाव्य, खंडकाव्य, मुक्तक, शतक संहिता, गीतिकाव्य आदि जैसी श्रेणियाँ निर्धारित की गईं और उनके बीच के अन्तर को बढ़ा-चढ़ाकर पेश किया गया। हिन्दी में यह अन्तर छायावाद के दौर में ही समाप्त होने लगा था; और केवल छायावादी कवियों के यहाँ नहीं, द्विवेदीयुग के प्रबन्धवादी कवियों की कविता में भी। यह बात प्रबन्ध-काव्य के उपासक रामचन्द्र शुक्ल को कचोट गई थी। मैथिलीशरण गुप्त के 'साकेत' के बारे में उन्होंने इन्दौर-भाषण ('काव्य में अभिव्यंजनावाद' निबन्ध) में कहा :

> *मैथिलीशरण गुप्त जी के 'साकेत' को लीजिये जिसे काव्य की दृष्टि से मैं खड़ी बोली की अत्यन्त प्रौढ़ रचना मानता हूँ, उसमें पुराने ढाँचे का शब्द कौशलपूर्ण चमत्कार और नए ढंग की अभिव्यंजना का वैचित्र्य दोनों प्रचुर परिणाम में पाये जाते हैं। दोनों का सुन्दर मेल उस काव्य की विशेषता है। पर खेद है कि एक बड़ा प्रबन्ध-काव्य या महाकाव्य लिखने की इच्छा उन्हें उस समय हुई जब उनकी प्रवृत्ति देखा-देखी अंग्रेज़ी ढंग की फुटकल प्रगीत काव्यों (Lyrics) की ओर हो चुकी थी। इससे प्रबन्ध-काव्य के अवयवों के—जीवन की विविध दशाएँ सामने लाने वाले घटनाचक्र, वस्तुवर्णन, संवाद और भावव्यंजना के—ठीक-ठीक परिणाम की व्यवस्था वे न रख सके।*[1]

काव्य की दृष्टि से खड़ीबोली की अत्यन्त प्रौढ़ कृति मानने के बावजूद शुक्ल जी ने एक साथ कई अवगुण दिखा दिए, और यह सब 'अंग्रेज़ी ढंग के फुटकल प्रगीत' के कारण हुआ। 'अंग्रेज़ी ढंग' पर ज़ोर से स्पष्ट है कि प्रगीत वही नहीं जिसे हमारे यहाँ पहले राग-काव्य वगैरह कहा जाता था।

'प्रगीत' के लिए कभी-कभी गीति-काव्य भी कह दिया जाता है, जिसमें मुक्तक और गीत अथवा राग-काव्य दोनों शामिल होते हैं। हालाँकि यह भी निरापद कोटि नहीं है। वस्तुत: विधा की दृष्टि से प्रगीत छोटी काव्य-रचना है, लेकिन प्रबन्ध-काव्य के समान एक व्यापक कोटि है। मुक्तक और गीति-काव्य को प्रगीत के प्रकार के रूप में देखना अनुचित नहीं होगा, लेकिन प्रगीत की अवधारणा का

समग्र रूप से इन्हें वाहक नहीं माना जाता। प्रगीत को लेकर मैं यहाँ एक विवाद का उल्लेख करना चाहूँगा। प्रसंग भोपाल की एक संगोष्ठी का है, जिसका विषय था 'कविता और समाज'। उसमें नामवर सिंह ने विषय-प्रवर्तन करते हुए विषय को 'कविता और समाज' के बजाय 'प्रगीत और समाज'[2] कर दिया। बहस के दौरान रघुवीर सहाय के द्वारा आपत्ति दर्ज की गई कि क्या कविता और प्रगीत (लिरिक) अलग-अलग चीज़ हैं? कहा, "लिरिक के मायने गीत नहीं होते हैं, पोयट्री होते हैं।"[3] अंग्रेज़ी साहित्य के विद्यार्थी रहे एक कवि-आलोचक[4] ने रघुवीर सहाय का सिर हिलाकर समर्थन भी कर दिया। गोष्ठी में 'टूटी हुई बिखरी हुई' कई बातें हुईं, लेकिन इस पर किसी ने ध्यान नहीं दिया कि प्रबन्ध-रचना के वज़न पर प्रगीत की शक्ति को कम करके देखने की जो प्रवृत्ति रही है, नामवर सिंह की चेष्टा मुख्य रूप से उससे भिड़ने की थी, न कि कविता से प्रगीत को भिड़ाने की। और यदि गीति के अर्थ में भी प्रगीत कोई कहे तो इसमें गलत क्या है? यूरोप में 'लिरिक' का अर्थ समय-समय पर बदलता रहा है, और इसका प्राथमिक अर्थ गीत (सांग) ही रहा है। उल्लेखनीय बात है कि आज जिसे गीत या गाना के अर्थ में 'सांग' कहा जाता है, उसे भी कवियों द्वारा कविता के अर्थ में अपनाने की प्रवृत्ति देखी जा सकती है। टी.एस. इलियट की कविता 'द लव सांग ऑफ़ जे. अल्फ्रेड प्रुफोर्क' गीत नहीं कविता है; लेकिन शीर्षक में 'सांग' कहा, क्योंकि कविता की लय और 'मूड' में वह बात है। इसका अर्थ है कि गीत जैसी प्राचीन विधा स्वयं के अस्तित्व पर तो कायम है ही, उसे अन्य स्थलों से भी भरोसा प्राप्त है।

कविता प्रथमतः गीत-प्रगीत के अर्थ में ही रही है।[5] प्रबन्ध और प्रगीत की कोटियाँ ऐतिहासिक हैं। आज जिसे हम महाकाव्य कहते हैं—यानी 'रामायण' को, वह अस्तित्व में आया ही गायन परम्परा के द्वारा। 'रामायण' से पहले, जैसा कि हरिवंश पुराण में उल्लेख है, रामकथा सूतों, चारणों और लवकुशों के द्वारा गाई जाती रही है। यानी गीति-काव्य का ही रूपान्तरण प्रबन्ध अथवा महाकाव्य के रूप में हुआ। अब मुक्तक को लेकर एक और सूक्ष्म पहलू पर गौर करें। 'रामायण' का सूत्रपात वाल्मीकि के मुख से फूट पड़े एक मुक्तक के द्वारा हुआ। यानी एक शोक-वचन ने काव्य-रचना का खेल शुरू कर दिया। खेल वर्तमान से शुरू होकर अतीत अथवा भविष्य की ओर जाता है, और कवि से शुरू होकर समूह अथवा जाति की छवि तैयार करने के रूप में होता है। प्रगीत और प्रबन्ध अथवा महाकाव्य के अन्तर को देखें, जैसा कि रोमान याकोब्सन ने व्याकरण-संरचना के आधार पर माना है : प्रगीत प्रथम पुरुष, एकवचन, वर्तमान काल होता है, जबकि महाकाव्य अन्य पुरुष, भूतकाल होता है।[6] इस 'प्रथम' का 'अन्य' में बदल जाने का खेल काव्य-रचना की वह भीतरी परत है जिसे देखते हुए विधाओं के विभाजन पर भिन्न ढंग से सोचने की आवश्यकता पड़ती है।

रामचन्द्र शुक्ल को 'साकेत' जैसी प्रबन्ध-रचना में प्रगीतात्मक उक्तियाँ खटक गईं। उर्मिला के विरह-वर्णन के समान 'पदमावत' का शुक्ल जी द्वारा प्रशंसित नागमती का विरह-वर्णन भी प्रगीत ही है। और यदि प्रबन्ध और प्रगीत का भेद, जैसा कि स्वयं शुक्ल जी ने किया है, 'बाह्यार्थ निरूपक' और 'स्वानुभूति निरूपक' के रूप में होता है, तो प्रबन्ध के उन हिस्सों को प्रगीत मानने में क्या कठिनाई हो सकती है जिसमें स्वानुभूति-निरूपण होता है? 'मानस' के कई अंश ऐसे हैं, जिनकी सूक्ष्म पहचान रामचन्द्र शुक्ल ने 'तुलसी की भावुकता' के अन्तर्गत की है, जिन्हें सघन प्रगीतात्मक अभिव्यक्ति कह सकते हैं।

'कविता', जैसा कि तोदोरोव ने कहा है, 'अपनी ही विधा है, काव्यशास्त्र विधाओं का सिद्धान्त है।'[7] अर्थात् कविता की कई विशेषताएँ होती हैं जिन्हें काव्यशास्त्र में अलगाने का कार्य किया जाता है। इस बात का महत्त्व है। लेकिन इससे ऊपर 'कवि केवल शब्दबद्ध करने का काम करता है। वह मूल्यांकन नहीं करता : वह केवल सम्भव करता है—और सिर्फ़ उन्हें सम्भव करता है।'[8] शैली अथवा छंद की परम्परागत प्रणालियों को अपनाते और तोड़ते हुए वह सिर्फ़ इस बात पर कायम रहता है कि यह कविता अथवा साहित्य है। लेकिन यदि कविता में प्रबन्ध और प्रगीत दो व्यापक कोटियाँ बन गई हैं तो 'बाह्यार्थ' और 'स्वानुभूतिगत' जैसे भेदों के कारण ही नहीं, वस्तुतः यह ऐतिहासिक कोटियाँ हैं। विधाओं के अन्तर को ऐतिहासिक तथ्य के रूप में स्वीकार किया जाना चाहिए। लेकिन साथ ही, जैसा कि ब्लैंशो की विधा-सम्बन्धी अवधारणा पर विचार करते हुए तोदोरोव ने कहा, 'इतिहास का प्रत्येक प्रतिपादन वर्तमान पर आधारित है, वैसे ही कि ब्रह्मांड यहाँ से शुरू होता है और लोग मुझसे।'[9] हिन्दी में छायावाद और उसके बाद का वर्तमान प्रगीत-काव्य का है। स्वयं प्रबन्ध-रचना ने प्रगीत की तरफ मुँह घुमा रखा है। इस दृष्टि से देखें तो 'साकेत' के प्रति रामचन्द्र शुक्ल की यह शिकायत ही अनुचित है कि इसमें प्रबन्ध के अवयवों के ठीक-ठीक परिणाम की व्यवस्था नहीं हो सकी है। इसके विपरीत यह देखा जाना चाहिए था कि प्रगीतात्मक ऊर्जा की दृष्टि से यह काव्य कितना अच्छा या कमज़ोर है। प्रसाद की 'कामायनी' में यह ऊर्जा अधिक तीव्र दिखाई पड़ती है। यह ठीक है कि उसमें न्यूनतम प्रबन्ध भी है, लेकिन उसकी मूल चेतना बसी है प्रगीत में। उसमें प्रगीतात्मक ऊर्जा से उस दार्शनिक उत्कर्ष को प्राप्त करने की आकांक्षा है, जिसके मूल में आद्य संवेदना है। प्रगीत का महत्त्व भी इसी बात में माना गया है कि यह भाषा की परतों में छुपे विचार और संवेदना की शक्ति को सम्प्रेषित करता है। इसमें ध्वनि और चेतना का इस प्रकार संघटन होता है कि काव्यार्थ का खास महत्त्व नहीं रह जाता। अर्थ काव्यवस्तु के रूप में ही उपलब्ध होता है। इस रूप में यह सबसे अधिक 'काव्य' अथवा साहित्य है। नार्थ्रोप फ्राई का यह कथन ध्यान देने योग्य है, ''प्रगीत ही वह विधा है जिसमें साहित्य के कल्पित मर्म

का सबसे बेहतर ढंग से प्रदर्शन होता है, आख्यान और अर्थ विश्व-व्यवस्था और विश्व-रचना के समान इसमें केवल तथ्यात्मक महत्त्व रखते हैं।''[10]

तथ्यात्मकता से अधिक महत्त्व संकेतात्मकता का है। ऐसे संकेत जो प्रत्याशा के उदाहरण बनें, महत्तर अभिप्रायों को चरितार्थ करें। प्रगीत में अन्तर्जगत् को प्रकट करने की लालसा प्राथमिक है। लेकिन यह जिन भाषा-संकेतों को आधार बनाता है वह विरोधोक्तियों की सृष्टि का भी काम करते हैं; जैसा कि क्लींथ ब्रुक्स ने कहा है—'कविता की भाषा विरोधाभास की भाषा होती है।'[11] विरोधाभास, विडम्बना आदि सफल कविता की अनन्य विशेषताएँ हैं जो प्रगीत को अधिक सुलभ हैं। इसी विशेषताओं के कारण कर्त्ता की अनुभूति अपनी वैयक्तिकता का अतिक्रमण करती है—'मैं' की कर्त्ता से दूरी बन जाती है। वह वस्तु-जगत् के उद्धारक के रूप में उपस्थित होता है। 'अहं' का एक विस्तृत क्षेत्र तैयार होता है, जो यथार्थ पर प्रभाव डालने, परिष्कार की इच्छा जताने, असन्तोष व्यक्त करने अथवा मुग्ध होने आदि रूपों में अपनी सक्रियता दिखाता है।

यह आकस्मिक नहीं है कि आधुनिक हिन्दी कविता में प्रगीतात्मकता की दृष्टि से नामवर सिंह ने सबसे पहले मुक्तिबोध का उल्लेख किया है।[12] 'अहं' के अधिकांश रूप की मुक्तिबोध की कविता में अभिव्यक्ति हुई है। 'मुझे पुकारती हुई पुकार' (1947) कविता को देखें, जो मुक्तिबोध की काव्य-रचना के प्रौढ़ दौर (1956 के आसपास से माना जाता है) से बहुत पहले की कविता है। 'मुझे पुकारती हुई पुकार खो गई कहीं...'। पुकार बाहर नहीं, भीतर-भीतर ही खोई है—'जीवनानुभूति की गम्भीर भूमि में'। कैसी जीवनानुभूति ?—'अपूर्व सत्य की क्षुधित/अपूर्ण यत्न की तृषित...'। फल है कि भग्न वस्तुओं के समूह दिखाई पड़ रहे हैं। चिलचिलाती धूप, उजाड़, पहाड़, अचेत सूर्य, अशान्त घाटियाँ—एक उजाड़ विश्व! अपूर्णता का चित्र है यह। पॉल वेलरी मानते थे कि आदमी के विचार और चेतनानुभूति उसकी अपूर्णता के प्रमाण होते हैं।[13] 'अपूर्ण' की चेतना कचोटती ज़रूर है, लेकिन सामान्य तौर पर वह दबी-छुपी रहती है। प्रगीत के प्रवाह में वह झटके से फूट पड़ती है। उसके साथ कई और चीज़ें बाहर निकल आती हैं।

तिमिर-विवर में पड़ी अशान्त नागिनी—
छिपी हुई तृषा
अपूर्त स्वप्न-लालसा
तुरत दिखी
कि भूल-चूक ध्वंसिनी अनावृत हुई।

('मुक्तिबोध रचनावली'-1/209)

यह 'तिमिर-विवर' सामाजिक दबाव की उपज है, फ्रायड ने जिन्हें दमन के क्षेत्र के रूप में चिह्नित किया है। प्रगीत अप्रकट को प्रकट करने की सबसे कारगर

कला है—'पुकार ने समस्त खोल दी छिपी प्रवंचना'। 'पुकार' को 'प्रगीत' पढ़ें, और प्रगीत की विशेषताओं को ध्यान में रखें, अर्थ प्रशस्त होगा।

असफलता-बोध का मुक्तिबोध के व्यक्तित्व में निर्णायक महत्त्व है, जिसका सम्बन्ध एकाकीपन से है। प्रगीत एकाकी मनुष्य की आवाज़ है, जिसमें उसकी असफलता की पीड़ा भी बोलती है।

मैं उदास हाथ में
हार की प्रतप्त रेत मल रहा
निहारता हुआ प्रचंड उष्ण गोल दूर के क्षितिज।

(वही)

उदासी, पराजय-बोध मनुष्यता की अकथ कथा है, जो सत्ता-संरचना का प्रतिपाठ है। प्रगीत सत्ता-संरचना के प्रतिपाठ के रूप में अभिव्यक्ति पाता है, यह इसकी बड़ी खूबियों में से एक है।

एक कविता किसी एक मन:स्थिति पर ही जाकर नहीं रुकती, कई मन:स्थितियों से गुज़रकर एक सुसंगति तक पहुँचती है। प्रगीत में मन:स्थितियाँ सर्वाधिक तीव्रता से बदलती हैं। एक साथ कई परस्पर विरोधी मन:स्थितियाँ सक्रिय रहती हैं। जय में पराजय, पराजय में जय, निर्भयता में भय और भय में निर्भयता—अनेक परस्पर विरुद्धों का प्रगीत के प्रवाह में समीकरण बन जाता है।

मुझे पुकारती हुई पुकार खो गई कहीं...
आज भी नवीन प्रेरणा यहाँ न मर सकी,
न जी सकी, परन्तु वह न डर सकी।...
मलीन मृत्यु-गीत के उदास छन्द बावरे
घनान्धकार के भुजंग-बंध दीर्घ साँवरे
विनष्ट हो गए
प्रबुद्ध ज्वाल में हताश न हो।...
हारकर न हारते
अरे, नवीन मार्ग पा खुला हुआ
तुरन्त उड़ गए सुनील व्योम में अधीर हो।
मुझे पुकारती हुई पुकार खो गई वहीं
सँवारती हुई मुझे
उठी साहस प्रेरणा।
प्रभात भैरवी जगी अभी-अभी।

(वही, पृ. 210)

भावुक संवेदनात्मक प्रतिक्रियाओं से गुज़रकर एक सुसंगति को प्राप्त करना—यह अच्छे प्रगीत-काव्य का गुण है।

'प्रगीत-काव्य' पद मुक्तिबोध की कविता के सन्दर्भ में इसलिए महत्त्वपूर्ण है कि उसमें अस्तित्व की बेचैन पुकार सुनाई पड़ती है। बेचैनी जितनी आत्मपरक है उतने ही उसमें आत्मेत्तर दबाव सक्रिय दिखाई देते हैं। खूबसूरती यह भी है कि हार न मानने वाली चेतना और ज़माने के प्रति आलिंगन का भाव है। अलगाव की पीड़ा है तो लगाव की लालसा है।

'सहर्ष स्वीकारा है', 'जब प्रश्नचिह्न बौखला उठे', 'मेरे मित्र, सहचर', 'मैं तुम लोगों से दूर हूँ', 'मुझे कदम-कदम पर' आदि समेत लम्बी कविताओं में 'जीवनानुभूति' प्रगीतात्मक उद्‌गार का रूप लेती है। मुक्तिबोध प्रगीत के कवि के रूप में नहीं जाने जाएँगे, लेकिन कविता में प्रगीतात्मक उद्‌गार की खोज की जब भी बारी आएगी तो आलोचकों की निगाह मुक्तिबोध की ओर ज़रूर उठेगी।

मुक्तिबोध की कविता प्रगीतात्मक है, और क्यों प्रगीतात्मक है, इस पर रामविलास शर्मा की टिप्पणी है, "जैसा कि उनका आत्मकेन्द्रित व्यक्तित्व है, वैसा ही आत्मकेन्द्रित उनका काव्य है। अपनी मनोदशाओं, अपने अन्तर्द्वन्द्व का चित्रण कवि का प्रधान लक्ष्य है। इसलिए नाटकीय रूप के बावजूद मुक्तिबोध की काव्यभूमि मुख्यतः प्रगीत भूमि है।[14] 'आत्मकेन्द्रित काव्य' का सामाजिक अनुभव से क्या सम्बन्ध होता है, इस पर रामविलास शर्मा ने विचार के बजाय मुक्तिबोध की ही काव्य-धारणाओं को आधार बनाकर कहना पर्याप्त समझा कि 'मन की आन्तरिक दशा बाहर की दुनिया पर अपना रंग चढ़ा देती है।'[15] इस तरह वैयक्तिकता प्रमाणित हो गई, सामाजिकता अलग-थलग रह गई।

नामवर सिंह ने शमशेर की 'लेकर सीधा नारा' के प्रगीतात्मक गुण की पुष्टि में अडर्नो को उद्धृत किया है—"कविता जो कुछ कह रही है उसे सिर्फ़ वही समझ सकता है जो इसके एकाकीपन में मानवता की आवाज़ सुन सकता है।" एकाकीपन में मानवता की आवाज़—यानी वैयक्तिकता में सामाजिकता अथवा समाज का व्यक्ति-मन पर दबाव! उपर्युक्त उद्धरण के आगे के वाक्य में अडर्नो ने जो कहा है, उस पर भी ध्यान दिया जाना चाहिए, "असल में प्रगीतात्मक अभिव्यक्ति का एकाकीपन हमारे वैयक्तिक और अतिलघु समाज में ही निहित है—मतलब यह कि तुलनात्मक रूप से इसकी सामान्य रूप से बाँधने वाली मान्यता की उत्पत्ति इसकी वैयक्तिकता की सघनता से होती है।"[16] यह सूत्र है, जो प्रगीत और समाज के रिश्ते को खोलता है; और यह हमारे कवि प्रसाद, निराला, महादेवी, शमशेर, अज्ञेय, केदारनाथ अग्रवाल, नागार्जुन, त्रिलोचन आदि की चित्त-भूमि के निविड़ हिस्से को सही अर्थ प्रदान करने में मदद पहुँचा सकता है।

छायावाद अपनी प्रगीतात्मक भावभूमि के लिए ही ख्यात रहा है। इसलिए यहाँ उसकी विशेष चर्चा आवश्यक नहीं। रामचन्द्र शुक्ल की अवधारणा को ध्यान में रखकर सिर्फ़ एक बात हम रखना चाहेंगे। शुक्ल जी ने प्रबन्ध को साधनावस्था का

काव्य बताया है। साधनावस्था में महत्त्व है विरुद्धों के सामंजस्य का—'वज्रादपि' और 'कुसुमादपि' का सामंजस्य।[17] यह सामंजस्य अपने अनूठेपन के साथ जब छायावाद की प्रगीतात्मक अभिव्यक्तियों में घटित हो रहा था, तब शुक्ल जी रामायण-महाभारत से शुरू होकर मानस आदि पर रुक जा रहे थे। यही हाल प्रकृति-सम्बन्धी कविताओं को लेकर है। 'शेष सृष्टि के साथ हमारे रागात्मक सम्बन्ध की रक्षा और निर्वाह' की धारणा के अन्तर्गत वे कविता में प्रकृति-चित्रण के महत्त्व को स्थापित कर रहे थे, लेकिन छायावादी कवियों की प्रकृति-सम्बन्धी कविताओं की प्रशंसा से भरसक कतरा रहे थे। लेकिन देखने योग्य बात है कि विरुद्धों का सामंजस्य भरपूर रूप से छायावादी प्रकृति कविताओं में है। वे प्रगीतात्मक मुक्तक के भी श्रेष्ठ उदाहरण कहे जा सकते हैं।

प्रकृति के कवि के रूप में हिन्दी में विख्यात हैं सुमित्रानंदन पंत। मानवीय भावना और अनुभूति के आरोप से प्रकृति में 'विरुद्धों का सामंजस्य' कैसे पैदा होता है, देखिए उनकी 'पल्लव' कविता में—

कल्पना के ये विह्वल बाल,
आँख के अश्रु, हृदय के हास,
वेदना के प्रदीप की ज्वाल,
प्रणय के ये मधुमास;
सुछवि के छाया वन की साँस
भर गई इनमें हाव हुलास!
आज पल्लवित हुई है डाल,
झुकेगा कल गुंजित मधुमास!
मुग्ध होंगे मधु से मधु बाल,
सुरभि के अस्थिर मरुताकाश!

(पल्लव, पृ. 52)

निराला के यहाँ विरुद्धों का केवल सामंजस्य नहीं, तनाव और संघर्ष भी है। न जाने कितने तनाव और संघर्ष! कहीं 'अस्थिर सुख पर दुख की छाया' है; कहीं 'जला है जीवन यह.../ किन्तु पड़ी व्योम-उर/ बन्धु, नील मेघ माल'; और कहीं है 'बाहर मैं कर दिया गया हूँ। भीतर, पर, भर दिया गया हूँ।' न जाने कितने उदाहरण हैं पराजय और मृत्यु से संघर्ष करती हुई कविता के जिसमें काव्यभाषा सबसे सफल औज़ार है; क्योंकि उसी के द्वारा कवि को अपने पाठक तक पहुँचना है; और प्रगीत इसके लिए सबसे अनुकूल है। यह बात निराला की अन्तिम कविता 'पत्रोत्कंठित जीवन का विष बुझा हुआ है' में भी उतनी ही तीव्रता के साथ उपलब्ध है, जितनी 'परिमल' आदि की कविताओं में। और हमारी समझ से पाठक इसी कारण निराला के प्रति सबसे अधिक आकर्षित होते हैं। वाल्टर बेंजामिन ने एक जगह लिखा है कि

लोग केवल उसी बात को सुनने के लिए कान लगाते हैं, जिसे कहने के लिए लेखक मृत्यु-शय्या पर अन्तिम साँस लेते हुए भी समय और सामर्थ्य रखता हो।

अश्रु और हास, मिलन और वियोग, पीड़ा और आनन्द के सामंजस्य से प्रसाद और महादेवी की कविताएँ लबालब हैं। हालाँकि प्रसाद का महत्त्व जहाँ ऐन्द्रिकता में है वहीं महादेवी का निगूढ़ वैयक्तिक अनुभूतियों की प्रतीकात्मक अभिव्यक्ति में। लेकिन यही सामंजस्य, जिसका आधार विडम्बना है, इनकी कविता की खूबसूरती है। विडम्बना के चित्रण में अनुभूति की तीव्रता अथवा ऐन्द्रिक चेतना का विस्तार प्रसाद की खूबी है।

हँस लें भय शोक प्रेम या रण,
हँस लें काला पर ओढ़ मरण,
हँस लें जीवन में लघु-लघु क्षण
देकर निज चुम्बन के मधु कण,
नाविक अतीत को उतराई!

(लहर, पृ. 42)

वस्तु-जगत् के अनुभव और उसके दबाव के भीतर अवचेतन का संकेतात्मक उद्घाटन महादेवी के गीतों की विशेषता है। सामाजिक बंधनों को स्वीकार करते हुए अनुभूत तत्त्व को अभिव्यक्त करना जितना कठिन होता है, उतना ही विलक्षण भी। महादेवी जिन संकेतों/उक्तियों का प्रयोग करती हैं, उनसे सीधे-सीधे अन्तर्जगत् पर प्रकाश नहीं पड़ता; बावजूद इसके, वे हमें मजबूर करती हैं अन्तर्कथा ढूँढ़ने के लिए। 'रजत रश्मियों की छाया में धूमिल घन सा वह आता' जैसी उक्तियाँ मन:कोश का एक ऐसा पाठ तैयार करती हैं, जिनमें वास्तविक जीवन और उसके बंधन का भी अनुभव किया जा सकता है।

छायावाद मुख्यत: प्रगीत-युग रहा है, "जिसकी सुनहली परिणति", जैसा कि स्वयं सुमित्रानंदन पंत ने, जो उसके प्रथम गायक माने गए, कहा है, "कला-बोध, भाव-व्यंजना तथा रस-मूल्य की दृष्टि से निश्चय ही महादेवी के गीतों में हुई है।"[18] महादेवी के गीत आज विस्तृत व्याख्या की अपेक्षा रखते हैं। एक ऐसी व्याख्या जिसके द्वारा भाषिक संकेतों को भेदकर देखा जा सके कि कैसे अन्तर और बाह्य का संघर्ष अनोखे अस्तित्वों की सृष्टि करता है, जिसे किसी महान कविता का प्राण माना जा सकता है।

सामान्य रूप से प्रगीत से समग्रता अथवा सुसंगति की अपेक्षा की जाती है। वह समग्रता नहीं जिसे महाकाव्य के सन्दर्भ में लक्षण-निरूपण के रूप में समझा जाता है, अथवा रामचन्द्र शुक्ल ने जैसा कहा—'प्रबन्ध काव्य में मानव जीवन का पूर्ण दृश्य होता है।'[19] प्रगीत समग्रता अथवा सुसंगति को विशेष भाषिक व्यंजना के द्वारा प्राप्त करता है। वह अपने भावक को अर्थ-बोध के स्तर पर छूट प्रदान करता है।

दूसरे शब्दों में, भिन्न प्रकृति के भावकों को अर्थबोध की स्वायत्तता प्रदान करता है। इसके बावजूद, अपने प्रवाह से मुक्त नहीं करता। इसी बात में इसकी सुसंगति की पहचान की जा सकती है।

प्रगीत अपनी अनेकानेक विशेषताओं के साथ, यह कहें तो अनुचित नहीं होगा, कल्पवृक्ष के समान है। नंदनकानन का यह वृक्ष बताता है कि हमारी इच्छा अथवा भावनाएँ अंश–मात्र हैं, इसकी छाया में उनकी पूर्ण छवि उतर आती है। इस दृष्टि से अज्ञेय की कविता 'असाध्य वीणा' एक सुन्दर उदाहरण हो सकती है। किरीटी–तरु से गढ़ी गई वीणा को सुनने के समान है प्रगीत।

डूब गए सब एक साथ
सब अलग–अलग एकाकी पार तिरे।

(आँगन के पार द्वार, पृ. 79)

वीणा की झनझनाहट को सबने एक साथ सुना, लेकिन सबने अपने एकाकी में अलग–अलग सुना। राजा ने कुछ; रानी ने कुछ; बाकी सबने कुछ। राजा को धर्म; रानी को प्यार; बाकी सबको—

इसको
वह कृपा–वाक्य था प्रभुओं का—
उसको
आतंक–मुक्ति का आश्वासन :
इसको
वह भरी तिजोरी में सोने की खनक—
उसे
बटुली में बहुत दिनों के बाद अन्न की सोंधी खुशबू।
किसी एक को नई वधू की सहमी–सी पायल ध्वनि।
किसी दूसरे को शिशु की किलकारी।
एक किसी को जाल–फँसी मछली की तड़पन—
एक अपर को चहक मुक्त नभ में उड़ती चिड़िया की।
एक तीसरे को मंडी के ठेलमठेल, गहनों की आस्पर्धा–भरी बोलियाँ,
चौथे को मन्दिर की ताल–युक्त घंटा–ध्वनि।
और पाँचवें को लोहे पर सधे हथौड़े की सम चोटें।
और छठे को लंगर पर कसमसा रही नौका पर लहरों की अविराम थपक।
बटिया पर चमरौंधे की रूँधी चाप सातवें के लिए—
और आठवें को कुलिया की कटी में से बहते जल की छुल–छुल।
इसे गमक नट्टिन की एड़ी के घुँघरू की—
उसे युद्ध का ढोल :

इसे संझा-गोधूली की लघु टुन-टुन—
उसे प्रलय का डमरू-नाद।
इसको जीवन की पहली अँगड़ाई
पर उसको महाजृम्भ विकराल काल!
सब डूबे, तिरे, झिपे, जागे—
हो रहे वशंवद, स्तब्ध :
इयत्ता सबकी अलग-अलग जागी,
संघीत हुई,
पा गई विलय।

(वही, पृ. 80-81)

अलग-अलग अर्थ के चुनाव की स्वतंत्रता—अपने-अपने अर्थ में डूबने, तैरने, अन्तस्थ होने और जाग जाने का उपक्रम; अधीन और स्तब्ध होने का संस्कार; सबके अलग-अलग इयत्त्व का जागना और उनका आपस में संधित होना; फिर विलय को प्राप्त करना। 'विलय' पद महत्त्वपूर्ण है। 'विलय' में 'लय' है, और लय में निरन्तरता का बोध है। आगे की पंक्ति है—'वीणा फिर मूक हो गई।'

लय उस मौन में पहुँच गई जहाँ उसकी निरन्तरता के बाधित होने का सवाल नहीं। यह प्रगीत है, जिसके लिए कहा जाता है : इसे सुना नहीं जाता, मन में सुना जाता है। मन में यानी मौन में। और मौन कोई रिक्त स्थान नहीं, गोपन अनुभव है बाह्य संसार और उसके दबावों का। एकाकीपन उसका 'फार्म' है, जिसमें मानवता की आवाज़ सुनने की बात अडर्नो ने कही है।

एकाकीपन में मानवता की आवाज़! इसे नामवर सिंह ने शमशेर की कविता 'लेकर सीधा नारा' में सुनी। इतनी गहराई में जाकर अपनी कविता के लिए शमशेर ने शायद नहीं सोचा हो, लेकिन सामान्य रूप से उन्होंने यह अवश्य माना है, "कवि का कर्म अपनी भावनाओं में, अपनी प्रेरणाओं में, अपने आन्तरिक संस्कारों में, समाज-सत्य के मर्म को ढालना—उसमें अपने को पाना है, और उस पाने को अपनी पूरी कलात्मक क्षमता से पूरी सच्चाई के साथ व्यक्त करना है, जहाँ तक वह कर सकता हो।"[20] वस्तुतः यह प्रगीत की ही प्रविधि है—मौन में समाज-सत्य के मर्म को ढालना। एकाकीपन में मानवता की आवाज़ इसी काम से सुनाई पड़ती है। रामविलास शर्मा ने शमशेर की जिन कविताओं को 'मौन' शब्द की मुखरता को आधार बनाकर रहस्यवादी कोटि में डाल दिया है,[21] उनमें से एक कविता का शीर्षक ही है—'एक मौन'। यह 'एक मौन' सामाजिक सत्य का कितना वहन कर सकता है, स्वयं अनुभव कीजिए—

सोने के सागर में अहरह
एक नाव है

(नाव वह मेरी है)
सूरज का एक गोल पाल संध्या के
सागर में अहरह
दोहरा है...
ठहरा है...
(पाल वो तुम्हारा है)
एक दिशा नीचे है
एक दिशा ऊपर है
यात्रि ओ!
एक दिशा आगे है
एक दिशा पीछे है
यात्रि ओ!
हम–तुम नाविक हैं
इस दस ओर के :
अनुभव एक है
दस रस ओर के :
यात्रि ओ!
आओ, इकहरी हैं लहरें,
अहरह।
संध्या, ओ संध्या! ठहर—
मत बह!
अमरन मौन एक भाव है
(और वह भाव हमारा है?)
ओ मन ओ
तू एक नाव है!
(और वह नाव हमारी है!)

(कुछ कविताएँ, पृ. 44-45)

'अमरन मौन एक भाव है' जिसे वहन करता हुआ मन 'एक नाव है'। चाहे आप जैसा अर्थ करना चाहें इसका, लेकिन आप इसमें 'यात्रि ओ' के रूप में शामिल रहेंगे। मौन में संसार को महसूस करने और मन की नाव में यात्रा के रूप में समाज का प्रत्याख्यान भी तो सामाजिक सत्य है। प्रगीत इस सत्य के समर्थन में सबसे आगे है। प्रगीतात्मक अभिव्यक्ति से यह आमतौर पर माँग ही की जाती है (अडर्नो ने इसे रेखांकित किया है) कि इसमें सांसारिक बोझ से निकलकर जीवन के ऐसे चित्र को उपस्थित करना चाहिए, जो उपयोगिता और आत्मरक्षा की उथली दौड़ से परे हो।

एक अद्वितीय संसार! अडर्नो की टिप्पणी है—"शब्दों के अद्वितीय निर्मल संसार की माँग भी समाज की ही प्रकृति है।"[22]

इस माँग को हिन्दी में जो कवि सबसे बेहतर ढंग से पूरा करते हैं, उनमें शमशेर भी एक हैं। बगैर अर्थ किए हम उनकी कविता के शब्दों के कायल हो जाते हैं। मंगलेश डबराल का यह कहना उचित है, "हिन्दी में शायद निराला के बाद शमशेर की कविता है जो इतनी जटिल कहाए जाने के बावजूद अनेक बार हमारे दैनिक व्यवहार में जुमलों या बिम्बों की शक्ल में उपस्थित हो जाती है।"[23]

मंगलेश के इस कथन का यह अर्थ नहीं लगाया जा सकता कि निराला और शमशेर की कविता का हमने दैनिक व्यवहार में 'साधारणीकरण' कर लिया है। 'साधारणीकरण' का जो अर्थ संस्कृत काव्यशास्त्र में है और रामचन्द्र शुक्ल ने इस सम्बन्ध में जो मत कायम किया है, यह बात उसके मेल में नहीं है। शुक्ल जी के शब्द हैं, "'साधारणीकरण' का अभिप्राय यह है कि पाठक या श्रोता के मन में जो व्यक्ति-विशेष या वस्तु-विशेष आती है, वह जैसे काव्य में वर्णित 'आश्रय' के भाव का आलम्बन होता है, वैसे ही सब सहृदय पाठकों या श्रोताओं के भाव का आलम्बन हो जाती है।"[24] प्रगीत में 'आश्रय' प्राय: पात्र नहीं कवि स्वयं होता है। व्यक्ति-विशेष अथवा वस्तु-विशेष ज़रूरी नहीं कि कवि का आलम्बन जिस रूप में रहा हो, श्रोता अथवा पाठक का भी उसी रूप में रहे। प्रगीत श्रोता-पाठकों पर जो प्रभाव छोड़ता है, वह अर्थ के नियंत्रण से मुक्त होता है, इसलिए इसी या उसी रूप में आलम्बन बनने वाली बात नहीं होती। 'वैचित्र्य' इसका एक गुण है। इसलिए आधुनिक प्रगीत को रामचन्द्र शुक्ल की तीखी दृष्टि का शिकार होना पड़ा।

साधारणीकरण काव्यशास्त्रीय निर्धारणवाद है, जो किसी साहित्य के संदेश को सीमित करता है। इसके विपरीत 'साहित्य', जैसा कि पियर मिशरे ने कहा, 'शुद्ध संदेश के रूप में मिथक है।'[25] प्रगीत मिथक-गुण के निर्वाह में सबसे आगे है—यह स्वयं अर्थ नहीं देता, इसकी लाक्षणिकी ही तैयार की जा सकती है। यह कुछ कहता हुआ प्रतीत होता है; लेकिन वास्तव में क्या कहता हुआ—कई उदाहरणों में शायद कुछ नहीं। भवानीप्रसाद मिश्र की 'सतपुड़ा के घने जंगल' या केदारनाथ अग्रवाल की 'बसंती हवा' का क्या अर्थ हो सकता है? उसे तो हम मनुष्य की सृष्टिराग-दृष्टि से ही समझ सकते हैं। और यह भाषा है, उसकी ही ध्वनियाँ हैं, ध्वनियों का खेल है, जो अर्थहीन को अर्थगौरव देने में समर्थ है।

निराला और शमशेर जटिल हैं। केदारनाथ अग्रवाल, भवानीप्रसाद मिश्र, त्रिलोचन और नागार्जुन जटिल नहीं हैं। जटिल नहीं हैं तो सरल भी नहीं हैं। इनकी सरलता में कई पेंच हैं। ये सधे हुए जुआरी के समान हैं। आसान लगने वाली चाल से मात देने की क्षमता रखते हैं। त्रिलोचन के यहाँ एकाकीपन का जैसा सरल वर्णन है, उसके आगे दार्शनिक मुद्राएँ मात खाती नज़र आती हैं :

मैं अपने एकाकीपन से ऊब गया था,
ऊब गया था, ऊब गया था। आखिर भागा,
अगले क्षण जीवन-सागर में डूब गया था।
क्या था जिसके लिए स्वयं को मैंने त्यागा?
कौन सत्य था जो मन की लहरों में जागा?
अहम् तत्, इदम् अलग लगें लेकिन अलगाए
कभी नहीं जा सकते। इन सबका रस पागा
है ऐसा कि अनेक एक के तन में आए
घुल मिलकर तल्लीन हुए, पल-पल अपनाए
गए, और आँखों ने देखा जग का बाना
मन का एक सत्य है, श्वासों ने दुहराए
गान उसी के, अब हमको है उसको पाना।
सूरज एकाकी है लेकिन जब आता है
पृथ्वी का कण-कण तब नया गान गाता है।

(दिगन्त, पृ. 59)

यह सॉनिट के फार्म में असल में गीत है। त्रिलोचन के सॉनिट को सॉनिट-गीत भी कहा जा सकता है। इस तरह प्रगीत की एक अलग कोटि बनाई जा सकती है। त्रिलोचन ने स्वतंत्र रूप से बहुत-से गीत लिखे हैं। उन्होंने गीत के बारे में कुछ उल्लेखनीय बातें कही हैं :

> *कविता में हम जब गीत की बात करते हैं तब काव्य-तत्त्व की ही बात करते हैं। यह और बात है कि अन्य रूपों की अपेक्षा गीत में काव्य-तत्त्व के पूर्ण दर्शन की सम्भावना कम रहती है।... गीत की अपनी सीमाएँ होती हैं।... उसमें भाषा, भाव और निर्वाह सभी का ध्यान रखना पड़ता है। युग-मान्य मर्यादाओं का भी गीतकार को पालन करना पड़ता है। इसी कारण गीत प्राय: परम्परा के ही पथ पर गतिशील होते हैं। विद्रोह की व्यंजना के लिए दूसरे माध्यमों की जगह गीत कुछ निर्बल पड़ता है।... गीत वैयक्तिक और निर्वैयक्तिक दोनों प्रकार के हो सकते हैं। वैयक्तिक गीत सामान्य भाव की भूमि पर संचार करता है जबकि निर्वैयक्तिक गीत असामान्य भाव की स्थिति को मानता है। निर्वैयक्तिक गीत गीतकार की कसौटी है।*[26]

नामवर सिंह ने लिखा है—"त्रिलोचन की कविता एक नए काव्यशास्त्र की माँग करती है।"[27] उसमें जोड़ा जाना चाहिए कि वह काव्यशास्त्र खुद त्रिलोचन भी तैयार कर रहे थे। गीत में जो कमी नज़र आई उसे सॉनेट से भरा। निर्वैयक्तिता को कसौटी बनाने के लिए त्रिलोचन को ही त्रिलोचन से अलग कर दिया—'वही त्रिलोचन है, वह—जिसके तन पर गन्दे कपड़े हैं।'

त्रिलोचन की निर्वैयक्तिता उनके व्यक्तित्व में जो एक 'भुथरापन' दिखाई पड़ता

है, उससे पैदा हुई है। बॉदलेयर, जो स्वयं महान प्रगीतकार के रूप में ख्यात है, अपनी एक कृति में कहता है कि भुथरापन (डलनेस) प्राय: लावण्यता पैदा करता है। उदास आँखों का हमें ऋणी होना चाहिए। क्योंकि, वाल्टर बेंजामिन ने उसमें जोड़ा, वे आँखें जब जाग उठती हैं तो उनमें बनैल पशुओं की शिकारी चमक भी पैदा हो उठती है।[28]

त्रिलोचन के यहाँ 'भुथरेपन' के भीतर छिपी चमक को पहचानने की ज़रूरत है—

जीवन इसका जो कुछ है पथ पर बिखरा है,
तप-तप कर ही भट्ठी में सोना निखरा है।

केदारनाथ सिंह मानते हैं कि त्रिलोचन से उन्होंने बहुत-कुछ सीखा है। उनसे शायद यह भी सीखा हो कि भुथरेपन के भीतर के अकेलेपन में कितनी लय और गर्मी होती है :

देखो-देखो कितनी शान से
अपने अकेलेपन को चीरता-फाड़ता
चला जा रहा है जानवर
वहाँ अकेलापन
एक जबड़ा है
मसूढ़ा और दाँत है अकेलापन
अकेलापन उसके पुट्ठों में
गर्म ख़ून की तरह भरा है

अपनी ऊब
और आज़ादी से बेखबर
चला जा रहा है जानवर
और भरी दोपहरी में
एक समूची गरिमा
झड़ते हुए पत्तों के नीचे
तहस-नहस हो रही है।

(यहाँ से देखो, पृ. 31)

प्रगीत के नाम पर नागार्जुन की 'तन गई रीढ़ की हड्डी', 'यह तुम थीं', 'बादल को घिरते देखा है' जैसी कुछ ऐन्द्रिक और प्राकृतिक सौन्दर्य की कविताओं को यदा-कदा याद किया गया। उनकी बाकी कविताओं के लिए रोज़मर्रा की राजनीतिक घटनाओं की कविता जैसी श्रेणी गढ़ी जाती है। नामवर सिंह ने नागार्जुन को सम्बोधित किया है—'बहिर्मुखी आक्रामक काव्य-प्रतिभा'।[29] क्या बहिर्मुखता का भी कोई

प्रगीतात्मकता से कोई सम्बन्ध हो सकता है?

जोनाथन कुलर ने 'पोयटिक्स ऑफ़ दि लिरिक्स'[30] नामक निबन्ध के शुरू में ही एक फ्रेंच कविता उद्धृत की है, जिसमें एक मामूली अख़बारी खबर है—"कल सुबह सात बजे साठ मील प्रति घंटे की रफ़्तार से दौड़ती हुई एक मोटरगाड़ी चनार वृक्ष से टकरा गई। उसके चार सवार हताहत हो गए।" इस बात को कवि ने एक विशेष अनुप्रास-प्रणाली के भीतर लयबद्ध किया। प्रगीत के लिए जिस प्रकार की भाषा की आवश्यकता होती है, जैसी उसमें संकेतात्मकता होनी चाहिए, सबको ला खड़ा किया। बात में असर पैदा हो गया। इसलिए, जोनाथन कुलर की टिप्पणी है, "कोई व्यक्ति जब किसी पाठ को कविता के रूप में पढ़ता है एक नया प्रभाव पैदा हो जाता है, क्योंकि विधा की रूढ़ि संकेतों की नई श्रेणियाँ पैदा कर देती है।"[31]

संकेतों की श्रेणियों के भीतर कविता लिखी जाती है और उसी को आधार बनाकर कविता पढ़ी जाती है। अब नागार्जुन की कविता 'नवादा' को पढ़ें :

आतंक में डूबा हुआ छोटा शहर
पुलिस बरपा गई जिसपे क़हर
नासमझ अधिकारियों ने
मार डाले दो तरुण!
पन्द्रह अगस्त मना लिया
बस क्या और बाकी रहा!!

(नागार्जुन रचनावली-1/278)

कविता 1955 की है। देश नया-नया ही आज़ाद हुआ था। तब शायद ही किसी ने सोचा हो कि 15 अगस्त मनाने का यह भी तरीका हो सकता है। आखिरी पंक्ति 'बस क्या और बाकी रहा' अन्दर तक चीत्कार पैदा करती है। यह बहिर्मुखता में अन्तर्मुखता का उदाहरण है, और यह तात्कालिकता में क्रौंचवध देखने जैसी सर्वकालिक करुणा है। नागार्जुन के यहाँ ऐसे सैकड़ों उदाहरण भरे पड़े हैं। उन्हें ध्यान में रखकर यदि कोई कहे कि बहिर्मुखता में अन्तर्मुखता प्रगीत की कसौटी है, तो इसमें किसी को क्या आपत्ति हो सकती है?

खबरों की कविता की ख़बर लेने की बात हो और रघुवीर सहाय की याद न आए, यह सम्भव ही नहीं। अख़बारी रपट का संकेत देने वाली कविताएँ —'भीड़ में मैकू और मैं', 'नयी हँसी', 'आपकी हँसी', 'रामदास' आदि—प्रगीत की आत्मा लिये हुई हैं।

क्या ज़रूरी है कि प्रगीत पद्य अथवा पद्यपरक हो? क्या छंद या लय गद्य की प्रकृति में नहीं? उत्तर में रघुवर सहाय की एक ऐसी कविता उद्धृत करने की इजाज़त चाहूँगा जो उनके एक कॉलम 'सार्वजनिक वास्तविकता की कविता' में दिखाई पड़ी :

यहाँ पंचकुइयाँ से शीला सिनेमा तक थूक ही थूक है, रात के दस बजे भीड़ जब

नहीं है। वे सब कहाँ गए बीमार फेफड़े, हाँफते लपकते हुए फेंककर गए हैं जो दिल्ली के हाज़िरी खाते में दस्तखत ज़रा-ज़रा दूर पर।

(अर्थात्, पृ. 139)

रघुवीर सहाय ने खुद इसकी व्याख्या की है, "यह रात के दस बजे भीड़ के लोप हो जाने से पैदा सन्नाटे में सड़क पर बचे रह गए उन प्रमाणों की तस्वीर है जो दिल्ली में लाखों की संख्या में काम की तलाश में आते-जातों में से कुछ लोग रोज़ छोड़कर जाया करते हैं।"[32] प्रमाण भी खोजा तो थूक। यह तो वीभत्स रस हुआ। लेकिन वीभत्सता में भी करुणा पुकार गई।

साहित्यिक विधाओं को केवल फार्म से नहीं पहचाना जाना चाहिए। अन्तर्वस्तु से कोई पाठ किस विधा के अन्तर्गत आता है, यह आवश्यक रूप से देख जाना चाहिए। रघुवीर सहाय की उपर्युक्त कविता रपट के फार्म में प्रगीत ही तो है।

अख़बार जो नहीं कहता, उसे कवि को कहना पड़ता है। अरुण कमल की एक कविता 'ख़बर' शीर्षक से ही है। आपातकाल के दौरान आंध्रप्रदेश के दो नक्सल बन्दी फाँसी पर चढ़ा दिए गए थे, जिसकी ख़बर अख़बारों में नहीं थी। कैलिफोर्निया की एक कुतिया के तेरह बच्चे जनने की ख़बर थी, युवराज द्वारा कम्बल बाँटने की ख़बर थी, प्याज के गुणों की ख़बर थी, ख़बर थी राजनेता से दाढ़ी मुड़ाने की, लेकिन—

एक ख़बर जो कहीं नहीं थी
किश्ता गौड़ को फाँसी हो गई
एक ख़बर जो ख़बर नहीं थी :
भूमैया को फाँसी हो गई।

(अपनी केवल धार, पृ. 17)

कवि द्वारा यह ख़बर देना प्रगीत की अन्तर्वस्तु को अभिव्यक्त करना है।

प्रगीत की अन्तर्वस्तु किस-किस बात में पैदा होती है, उसकी सूची बनाना सम्भव नहीं। जो अभी-अभी घट रहा है उसमें कितनी सघन प्रगीतात्मक अनुभूति हो सकती है। अरुण कमल की ही एक कविता 'एक रात जब मैं सफर में था' उसका बढ़िया उदाहरण हो सकती है। रेल का सफर। पटरी पर खट से बजने की आवाज़। शायद कोई छोटा जानवर कट गया। फिर हल्की-सी आवाज़। शायद कुत्ता होगा। फिर बजा खटाक। खूँटा तोड़ा कर भागा हुआ बैल होगा। फिर—'अच्च! चला गया।' कोई रात में लकड़ी चुनने निकला होगा। अन्त में सुनिए कवि की आवाज़—

'और कितनी दूर है मेरा स्टेशन'
मैंने थककर पूछा और बक्स पर बैठ गया!

(नए इलाके में, पृ. 19)

यह बक्स पर बैठना सारे कट गए बेगुनाहों जैसा कटना ही तो है! खूब है! आँखों से नहीं, संशयग्रस्त मन की आँखों से कटने को देखा गया। प्रगीत में मुख्य चीज़ है मन की आँखों से देखना। विषय चाहे प्रेम हो या जगत्-व्यापी करुणा।

प्रगीत, यह कहना अनुचित न होगा, कविता का सर्वाधिक 'प्राकृतिक' रूप है। कविता के कुछ रूढ़ रूप होते हैं। कुछ रूप इतिहास निर्धारित हैं—महाकाव्य, नाट्य कविता आदि; और कुछ छंद रूप हैं—कवित्त, सवैया आदि। प्रगीत इतिहास-निर्धारित रूप होते हुए भी एक स्वतंत्र ही श्रेणी है। इसकी गति कविता के कई रूपों के भीतर देखी जा सकती है। इसे कविता के भीतर की कविता कहें तो इसमें कोई अतिशयोक्ति नहीं होगी। आग्नेय की एक कविता की पंक्तियों के सहारे कहें तो इसकी तासीर है—

मुझे तुम
सूखे पत्तों के ढेरों में
लुका रखो
मैं हरियाऊँगा।

(लौटता हूँ उस तक, पृ. 25)

सभी काव्य विधाओं में प्रगीत अपनी हरियाली फैलाता दिखाई पड़ सकता है। वैसे मूल बात है, जैसा कि तोदोरोव ने लिखा है, "प्रगीत, महाकाव्य आदि व्यापक (यूनिवर्सल) कोटियाँ हैं, जो ऐसी अभिव्यक्ति (डिस्कोर्स) से सम्बन्ध रखते हैं जिनमें किसी बात को नियम-विरुद्ध नहीं माना जा सकता। वे एक साथ संकेतात्मक, व्यावहारिक और वाचिक हो सकते हैं। सामान्य रूप से ये काव्यात्मकता से सम्बन्ध रखते हैं। इन्हें विशेष रूप से विधा-सिद्धान्त के अन्तर्गत नहीं रखा जा सकता। सामान्यत: ये अभिव्यक्ति की सम्भव पद्धति को चरितार्थ करते हैं, न कि अभिव्यक्ति की किसी वास्तविक पद्धति को।"[33]

प्रतिमानों की राजनीति : कविता के नए प्रतिमान

"मैं यह कहना चाहता हूँ कि हिन्दी आलोचना हिन्दी साहित्य के इतिहास का अंग नहीं है, बल्कि हिन्दी साहित्य का इतिहास हिन्दी आलोचना का अंग है।" (नामवर सिंहः कविता के नए प्रतिमानः पुनर्विचार, कथ्यरूप, 1988, पृ. 5) कहने का अभिप्राय यह है कि साहित्य का इतिहास आलोचना-दृष्टि पर निर्भर करता है। इतिहास में प्रतिमानीकरण (श्रेणी-क्रम-निर्धारण) मुख्य होता है, और प्रतिमानीकरण का काम आलोचना करती है। अर्थात् जिसे हम इतिहास-दृष्टि कहते हैं, वह मूलतः आलोचना की उपज है। इस प्रकार आलोचना अधिक व्यापक श्रेणी है। उसकी साहित्यिक संकल्पनाएँ केवल साहित्यिक नहीं होतीं, विचारधारात्मक और राजनीतिक होती हैं।

प्रश्न है कि साहित्य का इतिहास ही आलोचना का अंग क्यों, साहित्य-मात्र ही आलोचना का अंग क्यों नहीं? अब तक के हिन्दी साहित्य के इतिहास के ब्यौरे में न जाएँ, केवल 'नई कविता' पर नज़र गड़ाएँ, जिसे आधार बनाकर नामवर सिंह ने 'कविता के नए प्रतिमान' में प्रतिमानाख्यान रचा है, तो यह प्रश्न निरर्थक नहीं लगेगा। पश्चिम के एक आलोचक ने परिहास में लिखा है :

दाँते : हम ईश्वर के कवि रहे हैं।
बर्न्स : हम जनता के कवि रहे हैं।
मलार्मे : हम कवियों के कवि रहे हैं।
आज का कवि (आत्मश्लाघा में) : अहा, लेकिन हम तो आलोचक के कवि हैं।[1]

नई कविता के कवि 'आलोचक' के कवि हैं—काव्य-चिन्तन-गुरु पाउंड और इलियट आदि से अनुप्राणित।

बीसवीं शताब्दी के प्रारम्भ में अंग्रेज़ी में स्वच्छन्दतावाद के विरुद्ध पांडित्यवाद का आगमन हुआ था। 'कविता' पाउंड के अनुसार 'गद्य के समान दुरुस्त रूप से लिखित होनी चाहिए।' कविता विद्वता और विचार की एक संस्था है। इसे एक साथ जटिल, सीधा-सादा और विवेक-सम्मत होना चाहिए। इस विचार के द्वारा कविता को मेटॅफिजिक्स के प्रभाव क्षेत्र में लाया गया। अब कविता आस्वाद (टेस्ट) से अधिक समझने-समझाने का विषय हो गई : अकादमिक अध्ययन की वस्तु। मोटे

तौर पर, कविता भी पांडित्य, विचार अथवा मीमांसा (Critique) से आविष्ट लगभग उसी का हिस्सा हो गई। मुख्य प्रेरणा के रूप में कांट, कॉलरिज, क्रोचे और प्रांसीसी प्रतीकवादी कवि पाल वेलरे आदि थे। इलियट को वेलरे के प्रतीकवादी सिद्धान्तों का अंग्रेज़ी संस्करण कहा जाता है।

चौथे दशक के अन्त में अमरीकी नई समीक्षा ने पदार्पण किया, जिसका दबदबा आगे के दो दशकों तक बना रहा। जॉन क्रो रेंसम, ऐलन टेट और क्लींथ ब्रुक्स कुछ ख्यात नाम हैं। रेंसम और टेट सिद्ध कवि भी थे। 'तनाव', 'विसंगति', 'विडम्बना', 'जटिलता' आदि इनकी संकल्पनाओं ने मध्य बीसवीं शताब्दी और उसके आगे के दो दशकों को आक्रान्त किए रखा। कविता लिखने और कविता समझने का अर्थ इन संकल्पनाओं से गुज़रना था। बहरहाल, नई समीक्षा के साथ ख़ास बात यह थी कि इसने स्वच्छन्दतावादी प्रतिमानों के विरोध में आस्वाद की नई संकल्पनाएँ प्रस्तुत कीं। बिम्ब और प्रतीक के विश्लेषण की दृष्टि से यह प्रभावी साबित हुई। लेकिन रूपवाद में निहित जो जड़ता और यांत्रिक अनुकरणशीलता होती है, उसका शिकार होने में भी यह सबसे आगे रही।

हिन्दी में कविता के नए प्रतिमानों के प्रति जो चिन्ता दिखाई पड़ी उसके पीछे इलियट की काव्य-दृष्टि, रिचर्ड्स की आलोचना पद्धति और अमरीकी नई समीक्षा की संकल्पनाएँ काम कर रही थीं। यह एक प्रकार से आधुनिक हिन्दी कविता का रीतिकाल था। नए प्रतिमान क्या हैं, उन प्रतिमानों का उदाहरण कैसे दिया जाए, अनेक कवियों में इसकी ख़ास चिन्ता दिखाई पड़ी। आलोचना में विशेष रूप से उन चीज़ों में दिलचस्पी ली गई जिनका सम्बन्ध प्रतिमानों से होता है। कुल मिलाकर कविता पढ़ने के बजाय उसे अकादमिक अध्ययन और बहस के विषय के रूप में देखा गया। कवि खुद इस बात के लिए तत्पर दिखाई पड़े। कवि और आलोचक का भेद लगभग समाप्त था। जो कवि बहस में भाग लेने की योग्यता नहीं रखता था, उसे खोखले समर्थन से काम चलाना पड़ा।

रीतिकाल में कविता शास्त्र से बँधी थी। यह बात भिन्न स्तर पर आधुनिक काल में नई कविता के साथ घटित हुई। कविता आलोचना के पिछलग्गू के रूप में दिखाई पड़ी। प्रतिमानों की चिन्ता से ग्रस्त होकर कविता रची गई। नई कविता के जन्मदाता अज्ञेय, मुक्तिबोध, शमशेर वास्तव में 'तनी हुई रस्सी' पर नाच रहे थे। पाउंड-इलियट की आधुनिकतावादी संवेदना के बावजूद उनका अन्तःकरण समृद्ध और मौलिक था; परवर्ती कवि रघुवीर सहाय, कुँवर नारायण, सर्वेश्वर, केदारनाथ सिंह यथार्थ-चेतना और 'काव्यानुभूति की बनावट' के स्तर पर परिवर्तन ला रहे थे; लेकिन अन्य अधिकांश कवि उस दौर में 'कविता-कविता' खेल रहे थे। खेलवाने का काम मुख्य रूप से आलोचना के जिम्मे था।

नई कविता के प्रतिमान के प्रश्न के साथ लक्ष्मीकांत वर्मा उपस्थित हुए थे।

साहित्यिक प्रतिमानों को लेकर वे सुलझी हुई दृष्टि तो पेश नहीं कर सके, 'मानव विशिष्टता', 'अनुभूति का आधुनिक स्तर', 'क्षण' और उसके प्रति दायित्व जैसी अवधारणाओं को आगे करने और उनकी व्याख्या में एड़ी-चोटी एक करते रहे। उस ज़माने में विजयदेव नारायण साही की 'लघुमानव' की अवधारणा चर्चा में रहती थी। 'नया मानव' शब्द भी खूब चला था। कविता और आलोचना 'क्षण', 'दर्द', 'व्यथा', 'मौन', 'अनुभूति की ईमानदारी' और 'प्रामाणिकता' जैसे शब्द और अवधारणाओं से लदफद गई थीं। एक जैसे वाक्य के टुकड़े और विचार कवियों और आलोचकों की लेखनी से स्रावित हो रहे थे। केदारनाथ सिंह जैसे कवि भी उस समय इस तरह की काव्य पंक्तियाँ लिख रहे थे—

__व्यथा__ को हक़ दो—वह भी अपने दो नन्हे—
कटे हुए डैनों पर
आने वाले पावन भोर की किरन पहली
झेलकर बिखर जाए,
झर जाए—
__नयी व्यथा__ के लिए!
माटी को हक़ दो—वह भींजे, सरसे, फूटे, अँखुआए,
इन मेड़ों से लेकर उन मेड़ों तक छाये,
और कभी हारे,
(यदि हारे)
तब भी उसके माथे पर हिले,
और हिले,
और उठती ही जाए—
यह दूब की पताका—
नए मानव के लिए!

(नई कविता : खंड तीन, पृ. 75-76)

रघुवीर सहाय अपने गद्य में लिख रहे थे कि नई कविता अलग-अलग खोज है और "संश्लिष्ट रूप में नए मानव की खोज ही नई कविता का धर्म है।"[2]

संश्लिष्ट रूप में नए मानव की खोज! यानी नई कविता से पूर्व 'मानव' की खोज विखंडित रूप में हुई होगी। बात यह नहीं, उस ऐतिहासिक आवश्यकता की है जिसका सबसे पहले अनुभव बीसवीं शताब्दी के शुरुआती वर्षों में पश्चिम में पूँजीवादी समाज में मनुष्य की विसंगतियों के सन्दर्भ में किया गया था। मशीन के नियमनिष्ठ लय के दबाव में मानव चित और उसके संसार में अपखंडन—भोगे हुए समय और घड़ी के समय के बीच तनाव—एक बड़े 'बंजरपन' का दृश्य उपस्थित कर रहा था। इसे आवाँगार्द कला में बेहतर ढंग से उकेरा जा सका। आवाँगार्द ने

आत्मस्फूर्त कल्पना के ज़रिए मानव चित की विडम्बनाओं की भरपाई भी की थी। लेकिन चौथे दशक के बाद आवाँगार्द में ख़ास आकर्षण नहीं बचा। राजनीतिक उपयोगिता उसकी फिर भी बनी हुई थी। जिसे नई कविता में 'नया मानव' और 'लघु मानव' कहा जा रहा था, वह पैदा हुआ था आवाँगार्द कला में। इसमें शक नहीं कि उस 'मानव' के जरिए आवाँगार्द कला में 'प्रामाणिक' अनुभव को पकड़ने के प्रयास किए गए थे। लेकिन बाद में वही 'मानव' शीतयुद्ध की राजनीति का नायक बना। दूसरे शब्दों में, पाँचवें-छठवें दशक से पीछे मुड़कर देखें तो कहा जा सकता है वह कलाओं के उर्वर आन्दोलन का दौर था, लेकिन बाद में उसी संलक्षण की कलाएँ शीतयुद्ध की राजनीति के हथियार बने।

एरिक हॉब्सबाम ने शीतयुद्ध के सन्दर्भ में दार्शनिक थामस हॉब्स की एक पंक्ति उद्धृत की है—"युद्ध केवल वास्तविक लड़ाई के मैदान में नहीं लड़ा जाता है, और यह न ही मुक्कम-मुक्की की क्रिया है, बल्कि किसी ख़ास समय में लड़ाई की मानसिकता भी युद्ध है।"[3] उस मानसिकता को बल देने में कला और उसकी संकल्पनाओं की भूमिका हो सकती है, शीतयुद्ध के दौरान यह बात बखूबी देखी गई। नई कविता में भी इस बात की पर्याप्त गंध थी। इसके प्रति मुक्तिबोध ने उसी समय आगाह किया था। उन्होंने कहा—'नई कविता के बुर्ज से शीतयुद्ध की गोलन्दाजी' हो रही है। इसके साथ ही यह प्रतिपादित किया, "एक कला-सिद्धान्त के पीछे एक विशेष जीवन-दृष्टि होती है, उस जीवन-दृष्टि के पीछे एक जीवन-दर्शन होता है, और उस जीवन-दर्शन के पीछे आजकल के ज़माने में, एक राजनीतिक दृष्टि भी लगी रहती है।"[4] मुक्तिबोध नई कविता के कला-सिद्धान्त के ब्यौरे में नहीं गए, लेकिन उसके भीतर काम कर रही राजनीति से उनका गहरा परिचय था।

नामवर सिंह ने जब नई कविता दम तोड़ चुकी थी अमरीकी 'नई समीक्षा' की संकल्पनाओं और नई कविता के दौर की बहसों को निगाह में रखकर 'कविता के नए प्रतिमान' (1968) लिखी। पुस्तक विवाद और चर्चा में रही। मुख्य आरोप था —मार्क्सवादी आलोचक नामवर सिंह का 'रूपवादी झुकाव'। दूसरे संस्करण की भूमिका (1974) में जवाब में नामवर सिंह ने 'सापेक्ष स्वतंत्रता' की अवधारणा को आगे करते हुए जेरेमी हॉथॉर्न के हवाले माना कि 'रूपवादी आलोचना के तत्त्वों का उपयोग मार्क्सवादी आलोचना को विस्तृत और समृद्ध करने के लिए हो सकता है।'[5] आगे यह भी कहा कि "अंग्रेज़ी 'नई समीक्षा' को 'साम्राज्यवादी साज़िश' या 'पतनशील' पाश्चात्य प्रवृत्ति कहकर टाला नहीं जा सकता।"[6] बात यहाँ जाकर समाप्त की कि मार्क्सवादी आलोचकों ने साहित्य की सापेक्ष स्वतंत्रता का सम्मान किया होता तो नई समीक्षा को पैर फैलाने का मौका नहीं मिलता।[7]

दूसरे संस्करण की भूमिका के चौदह साल बाद नामवर सिंह ने क्या कहा, उसे

देखें। कहा कि नई कविता के दौर में चर्चित नई समीक्षा की 'अनुभूति की प्रामाणिकता', 'जटिलता', 'तनाव', 'विसंगति', 'विडम्बना', 'ईमानदारी' आदि का उन्होंने जो परीक्षण किया था और अनेक की अपर्याप्तता और असंगतियों का जो संकेत किया था वह केवल तार्किक था। नई समीक्षा की ये संकल्पनाएँ रूपवादी हैं और तर्क के आधार पर किया गया उसका खंडन भी 'रूपवादी' कहलाएगा। सटीक शब्दों में, उन्हीं का कथन है, " 'कविता के नए प्रतिमान' का रूपवाद यह है कि उसमें रूपवाद की आलोचना भी रूपवादी ढंग से की गई है—अर्थात् तार्किक आधार पर उसका खंडन किया गया है, ऐतिहासिक आधार पर नहीं किया गया है। 'जटिलता', 'विसंगति', 'अनुभूति की प्रामाणिकता' आदि के मूल में जो राजनीति काम कर रही है, उसका खंडन नहीं किया गया है।"[8] कौन-सी राजनीति काम कर रही है? कहा—'शीतयुद्ध का काव्यशास्त्र', जिसके मूल में है 'विचारधारा का अन्त'।[9]

सवाल है कि 'कविता के नए प्रतिमान' की तार्किकता के मूल में नामवर सिंह ने जो कहा उसके अलावा क्या है?

'कविता के नए प्रतिमान' जिस समय लिखी गई थी नई कविता ने दम तोड़ा था, शीतयुद्ध ने नहीं। शीतयुद्ध समाप्त हुआ रेक्जिविक (1986) और वाशिंगटन (1987) की शिखर वार्ताओं के बाद। उसकी व्यावहारिक परिणति 1989 में सोवियत साम्राज्य का बिखराव और 1989-91 के बीच सोवियत संघ के विघटन के रूप में दिखाई पड़ी। शीतयुद्ध की ठीक समाप्ति के बाद और सोवियत संघ के बिखराव-विघटन से थोड़ा पहले अप्रैल 1988 में 'कविता के नए प्रतिमान' पर नामवर सिंह द्वारा दिए गए वे दो व्याख्यान, जो कि 'कथ्य-रूप' में छपे हैं, ऐतिहासिक आधार पर व्याख्या की माँग करते हैं।

शीतयुद्ध पूँजीवाद बनाम समाजवाद दो व्यवस्थाओं की विचारधारा का युद्ध था। द्वितीय विश्वयुद्ध के बाद लगभग डेढ़ दशक तक काँटे की टक्कर रही। 1960 के बाद समाजवादी धुरी कमजोर होने लगी थी। दशक के अन्त तक जहाँ अमरीका, जापान और अमरीका-समर्थित यूरोप के देश बहुत आगे खड़े दिखाई पड़े, वहीं सोवियत संघ और उससे सम्बद्ध देशों की स्थिति अच्छी नहीं थी। उनमें से भारत भी एक था, जो स्वतंत्रता से पन्द्रह-बीस वर्ष गुज़र जाने के बाद भी अपने पैरों पर खड़ा नहीं हो पाया था। उस समय भी यह बहुत स्पष्ट था कि सोवियत संघ के समर्थन के जोर से समाजवादी आन्दोलन का कुछ भला नहीं किया जा सकता, फिर भी हमारे कम्युनिस्ट उससे चिपके रहे। सारा खेल तर्क के स्तर पर चल रहा था। समाजवादी आन्दोलन नहीं था, समाजवाद का तर्क था। तार्किकता के बल पर संशोधन और वर्ग-सहयोग की राजनीति थी। वही तार्किकता आलोचना में दिखाई पड़ी हो तो इसमें आश्चर्य क्या!

यहाँ हम 1967 के बाद आए परिवर्तन को याद कर सकते हैं। राजनीति और

साहित्य में लड़ाकूपन का दौर शुरू हुआ। नक्सल आन्दोलन ने देश की व्यवस्था को भयभीत कर दिया था। प्रभाव उसका सीमित था, लेकिन चूँकि यह वास्तविक टकराव और संघर्ष का मामला था, इसलिए इससे डर भी स्वाभाविक था। नक्सल आन्दोलन बड़ा अंजाम न ले, इसे ध्यान में रखकर 'तार्किक' वामपंथियों को बढ़ावा दिया गया। नामवर सिंह जिस जे.एन.यू. के सिरमौर हैं, उसके निर्माण के पीछे यह बात ख़ासतौर पर कही जाती है।

शीतयुद्ध में अधिकांश राजनीतिक या साहित्यिक गतिविधि का कोई न कोई उपयोग था। मसलन नक्सली वाम ने सोवियत संघ को सामाजिक साम्राज्यवादी घोषित किया था, जो अमरीकी प्रचार के पक्ष में जाता था। पता नहीं इस बारे में आज नक्सल क्या सोचते हैं। राजनीति में स्वीकारोक्ति का साहस कम होता है। यह साहस साहित्य में होता है। नामवर सिंह ने 1988 के व्याख्यान में 'एंड ऑफ़ आइडियोलॉजी' के लेखक डैनियल बेल के हवाले स्वीकार किया कि 'अनेकार्थकता', 'विडम्बना', 'तनाव', 'जटिलता' आदि शब्द जो साहित्य की आलोचना में इस्तेमाल किए गए वे अमरीकी राजनीति विभाग के अंग थे।[10] मतलब अमरीकी राजनीति जो आख्यान रच रही थी, जो शब्दावली पेश कर रही थी उसके सहारे एक 'काव्यशास्त्र' बना। यह काव्यशास्त्र नई कविता और उस ज़माने की राजनीति के अनुकूल बैठ रहा था। क्योंकि इसमें 'एक सुविधाभोगी समाज-दृष्टि का प्रतिमान'[11] था। उसी प्रतिमान का उपयोग नामवर सिंह की 'कविता के नए प्रतिमान' में हुआ है।

सुविधाभोगी समाज-दृष्टि का प्रतिमान! यह सच है। लेकिन शीतयुद्ध वाली बात को अलग करके देखें तो नई समीक्षा में कुछ अच्छाइयाँ भी हैं। इसके अन्तर्गत सामान्य रूप से माना गया कि कविता अपने भीतर एक विषय है—''अँ बिलीफ दैट दी पोइम्स डिस्कोर्स सम हाऊ 'इनक्लुडेड रियलिटी' विदिन इटसेल्फ़।'' अपनी इस धारणा से इसने कविता को कवि और पाठक दोनों से पृथक करने का काम किया। प्रचलित आलोचना में अब तक माना जाता था कि साहित्य महान व्यक्ति का उत्पाद है। नई समीक्षा ने इस धारणा से साहित्य में महान व्यक्ति के सिद्धान्त को बेखटके तोड़ दिया। काव्यार्थ अब सार्वजनिक और वस्तुनिष्ठ था—यह साहित्यिक पाठ की भाषा में निहित था, न कि कब के दिवंगत हो चुके लेखक के मस्तिष्क में।[12] कविता स्वयं में विषय है अर्थात् समाज है—इसमें समाज से विद्रोह की भावना निहित थी। पाँचवें दशक की नई समीक्षा में यह बात थी। छठवें दशक में नई समीक्षा पर अकादमिकता हावी हुई, और वह व्यवस्थावाद और राजनीतिक युद्ध के विषय का हिस्सा हो गई। इसकी संकल्पनाओं में, जैसा कि नामवर सिंह ने इंगित किया है, शीतयुद्ध की राजनीति भूमिका निभाने लगी। टेरी इगल्टन ने इसका खुलासा बेहतर ढंग से किया है। कहा कि कविता के प्रति नई समीक्षा की दृष्टि सन्तुलन-आधारित तर्कवृत्ति, विरोधी मनोवेगों के अनिच्छुक सामंजस्य पर आधारित और शीतयुद्ध के

टकरावपूर्ण सैद्धान्तिकी के परीक्षण का विषय थी, जो उस समय संशयी बुद्धिजीवियों को आकर्षित कर रही थी।[13]

नई समीक्षा में ख़ास किस्म की तार्किकता थी, जिसका निश्चित परिवेश था। अब यह कहना कि 'कविता के नए प्रतिमान' में नई समीक्षा की संकल्पनाओं का किया गया परीक्षण तार्किक होने के नाते रूपवादी था, यह बदले हुए समय का तर्क है। और यह कहना भी काफ़ी नहीं कि नई समीक्षा का काव्यशास्त्र केवल सुविधाभोगी वर्ग और शीतयुद्ध के काम का विषय रहा था। मुक्तिबोध शीतयुद्ध के प्रभावों से भलीभाँति वाकिफ थे, लेकिन उन पर नई समीक्षा की दृष्टि का भी असर था। विरोधी मनोवेगों की अभिव्यक्ति की प्रवृत्ति और उनकी संशयशीलता को वह दृष्टि सूट करती थी। इस प्रकार नामवर सिंह ने नई समीक्षा की संकल्पनाओं के आधार पर मुक्तिबोध की कविता की सार्थकता की जो जाँच की थी, वह अनुचित नहीं था। विसंगति और विडम्बना पर विचार करते हुए उन्होंने कितनी सधी हुई बात कही थी, ''मुक्तिबोध की 'चम्बल की घाटी में' और 'अँधेरे में' जैसी भयावह त्रासदीय रंग की नाटकीय कविताओं के अन्तर्गत काले बादलों को चीरकर बिजली की कौंध के समान हल्के-फुल्के संक्षिप्त प्रसंग झलक जाते हैं, जिनसे विडम्बना के सर्जनात्मक उपयोग का गहरा एहसास होता है।''[14]

'कविता के नए प्रतिमान' की सीमा नई समीक्षा नहीं है। उसकी सीमा है अपनी ही मूल योजना के प्रति संशय, जिसने उसके लेखक का बाद-बाद तक पीछा नहीं छोड़ा। अपने समय और उसकी राजनीति को नज़रअन्दाज़ करके किए गए काम की यही सबसे बड़ी सीमा हो सकती है। 1967 के बाद की राजनीति और साहित्य में आए परिवर्तन को ध्यान में रखकर नई कविता पर बहस की गई होती तो 1988 में 'कविता के नए प्रतिमान' की सीमाएँ गिनाने की ज़रूरत नहीं पड़ती। यही नहीं, नामवर सिंह जैसे समर्थ आलोचक द्वारा सार्थक प्रतिमानीकरण (कैननाइजेशन) भी सम्भव होता। नई कविता से अलग धारा की कविता और बाद की रचनाशीलता के सन्दर्भ में भी इसका ख़ास महत्त्व हो सकता था।

बहरहाल, हमारा जोर प्रतिमानीकरण पर नहीं है। लगभग सभी प्रतिमानीकरण अन्ततः साहित्य की स्वायत्तता के बिन्दु पर आकर ठहर जाते हैं। 'सापेक्ष स्वतंत्रता' अथवा उसके बदले में आया शब्द 'अस्मिता और सम्बन्ध', जिसका नामवर सिंह ने 'कविता के नए प्रतिमान' में पक्ष लिया है, भी निरापद नहीं है। प्रतिमानीकरण के साथ प्रायः यह प्रश्न जुड़ा होता है कि क्या साहित्यिक विषय-निष्ठा और सामाजिक परिस्थिति में कोई अन्तर्सम्बन्ध होता है? अन्तर्सम्बन्ध पर विचार तो ठीक है, लेकिन उस क्रम में साहित्य के सम्बन्ध में एक ऊँची बात भी ठोक दी जाती है कि साहित्य में वास्तविक संसार की वैकल्पिकता की माँग होती है। इसका अर्थ यह निकला, पेटर बर्गर की एक पंक्ति के सहारे कहें, साहित्य ''यथार्थ संसार का पूर्णतः 'अन्य'

के रूप में विरोध करता है।''[15] तो यह है साहित्य की 'अस्मिता' और समाज से उसका 'सम्बन्ध'। 'स्वायत्तता' अथवा 'स्वतंत्रता', बर्गर की विचारणीय सूझ है, विचारधारा के ढाँचे में संस्थानीकृत होती है।[16] यानी साहित्य 'स्वायत्तता' अथवा 'सापेक्ष स्वतंत्रता' की धारणा के अन्तर्गत विचारधारात्मक ढाँचा है, और इस रूप में 'छद्म चेतना' अथवा 'भ्रम' ही है (जैसा कि मार्क्स की 'जर्मन विचारधारा' को आधार बनाकर विचारधारा के बारे में एक समझ दिखाई पड़ती है)। इस बात के विस्तार में जाने का यहाँ अवकाश नहीं है।

संक्षेप में, साहित्य—कविता—यदि विचारधारात्मक ढाँचा है, तो विचारधारात्मक ढाँचे में परिवर्तन लाने (उसे तोड़ने) की युक्ति भी है। इस स्तर पर 'सापेक्ष स्वतंत्रता' के सिद्धान्त का महत्त्व सीमित हो जाता है। प्रतिमान प्रामाणिक विश्लेषण के दावे के साथ उपस्थित होने के बावजूद, ढाँचे को तोड़ने में प्राय: असफल साबित हुए हैं। प्रतिमान का काम प्राय: मूल्य-निर्णय देने का होता है। यदि मूल्य-निर्णय समग्र भी हो, जिसकी अपेक्षा नामवर सिंह ने की है, उन्हीं की शब्दावली में कहें, वह प्राय: 'संस्कार' से जुड़ जाता है।[17] इस रास्ते वह साहित्यिक स्वायत्तता को ही अधिक पुष्ट करता है। इस प्रकार साहित्य का 'पालिटिकल फंक्शन' अस्पष्ट रह जाता है। खुद आलोचना की राजनीतिक भूमिका घटती है, सामने उपस्थित चुनौतियों से निपटने की प्रवृत्ति घटती है। यदि आलोचक का वास्तव में चुनौतियों से निपटने का उद्देश्य हो तो आलोचना-कर्म को, वाल्टर बेंजामिन के सहारे कहें, किसी भी रूप में ऐसे कार्यक्रम पर आधारित करना चाहिए जो क्रान्तिकारी राजनीति से प्रतिबद्ध हो। यहाँ बेंजामिन के अभिप्राय को ठीक-ठीक बताने का दावा तो मैं नहीं कर सकता, लेकिन मेरी समझ से 'क्रांतिकारी राजनीति से प्रतिबद्ध' का अर्थ उस राजनीति से नहीं, जो आलोचक की 'पसंद' और 'स्वार्थ' की सेवा करती हो; बल्कि उस राजनीति से है जो बदली हुई परिस्थितियों में व्यक्ति-इच्छा और संगठन-इच्छा से ऊपर कार्यक्रम पेश करने का माद्दा रखती हो। इस स्तर पर 'प्रतिबद्धता' का अर्थ 'अबौद्धिक ज़िद' नहीं रह जाता है। इस रास्ते, हमारी समझ से, व्यावहारिक सूझ पैदा होती है कि कैसे साहित्य विचारधारात्मक ढाँचा है और उसमें परिवर्तन की युक्ति भी। इस बिन्दु पर नामवर सिंह द्वारा यह उपदेश देने का अवसर समाप्त हो जाता है कि मार्क्सवादी आलोचकों ने सापेक्ष स्वतंत्रता का सम्मान किया होता तो नई समीक्षा को पैर फैलाने का मौका नहीं मिलता। नई समीक्षा को पैर फैलाने दीजिए न! उसने यही तो कहा कि कविता स्वयं में समाज है। ठीक है, अब हमें देखना चाहिए कि उस 'समाज' के पीछे राजनीति क्या है, और यह समय पर ही देखना चाहिए। असल में, आलोचना में 'तर्क' के स्तर पर जवाब देने के कारण रूपवाद पैदा नहीं होता, रूपवाद पैदा होता है साहित्य में निहित राजनीतिकता को प्रकाश में नहीं लाने के कारण।

नई समीक्षा की संकल्पनाओं के मूल में शीतयुद्ध की राजनीति काम कर रही

थी, जिसका खंडन नामवर सिंह ने 'कविता के नए प्रतिमान' के प्रकाशन के बीस वर्ष बाद ज़रूरी समझा। ज़रूरी क्यों? —'दूसरी परम्परा' की खोज और स्थापना के लिए।[18] कहा कि नई कविता के अन्तर्गत जो दूसरी परम्परा थी उसके वाहक मुक्तिबोध थे। नई कविता के बाहर जो दूसरी परम्परा है और उसको चुनौती देती है, उसके वाहक नागार्जुन और त्रिलोचन हैं।[19]

नई समीक्षा की संकल्पनाओं के सहारे नामवर सिंह ने 'कविता के नए प्रतिमान' में मुक्तिबोध की समीक्षा की। उसमें नई समीक्षा की संकल्पनाओं का परीक्षण हो गया और यह भी साबित हुआ कि मुक्तिबोध नई कविता की 'दूसरी परम्परा' हैं। नागार्जुन और त्रिलोचन ठेठ हिन्दी परम्परा के कवि हैं, उनके जरिए पूरी हिन्दी कविता की दूसरी परम्परा का निरूपण सम्भव है। इस प्रकार ये नामवर सिंह को अपने नए कार्यक्रम के अधिक उपयुक्त प्रतीत हुए। बहरहाल, इससे नागार्जुन और त्रिलोचन की तुलना में मुक्तिबोध की सीमा तो स्पष्ट हो ही गई। अब 'दूसरी परम्परा' की शक्ति पर गौर करें। उसके निरूपण में नामवर सिंह ने नागार्जुन और त्रिलोचन की जिन दो कविताओं का उल्लेख किया है, वे हैं 'मादा सुअर' और 'चम्पा काले-काले अक्षर नहीं चीन्हती'। दोनों कविताओं से हिन्दी के पाठक सुपरिचित हैं। नामवर सिंह ने नागार्जुन की कविता के लिए कहा कि यह भद्र-वर्ग की सौन्दर्याभिरुचि को चोट पहुँचाने वाली है।[20] त्रिलोचन की 'चम्पा' के लिए कहा कि यह 'प्रति-आधुनिकता की कविता है'।[21] दोनों बातें हमें मान्य हैं। लेकिन ये दोनों कविताएँ उस 'विडम्बना' का भी संकेत करती हैं जिसका निरूपण नई समीक्षा का अभीष्ट था, और 'कविता के नए प्रतिमान' में उसे खूब मथा गया है। यह देखकर मन में प्रश्न उठता है कि 'दूसरी परम्परा' में नई समीक्षा ही तो 'पुनर्नवा' नहीं हुई है?

सवाल है प्रभुत्वशाली परम्परा से पिंड छूटे तो कैसे? वाल्टर बेंजामिन, जिनका नामवर सिंह अपने ऊपर ऋण मानते रहे हैं, का जरूरी कथन याद आता है, आलोचना में "जो चीज़ बेहद ज़रूरी है एक कार्यक्रम का होना।"[22] सीमित योजना पर्याप्त नहीं है। कार्यक्रम का सम्बन्ध क्रान्तिकारी राजनीति से हो, यह भी आवश्यक है। मुक्तिबोध, नागार्जुन और त्रिलोचन समर्थ कवि हैं। लेकिन ये ही हमारे साहित्य की सीमा नहीं हैं। स्त्री और दलित लेखन है, जनसमूहों के संघर्ष की अभिव्यक्तियाँ भी हैं। आलोचना के कार्यक्रम में इन्हें गम्भीरतापूर्वक शामिल किए बगैर प्रभुत्वशाली परम्परा से 'दूसरी परम्परा' की मुक्ति सम्भव नहीं है। नामवर सिंह के हम ऋणी हैं कि यह सबक भी हमें उनकी ही आलोचना से मिलता है।

कविता का वर्तमान, कविता का भविष्य

रामचन्द्र शुक्ल पर केन्द्रित मेरे निबन्ध 'कविता क्या है' के निमित्त अरुण कमल ने एक छोटी-सी सम्पादकीय टिप्पणी लिखी है। उसकी अन्तिम पंक्ति है, "थोड़े से लोग हमेशा हुए और होंगे जो कविता पढ़ेंगे और उनमें से कुछ यह भी पूछेंगे, कविता क्या है।"[1] प्रश्न है कि कविता के साथ सभी समय में थोड़े से लोग वाली बाध्यता क्यों है? इसलिए कि कविता का व्यवसायीकरण सम्भव नहीं है। कविता के लिए गहरे नैतिक बोध की ज़रूरत होती है। यह बात नवधनाढ्य, प्रभुत्वशाली, मदमत्त वर्ग को चुभती है। अरुण कमल की टिप्पणी से यह उत्तर निकलकर आता है। इससे असहमत होने का सवाल नहीं उठता। लेकिन बात यह न नई है और न पूरी तरह सही है। हमारा वर्ग-चिन्तन हर बात का दोष एकांगी रूप से दुश्मन के सिर मढ़ने का आदि रहा है। यह हमारी समझ से क्रान्तिकारी वर्ग का लक्षण नहीं है। इस रास्ते हम व्यापक समुदाय और कवि, दोनों को उत्तरदायित्व से मुक्त कर देते हैं।

प्रश्न यह भी है कि थोड़े से लोग के बजाय किसी दिन बहुत से लोग कविता पढ़ने लगें, क्या उस दिन इस रहस्य से परदा उठ जाएगा कि कविता क्या है? हमारी समझ से व्यापक समुदाय के भीतर यदि हम कविता की स्थिति देखने का प्रयत्न करें तो यह प्रश्न अधिक विचारोत्तेजक हो सकता है।

आधुनिक समाज में, सच तो यह है, हम अकल्पनीय रूप से कविता से घिरे हुए हैं। कई प्रकार की अनौपचारिक कविताओं से। सिनेमा के गाने और टेलीविज़न चैनल के एलबम—आज के ज़माने में ये अनौपचारिक कविता की श्रेणियाँ हैं। अनौपचारिक श्रेणी की कविता का उपयोग व्यापक स्तर पर होता है विज्ञापन में, खेल के स्लोगन में, कार्टून टेक्स्ट में, राजनीतिक धरना-प्रदर्शन के नारों में, मोबाइल मैसेज जोक्स में, भजन-कीर्तन में। भक्ति की रचनाएँ तो किसी समय कविता की वैधानिक कोटि में आती थीं, आज वे पदच्युत हो गई हैं।

जनसमुदाय कविता की किसी न किसी कोटि से घिरा है, और आगे भी घिरा रहेगा। कविता की वैधानिक कोटि से उसका सम्बन्ध कम है। यह बात हमें बेचैन करती है। अवरोध कहाँ है, यह जानते हुए कि कविता के पाठक हमेशा थोड़े लोग ही होंगे, सोचने का विषय है।

अरुण कमल का यह कहना दुरुस्त है कि "जो भी कलाकार, कथाकार या कवि धन की महिमा को चुनौती देगा, जो भी नवधनाढ्य वर्ग के भ्रष्ट आन्तरिक जगत को दिखाएगा, जो भी जीवन की जय का घोष करेगा और करोड़ों वंचितों की ओर से सिर उठाएगा वही जिएगा।"[2] यहाँ हम जानना चाहते हैं कि इतने महान दायित्व के वहन के बावजूद इस कोटि का कवि-कलाकार करोड़ों से दूर क्यों रहेगा (जो कि वह रह रहा है) ? सिर्फ़ नवधनाढ्य और प्रभुत्वशाली वर्ग के कारण ? खुद जनसामान्य और कवि-कलाकारों की इसमें कोई जवाबदेही नहीं ?

हम सिने-संगीत या भजन-कीर्तन के समर्थन में खड़े नहीं हैं। लेकिन जनसामान्य में इनकी व्यापक स्वीकृति को देखते हुए इनकी शक्ति से भी इनकार नहीं कर सकते। हमारी पीढ़ी के अनेक कवियों के काव्य-संस्कार तैयार करने में सिनेमा के गानों ने बड़ी भूमिका निभाई है। छठवें-सातवें दशक के गानों में जो दोस्ती और मुहब्बत की बातें होती थीं, सामाजिक समानता के जो विचार होते थे, उसका गहरा असर तरुण कवियों पर पड़ता था। वह असर आज घटा है। कविता में समानता का सपना देखने वाली बात भी कम ही रह गई है।

फिलहाल बुनियादी विषय हमारे समक्ष जनसामान्य की कविता के प्रति उदासीनता और कवि की जनसामान्य से जुड़ने में असमर्थता है। इस विषय पर बाख्तीन ने आँख खोल देने वाली बात कही है। कवि और मनुष्य भिन्न अस्तित्व नहीं हैं। मनुष्य किसी आन्तरिक दबाव अथवा स्वतंत्रता की इच्छा से कविता अथवा कला की दुनिया में चला जाता है। यह जितना सुखद है, उतना ही उलझन भी पैदा करता है। बाख्तीन के शब्दों में, "कला अति आत्मविश्वास, निर्भीक आत्मविश्वास और महत्त्वाकांक्षा से ग्रस्त हो जाती है, इस हद तक कि वह किसी भी तरह से जीवन को उत्तर देने के लिए बाध्य नहीं रहती।"[3] यह आन्तरिक हठ ही सम्भवत: सबसे अधिक जिम्मेदार है, इसे थोड़े-से लोगों के बीच होने के लिए। यह 'धन की दुनिया' से ही बाहर नहीं जाती, अपने उत्कर्ष में जीवन से ही बाहर चली जाती है। "यह हमारी पहुँच के बाहर है—जीवन कहता है। आखिर यह कला है और हमारे पास जीवन-निर्वाह के लिए साधारण और नीरस गद्य के सिवाय कुछ नहीं है।"[4]

कला की जीवन के प्रति और जीवन की कला के प्रति उत्तरदायित्वहीनता के बीच एक राजनीतिक संवाद चलता रहता है—कला महान है! जीवन महान है! प्रलाप की पराकाष्ठा यह है कि हिन्दी की कविता तो नहीं, लेकिन ब्रेष्ट, नेरूदा, पेसुआ, लोर्का महान हैं; हमारी जनता तो भुस-दिमाग है, बंगाली-मराठी, ब्रिटिश, लातिन अमेरिकी महान हैं। कोई क्या कहे, हाथ जोड़ लेने के सिवाय!

किसी भी देश की कविता ने जीवन के प्रति सच्चा रुख दिखाया हो और जीवन में कविता को ठोस स्थान मिला हो, इसके उदाहरण कम ही हैं। अक्सर कविता की महानता जीवन से दूर जा खड़ी होती है। कवि होने के उपक्रम का ही यह सामान्य

स्वभाव है। औसत आदमी का सामान्य स्वभाव है कि काम-धंधे में फँसकर जीवन को पहचानने का उपक्रम बहुत कम करता है। इस प्रकार कवि और औसत आदमी दो भिन्न दायरे बना लेते हैं। बाख़्तीन की टिप्पणी है, "कवि को याद रखना चाहिए कि यह उसकी कविता है, जो अपराधी है कुत्सित जीवन-गद्य के लिए, वहीं एक औसत आदमी को भी जानना चाहिए कि कला की निष्फलता का कारण जीवन के प्रति उसकी अनिश्चितता और लापरवाही है।"[5]

बेशक कवि और उसकी कविता महान है, लेकिन सामाजिक जीवन के प्रति लापरवाही के साथ। उसकी लापरवाही एक हद तक कारण है कि औसत आदमी काव्य और कला की अन्य श्रेणियों की शरण में जाता है।

हम लोग एक खास लक्षण के मारे हैं, जैसा कि हमने शुरू में कहा, सारा कसूर एकांगी रूप से दुश्मन के सिर मढ़ देते हैं। इससे हमारा कला-कर्म निर्दोष साबित हो जाता है। दूसरी ओर हम कला के बिना जीवन को विचरण के लिए खुला छोड़ देते हैं। इस तरह दुश्मन दोनों छोर से मनमानी के लिए आज़ाद हो जाता है।

रास्ता क्या है? बाख़्तीन का उत्तर है, "कला और जीवन एक नहीं हैं, लेकिन उनको मुझमें एक होना होगा—मेरे उत्तरदायित्व की एकता में।"[6]

उत्तरदायित्व की इसी एकता के भीतर हमारे कल यानी भविष्य को सुना जा सकता है। मनुष्य का भविष्य और कविता का भविष्य, दोनों अर्थों में।

उत्तरदायित्व की एकता कठिन है। असम्भव नहीं। वस्तुतः इसकी प्रक्रिया से हर ईमानदार कवि गुज़रता है। खुद अरुण कमल जब 'अपनी केवल धार' कहते हैं तो इसी एकता-चेतना के नियम से। नरेश सक्सेना की इस काव्य-पंक्ति को याद करें : दुनिया के नमक और लोहे में हमारा भी हिस्सा है/ तो फिर दुनिया भर में बहते हुए ख़ून और पसीने में/हमारा भी हिस्सा होना चाहिए। (समुद्र पर हो रही है बारिश, पृ. 13)

कविता, हमारी समझ से, लिखी ही जाती है नमक का कर्ज अदा करने के लिए। कवि भी नमक का कर्ज अदा न करे तो जीवन को विशृंखलता से कौन बचाएगा! उसका 'निर्भीक आत्मविश्वास' और अहं भी आदर का विषय है, बशर्ते उसके भीतर अभिव्यक्ति की ऐसी ललकार हो, जो प्रभुत्वशाली गिरोह के मद को परास्त करे।

अहं में जीवन-उत्कर्ष है। निराला, प्रसाद, मुक्तिबोध की कविता में वह जीवन की सचाई पर जोरदार दबाव डालती है।

मेरे ही अविकसित राग से
विकसित होगा बन्धु दिगन्त—
अभी न होगा मेरा अन्त।

—निराला

कविता ही है जिसमें मृत्यु से संघर्ष करने का उत्कट माद्दा है—मृत्यु को नीचा दिखाती है और पुन: उसे पुकारती है। उसकी इस ताकत में ही 'जीवन की जय का घोष' है।

कविता के केन्द्र में स्थित अहं जीवन की लय तैयार करता है। लय जो केवल ध्वनि नहीं है; उसमें अस्तित्व की सत्ता सन्तुष्ट होती है, जीवन को अर्थ मिलता है। जीवन को सच्चा अर्थ अन्तर्विस्फोट में मिलता है।

पाता हूँ निज खोह के भीतर
विलुब्ध नेत्रों से देखता हूँ द्युतियाँ,
मणि तेजस्क्रिय हाथों में लेकर
विभोर आँखों से देखता हूँ उनको...
पाता हूँ अकस्मात
दीप्ति में विलयित रत्न वे नहीं हैं
अनुभव, वेदना, विवेक, निष्कर्ष
मेरे ही अपने यहाँ पड़े हुए हैं
विचारों की रक्तिम अग्नि के मणि वे
प्राण-जल-प्रपात में घुलते हैं प्रतिपल
अकेले में किरणों की गीली है हलचल
गीली है झिलमिल!!

(अँधेरे में, --मुक्तिबोध)

यह कवि है जीवन-जल से लबालब! आत्मालोचन से भी लैस :

हाय, हाय! मैंने उन्हें गुहा-वास दे दिया
लोक-हित क्षेत्र से कर दिया वंचित
जनोपयोग से वर्जित किया, और
निषिद्ध कर दिया
खोह में डाल दिया!!

(वही)

कवि जो इच्छा करता है, जो परित्याग करता है, जो जय-पराजय का अनुभव करता है, उसमें जीवन के प्रति समर्पण की बात होती है।

सभी कवि 'असम्भव' के नहीं होते। होना भी नहीं चाहिए। खासकर आज के कवि को। निराला, प्रसाद, मुक्तिबोध, अज्ञेय, शमशेर उस युग के कवि हैं जिसमें गगनचुम्बी होना जायज था। राजनीति, भाषा और संस्कृति की दुनिया में वह बड़ी लड़ाई का दौर था। तब कविता को बड़े स्तर पर काम करना ज़रूरी था, वरना वह अपने समय की बौनी वस्तु होती। आज स्थिति दूसरी है। समाज में प्रत्यक्षत: कोई चुनौती नहीं है। जहर भीतर-भीतर घुला है। इसका अनुभव अरुण कमल की

टिप्पणी में भी है। उनका वर्चस्व है, जिन्हें 'मुलायम, भली-भली, गीली-गीली मीठी चीज़ें भाती हैं।' वर्चस्व पहले भी उनका ही था। तब उनके 'स्वाद' से औसत आदमी वंचित था; आज वह उस स्वाद को अपनाने के लिए आमंत्रित है, और तबाह है। पंकज राग ने जिसे कहा—'यह भूमंडल की रात है'।

पूरा भूमंडल इस कमरे में है
कुछ रोशनी हमारे आई.एम.आर. और एम.एम.आर. के कारण ही इस जगह है
हमारी थकान कर्ज से भी मिटती है, अनुदान से भी
विदेशी शराब जैसी निर्बाध उधारी
कांच के रेशों की तरह अनुदान
जो हल्के-हल्के काटता है
ख़ून कमरे के बाहर ही टपके
इस रात इसका भी पुख़्ता इन्तज़ाम है।

(यह भूमंडल की रात है, पृ. 9-10)

मीठे कत्ल की रात! इसमें कवियों के उत्तरदायित्व का भी खून हुआ। एक कवि हैं असद ज़ैदी। इन्हें हम हिन्दी में उर्दू-प्रयोग के कुशल कवि के रूप में जानते रहे हैं। इधर असद ज़ैदी ने 1857 को याद करते हुए बड़ी जिम्मेदारी निभाई यह लिखकर कि 150 साल बाद आज़ादी की लड़ाई की याद गुलामी के लिए कुरबान होने का रूप ले चुकी है। लेकिन दूसरा पहलू है कि खुद कवि बेचारा गुलामी के लिए कुरबान होने के इस युग की हत्यारी चेतना से अपने को नहीं बचा सका। छाँट-छाँटकर धड़ाधड़ कत्ल बंकिम, भारतेन्दु, मूलशंकर, शिवप्रसाद, नरेन्द्रनाथ, ईश्वरचंन्द्र, सैयद अहमद, प्रतापनारायण, मैथिलीशरण गुप्त और रामचन्द्र शुक्ल का। अब क्या बोलो, कत्ल किया भी तो 1857 की महान बलिवेदी पर! 'पहाड़ों के कठिन अनुभव' जिन्होंने नहीं देखे, दिल्ली जिनके अवसरवाद का बड़ा मैदान बनी हुई है, वे परम्परा का ख़ून न करें तो दाल-रोटी भी न चले।

हमें जिन लोगों ने जुबान दी है, असद ज़ैदी ने उन्हीं का सिर काट दिया। कविता का अन्त, जिसकी घोषणा अरुण कमल को भी अपनी टिप्पणी में सुनाई पड़ी है, अगर हुआ है तो ऐसी ही बातों से। भला हुआ बाबरी मस्जिद के विध्वंस को याद करके असद ज़ैदी ने तुलसीदास के लिए उलटा-सीधा नहीं कहा।

परम्परा में सब महान नहीं हैं। लेकिन उसके ध्वंस से जीवन और कविता दोनों का नाश निश्चित है।

आजकल 'युवतम कवि' कहने का चलन आया है। बीस से पैंतालीस साल के कवियों को यही कहते हैं। एक युवतम कवि हैं रवीन्द्र स्वप्निल प्रजापति। वे सम्मानीय वरिष्ठ लोगों की कारगुजारियों से आहत हैं और उन्हें सजा देने के लिए उद्यत :

मैं कवि हूँ और अपने वरिष्ठों को सज़ा मुकर्रर कर रहा हूँ
सबको जिनके मुकुटों की चमकीली पन्नियाँ फट चुकी हैं
झूठ के पालीबेग उनके शोधों को वहन नहीं कर पा रहे हैं
जिन्होंने उदयप्रकाशों संजीवों को खुदगर्जी के लिए उपेक्षित किया
उन्हें दारा शिकोह की तरह एक साहित्यिक मौत किस्तों में देते रहे
मैं हिन्दी के तमाम नामवरों राजेशों और केदारों को
अलग-अलग अवधि के लिए पेड़ हो जाने की सजा देता हूँ
जो काम उन्होंने जीवन भर नहीं किए
उनके लिए सड़कों के किनारे पेड़ों में उगना होगा
बच्चों के पत्थर भी खाना होंगे और फल भी देना होंगे

(सम्बोधन, अक्टूबर-दिसम्बर, 2009, पृ. 135)

नामवर सिंह, केदारनाथ सिंह और राजेश जोशी को फल देने योग्य तो समझा (अन्तिम पंक्ति में क्रिया 'खाना' और 'देना' को 'खाने' और 'देने' लिखते तो भाषा की काबिलियत पर भी हमें भरोसा हो जाता)! इससे एक बात और साफ होती है कि हिन्दी कविता में असद ज़ैदी की परम्परा चल गई है। असद अपनी कविता में लिखते हैं 'बंकिमों', 'हरिश्चन्द्रों'; प्रजापति लिखते हैं 'नामवरों', 'राजेशों'।

हमें डर लग रहा है। इस बात से नहीं कि रवीन्द्र स्वप्निल प्रजापति हमारे लिए भी कोई सजा मुकर्रर न कर दें। डर जीवन और कविता में उत्तरदायित्वहीनता के दौर से!

प्रजापति में अच्छा कवि होने के संकेत हैं। प्रवृत्ति यह गलत है। हम यह मानते हैं कि हमारे कवि-लेखकों के जीवन में कुछ विसंगतियाँ हैं, लेकिन उनमें अच्छाइयाँ भी हैं। उन्होंने हमारी भाषा को कुछ सार्थक दिया है। उसे अपनाया जाना चाहिए। अग्रज कवि-लेखकों की विसंगतियों को उनकी नियति पर छोड़ देना चाहिए। नई पीढ़ी के पास इस तरह मौका होगा उत्तरदायित्व निभाने का।

आज 'असम्भव' का कवि, हमने जैसा कि पीछे कहा, नहीं हुआ जा सकता है। जीवन-संस्कृति के मेल में ही कविता को होना चाहिए। 'असम्भव' और 'विराट' के लिए आज जगह नहीं है। यदि कोई अपनी रचना में यह बात पैदा करता है तो वह पिछले युग की अनुकृति होगी। जीवन की अनोखी छवि, हमारी समझ से, छोटी-छोटी बातों से ही तैयार करने का समय है। मामूली बातें याद करें; सामान्य स्वप्न का बयान करें; भाषा से खेलें; लोकगाथा के चरित्र और बिम्बों को एकत्र करें; किसी ख्याल में खो जाएँ; बतरस पैदा करें; काइंयापन को न छुपाएँ; भोलेपन की पोल खोलें; तमाशा दिखाने की कोशिश करें; वाग्मिता का सहारा लें; राजनीतिक सवालों से भिड़ने का माद्दा दिखाएँ; तड़क-भड़क पैदा करते हुए तड़क-भड़क पर आक्रमण करें; समय को मूर्त-अमूर्त रूप में पहचानने की कोशिश करें। ऐसी कई

बातें हो सकती हैं, जो आज के जीवन को छुएँगी और बड़े पाठक-वर्ग को आमंत्रित भी करेंगी।

इस दृष्टि से वर्तमान दो-तीन पीढ़ियों का श्रम बेकार नहीं रहा है। समकालीन जीवन की अनुरूपता में बहुत कुछ सार्थक लिखा गया है, लिखा जा रहा है।

ऐसा अनुभव, जिसमें समय के संकट की पहचान है और उससे मुक्ति के प्रयास की काव्यात्मक युक्तियाँ हैं, आज की कविता में पर्याप्त रूप से है। केदारनाथ सिंह की एक कविता है—'एक ज़रूरी चिट्ठी का मसौदा'। चिट्ठी के मसौदे में शहर का आदमी है, उसका सुख-दुख है; पड़ोसी की अनिद्रा है; हर धड़कन के साथ एक अदृश्य तार जोड़ने की बात है; और अन्त में है—

एक-एक धड़कन
एक-एक साँस को लिखूँगा
एक न एक दिन ज़रूर लिखूँगा

बस ज़रा फुर्सत तो मिले!

(तालस्ताय और साइकिल, पृ. 81)

20वीं शताब्दी के आखिरी दशक से पहले चिट्ठी से ज़्यादा आकर्षण का विषय शायद ही कुछ रहा हो। फलाने की शादी हुई है, पोता हुआ है, बाबा बीमार है, गइया ने बछिया जने हैं...। देखते-देखते पूर्वविराम लग गया डाक से आने-जाने वाली इन ख़बरों पर। प्रेमपत्र नहीं रहे, साहित्यिक चिट्ठियाँ नहीं रहीं। फुर्सत भी नहीं रही।

डाक से आने-जाने वाली ख़बरों का साहित्य-लेखन पर गहरा प्रभाव पड़ा था। इतना गहरा प्रभाव कि हम आसानी से पहचान भी नहीं सकते। जीवन से घुल-मिल गए विषय मुश्किल से ही रचनाओं में पहचाने जा सकते हैं। चन्द्रकांत देवताले 1996 में लिख रहे थे—'कौन जाने कैसे होंगे बच्चे/ भाई अर्सा हुआ नहीं आया' (उसके सपने, पृ. 226) डाकिये के इन्तज़ार की बेचैनी जैसी इसमें बात है।

अनुपस्थित जोर डालता है पहचाने जाने के लिए। वह जीवन की वास्तविकता बन जाता है। वह अवचेतन के टुकड़ों में बँटकर अपनी ओर खींचता है।

मेरा पुराना
घुन लगी लकड़ी की पेटी में
अतीत का विस्मृत कबाड़ है
और स्मृति में नया बहुत नया।

(विनोद कुमार शुक्ल, अतिरिक्त नहीं, पृ. 30)

स्मृति समय की अनुरूपता में ही दबाव डालती है। यह प्रसाद और अज्ञेय की स्मृति नहीं, सन् 2000 का, जब सदी गुज़र चुकी है, एक अनुभव है :

बहुत समीप के भविष्य
और बहुत समीप के अतीत को
इर्द-गिर्द लिये
रात में उपस्थित हूँ।

(वही)

सदी का अन्त रात है, जिसे पंकज राग ने 2005 में आकर कहा—'यह भूमंडल की रात है'। इस रात में बहुत कुछ गुम जाने का ख़तरा है—हमारी अक्षर-लिपि, पतंग-लट्टू, परम्परागत जेवरात, देसी खान-पान—इसका तीखा अहसास सदी के आखिरी वर्षों में उदय प्रकाश में दिखाई पड़ा। सुधी पाठकों को याद होगी उनकी 'बचाओ' कविता।

समकालीन कविता में ऐतिहासिक अनुभव के बिखरे हुए टुकड़ों को बखूबी देखा-पहचाना जा सकता है। अनुभव जो झटका पैदा करे, हमें निष्प्रभ कर दे—'और एक समय ऐसा भी आया/ जब जीने से अच्छा लगा मरना।' (अरुण कमल)

हम स्मृतिविहीन होते जा रहे हैं। हमें ताकतवरों के नाम याद रहते हैं, जो लोग हमारी दिनचर्या में काम आते हैं—पलम्बर, बढ़ई, माली, बिजली मिस्त्री—उन्हीं का नाम हम भूल रहे हैं (राजेश जोशी की कविता 'उस पलम्बर का नाम क्या है')। कैसे मामूली लोग स्मृति से धकेले जाने के रूप में इतिहास से बाहर धकेले जा रहे हैं? कैसे हम उत्तरदायित्व से भाग रहे हैं? कैसे हम एक जैसे मकानों के बीच अपना घर नहीं खोज पा रहे हैं (राजेश जोशी की कविता 'एक से मकानों का नगर')? इस रूप में हम कैसे मर रहे हैं? यह आज के कवि का सबसे ज़रूरी विषय है, जो अपने ट्रीटमेंट में मृत्यु से—सभ्यता की मृत्यु से, नैतिक बोध की मृत्यु से—लड़ने का माद्दा पैदा करता है। ब्लैंशो का एक छोटा-सा वाक्य याद आता है—"अनुपस्थित अर्थ पर निगाह रखो।"[7]

दिन कयामत के हैं। इसका अनुभव कवि करता है। अनुभव की तीव्रता के अनुरूप उसका नैतिकबोध गहराता है। सुदीप बॅनर्जी नहीं रहे। लम्बे समय तक वे शरीर-व्याधि के भीतर कयामत का अनुभव कर रहे थे। मृत्यु के अनुभव के भीतर सुदीप ने 'मनुष्य' की व्याख्या को अन्तिम साँस लेते देखा। विडम्बना को लक्ष्य किया। उसमें तीव्रतम नैतिकबोध है।

जिसे गवारा नहीं
दुरुह मनुष्यता या सरल जीवन
क़बूल नहीं दिन के चौबीस घंटे
सप्ताह के सात दिन
मंजूर नहीं इस तरह
सदियों का आना जाना

उसे पुकारो मत अपनी बस्ती में
यहाँ अमन चैन है
सब लोग राज़ी ख़ुशी हैं।

(वागर्थ : 157, पृ. 16)

'दुरुह मनुष्यता' की व्याख्या ही दुनिया की व्याख्या है। इसी व्याख्या में दुनिया को बदलने वाली बात है। मार्क्स के इस कथन की रट लोगों ने खूब लगाई— "दार्शनिकों ने अब तक दुनिया की व्याख्या की है; सवाल उसे बदलने का है।" इस सवाल से जी चुरा लिया बदलने की कसम खाने वालों ने ही। व्याख्या का काम रोक देने से यही होता है। दुनिया बदलने वाले रुके रह गए; दुनिया बदलती गई, और बदलने की कसम खाने वालों की समझ से बाहर होती गई। इसलिए मुख्य बात है 'दुरुह मनुष्यता' की व्याख्या। इसे रुकना नहीं चाहिए। बाकी तो यह है कि व्याख्याकारों को पुकारो मत—'यहाँ अमन चैन है/ सब लोग राज़ी ख़ुशी हैं।'

कात्यायनी ने दुनिया की व्याख्या और बदलने पर 'दुनिया बदलने के बारे में सुधीजनों के विविध विचार' शीर्षक से आठ कविताएँ लिखी हैं। उनमें से एक कविता है :

दार्शनिकों ने
दुनिया की तरह-तरह से व्याख्या की है
पर सवाल उसको बदलने का है
लेकिन मुकम्मिल तौर पर
बदलना इस दुनिया को
मेरे बूते की बात नहीं।
इसलिए मैं पैबन्द लगाता हूँ।

(फुटपाथ पर कुर्सी, पृ. 121)

वाग्मिता और बतरस भी कविता का बड़ा गुण है। इसमें व्याख्या और परिवर्तन के संकेत होते हैं।

बद्रीनारायण जिसे 'लांग नाइन्टीज' कहते हैं—नए सूचना संजालों से बने एक वर्चुवल कम्युनिटी और वर्चुवल रियलिटी से टकराने का युग—उसमें बहस और व्याख्याएँ कम उलझन पैदा नहीं करतीं : 'अब मार्क्स हो कि माल हो कि कर सको बहस' (देवीप्रसाद मिश्र)। लोग बहस से घड़ियों को पिघला देने के काम में लगे हैं।[8] ऐसे में कवि का बहस और व्याख्या के लिए खड़ा होना मुँहतोड़ जवाब हो सकता है। देवीप्रसाद मिश्र की कविता में यह बात है।

और फिर कवि ने फुसफुसाकर कहना चाहा कि
बार-बार मनुष्य के चेहरे का वर्णन
मौलिकता का पुनराविष्कार है बार-बार

इसलिए पानी की माँग बार-बार
इसलिए भूख का मरोड़कर ज़िक्र
बार-बार इसलिए बार-बार
हार की बात बार-बार
इसलिए बार-बार पुकार
और इसलिए बार-बार
खोई हुई कविता की खोज
और खोए गणतंत्र को खोजने का
नैतिक उपद्रव बार-बार।

(पहल : 82, पृ. 125)

कविता सभी नपुंसक और मुरझाई बहसों के बीच झन्ना देने वाली गूँज पैदा करती है, मनुष्यता के चेहरे को स्थापित करती है। उसका उत्तरदायित्व इस बात में है—

और सोचा जाए लेकिन फेनान की तरह
और रहा जाए लेकिन किसान की तरह
और गूँजा जाए लेकिन बियाबान की तरह

(तद्भव : 20, पृ. 108)

कविता की गूँज बियाबान को आबाद करने का अनूठा तंत्र है। वह राग और आत्मोत्सर्ग का योगफल है :

घर लौटा जाए
और घर छोड़ा जाए।

(वही, पृ. 109)

देवीप्रसाद मिश्र कविता की रूढ़ियों की तोड़ते हैं। समकालीनों में अधिकतम प्रयोगशील कवि हैं। हमने अपने निबन्ध 'काव्यशास्त्रीय प्रस्थान बिन्दु' में लिखा है प्रयोगशीलता में 'वर्चुवल' का तोड़ होता है।

'वर्चुवल' के तोड़ की प्रयोगशीलता का एक दूसरा ज़रूरी रूप है कि हम लोकचरित्रों को सामने लाएँ। उनके गुणों को पहचानने की कोशिश करें। लोकचरित्रों की परम्परा की स्मृति से मनुष्यता की छवि प्रगाढ़ होती है, संस्कृति की सूनी कोख भरती है। मंगलेश डबराल की 'संगतकार', 'केशव अनुरागी' और 'गुणानंद पथिक' को याद करें, कालातीत आवाज़ सुनाई पड़ेगी। उसे सुनने का अर्थ बिगड़ी हुई दुनिया को जोड़ना और मनुष्य होने के आश्चर्य को जानना है। वह लोग जो हाशिए पर हैं, स्थानीय हैं, उनमें अमरता का राग है। एक पल इच्छा होती है संगतकार के स्थान पर खुद बैठ जाने की, गुणानंद पथिक द्वारा छोड़े गए हारमोनियम का उत्तराधिकारी होने की। केशव अनुरागी के ढोल में जो समुद्र है, उसमें गोता लगाने का जी करता है।

'वर्चुवल' का जवाब कविता देती है अपने कई 'फार्म' और भंगिमा से। वह उन वस्तुओं और चरित्रों को एकत्र करती है जिसमें 'डिजास्टर' जीवन से भारी नहीं है।

रूसी कवि जोसफ ब्रोडस्की कविता-समर्पित व्यक्तित्व थे। वे मानते थे कि समाज में जिस मात्रा में कविता उपलब्ध है, उससे कई गुना उसे ज़्यादा होना चाहिए। हम जिस प्रकृति से घिरे हैं और जिसने कविता को अनेक उपमाएँ प्रदान की हैं, इसे उसके समान सर्वव्यापी होना चाहिए; या इसे सर्वव्यापी होना चाहिए गैस के ठिकानों के समान।[7] समाज में, हम सोचते हैं, कविता इतनी मात्रा में न भी उपलब्ध हो, हमारे रोजमर्रा की चीज़ों के बराबर भी उपलब्ध हो जाए तो वह 'डिजास्टर' पर भारी पड़ेगी।

कविता का रिश्ता रोज़मर्रा की चीज़ों से ज़्यादा से ज़्यादा जोड़ा जाना चाहिए। इसकी महत्ता बढ़ेगी। इससे लोगों का आत्मीय सम्बन्ध गहरा होगा। कवयित्रियाँ इस काम को असरदार अंजाम दे सकती हैं। नीलेश रघुवंशी की कविता पर हमारा ध्यान जाता है। वह 'हंडा' कविता से चर्चित हुईं। उनके यहाँ चबूतरा, गरम कपड़े, मफलर, रस्सी, भट्ठी, राख, छड़ी पर कविताएँ हैं। एकदम जानी-पहचानी दुनिया। जीवन की अनोखी छवि, जैसा कि हमने पीछे कहा है, छोटी-छोटी वस्तुओं में देखने की—इस बात का यह समय है।

कवयित्रियाँ एक दूसरा काम कर सकती हैं, कर रही हैं—बाज़ार की संस्कृति और उसकी मर्यादाहीनता पर लज्जा और क्रोध प्रकट करने का।

अँधेरे में नाचती लड़कियाँ निश्चित नाच रही हैं कोई नया नाच
जिसे मैंने पहले कभी किसी दुःस्वप्न में देखा था
जिसे मृत्यु नाचती है
भरती है जब वह संसार को विनाश की नई उत्तेजना से
उसकी आशंका के आश्चर्यजनक कौतूहल से।

(सविता सिंह, नींद थी और रात थी, पृ. 46)

स्त्री की खिड़की से दुनिया देखना दुनिया की तस्वीर को बदलने का एक तरीका है। स्त्री की आवाज़ को सुनना अपने को बदलने का एक तरीका है। हमारा मर्यादापूर्ण संसार कम गंठियाया हुआ नहीं है। स्त्री को पुरुष-संसार के अनुरूप रखने की हमारी पारम्परिक चेष्टाओं ने जुगुप्सा और संत्रास का अवकाश विस्तृत किया है। अनामिका की एक कविता है 'लेडीज संगीत'। ब्याह के मौके पर लड़कियाँ नाच रही हैं दनादन। ढोल बज रहा है। संगीत सुनिए :

ढ से ढोल, ढक, ढिठाई,
ढाँक तोप भी और ढिंढोरा भी
ढोल वही गले में पड़ा ढमक-ढम-ढम-ढम-ढम...
इतना सा ही बस रहा जीवन

खाली घर-सा ढना-ढन
'ढ' से ढाई,
'ढ' से ढोल-ढक-ढिठाई
और मूलतः 'ढ' से ढोना-ढोना, केवल ढोना
इसलिए तो, अम्मा
दूर की ढोलकिया
लगती नहीं मुझको
सुहावन-वुहावन।

(दूब-धान, पृ. 48-49)

तमाशे को आधार बनाकर कविता में तमाशा पैदा करना। बात पैदा हो गई है। तमाशा दिखाने की, हमने जैसा कि पहले कहा, कोशिश करें। यह एक सार्थक उत्तर हो सकता है।

संघर्ष करते हुए मनुष्य से बाहर कविता का निवास नहीं है। संजीदा कहे जाने वाला इनसान अगर संघर्ष से जी चुराता है, अपनी घृणा और प्रेम को भुला देता है, तो यह उसका काइयाँपन है। वह भोला कतई नहीं है। कविता का काम काइयाँपन का बखिया उधेड़ना है। कुमार अम्बुज की एक कविता है 'उपलब्धियाँ' :

एक आदमी ने संतोष किया कि उसने जानवरों पर दया दिखाई
एक आदमी ने गर्व किया कि कभी शराब होंठों पर नहीं लगाई
एक ने हत्या होते देखी और सोचा अच्छा हुआ जो मैं चुप रहा
एक ने कहा कि वह गृहस्थी थी जिसकी खातिर अपमान सहा
एक ने बताया कि सदैव ईश्वर को याद किया जब हुआ अकेला
क्या बुरा हुआ जो शांति से कट गया जीवन, दुख था सो झेला।

(अतिक्रमण, पृ. 101)

भविष्य तय होता है वर्तमान से, वर्तमान दायित्व-बोध से। हमारी कविता में वर्तमान की गहरी चिन्ता है, जो उसे आशावान भविष्य की ओर ले जाती है।

मेरे चलने में
कविता की जगह जैसी किसी
जगह से गणतंत्र की
जगह जैसी किसी जगह की
तरफ जाने की
उद्विग्नता तो थी।

(देवीप्रसाद मिश्र, पहल : 85, पृ. 127)

निश्चित ही कुछ कवियों में गहरा उत्तरदायित्वबोध है। बहुत लोगों में नहीं भी है। अनुकरण करके वह भी अच्छी कविता लिख लेते हैं। कुछ बेहद नकली कवि

हैं। वाक्य भी नहीं लिख पाने वाले कवियों की तो भरमार है। उनकी बात करना बेकार है। कविता की लम्बी परम्परा से जुड़ने, अपने समय से जूझने की कोशिश करने, परम्परा से भिड़कर नए 'फार्म' की तलाश में लगे कवि किसी भी समय में थोड़े ही होते हैं। हमारा वर्तमान इस दृष्टि से निराशाजनक नहीं है।

कविता को अधिक से अधिक अनुभूतिजन्य होना चाहिए। नए कवि अधपक्की अनुभूतियों से पीछा छुड़ाएँ तो कविता का भविष्य ज़्यादा उज्ज्वल हो सकेगा। रामचन्द्र शुक्ल ने 'रसमीमांसा' में एक बहुत अच्छी बात कही थी, जिस पर मलयज की पारखी निगाह गई है, "बहुत-सी कविता अनुभूति-दशा में नहीं होती: स्मृति-दशा में होती है। जो यह कहे कि जो कुछ हमारे भीतर था सब कविता में आ गया है, उसमें काव्यानुभूति का अभाव समझना चाहिए और उसकी कविता को कवियों की वाणी का अनुकरण मात्र।"[10] हमारे कवियों को लम्बी परम्परा से जुड़ना है और 'अनुकरण' से भी पीछा छुड़ाना है।

समकालीन कविता पढ़े-लिखे वर्ग के आश्रित है। आज इस वर्ग की संख्या करोड़ों में है। लेकिन बड़ी संख्या में वे हैं जिनकी रुचि में कविता या साहित्य नहीं। यह एक सांस्कृतिक मामला है। इससे जूझना भी कविता का ही काम है—कविता और उससे जुड़ी गतिविधियों का। लेखक संगठनों, सभा-गोष्ठियों, पत्र-पत्रिकाओं और हमारे आलोचनात्मक कार्यों का। इस मामले में हमने उत्तरदायित्व का कितना निर्वाह किया है—इस पर अधिक गम्भीरता से विचार की आवश्यकता है।

सामूहिक उत्तरदायित्व—आजकल यही चीज़ गायब है। कला और प्रचार अलग-अलग चीज़ हैं, लेकिन सामूहिक दायित्व के अन्तर्गत प्रचार का महत्त्व है। लेकिन होता कुछ विचित्र ही है। कलाएँ सामूहिक दायित्व के अभाव में पागलपन के लक्षणों को प्रमाणित करने तक सीमित रह जाती हैं; दूसरी ओर, प्रचार की संस्थाएँ कलाओं को दरकिनार करके अख़बारी टिप्पणियों और नोंक-झोंक का बाज़ार गरम करती रहती हैं।

उत्तरदायित्व की एकता—जिसे बाख़्तीन ने कहा, उसे कविता या साहित्य और आचार-विचार के विभिन्न स्तरों पर फलीभूत करने के लिए लोग समूचे प्राणपण से आगे नहीं आते तो कविता का स्तर घटेगा और समाज में कविता के लिए और भी जगह कम होगी। अनौपचारिक कविताओं का पब्लिक में बाज़ार गरम रहेगा।

भविष्य, जीवन हो या कविता, हमारे उत्तरदायी होने में है।

टिप्पणियाँ और सन्दर्भ

आधुनिक हिन्दी का उदय और कविता

1. आधुनिकता के सन्दर्भ में फ्रेडरिक जेम्सन का पद।
2. रामचन्द्र शुक्ल, हिन्दी साहित्य का इतिहास, पृ. 78
3. देखें, पद्मसिंह शर्मा, हिन्दी उर्दू और हिन्दुस्तानी, पृ. 19
4. देखें, वही, पृ. 18, और एहतेशाम हुसैन, उर्दू साहित्य का आलोचनात्मक इतिहास, पृ. 11
5. वही,
6. मुहम्मद हुसैन आज़ाद, आबे-हयात, पृ. 11
7. देखें, वही, पृ. 8-10
8. 'यह शेर वली के नाम से मशहूर है, मगर मजमून देहलवी का है।'—सम्पादक : आबे-हयात। देखें, वही, पृ. 43
9. रामचन्द्र शुक्ल, हिन्दी साहित्य का इतिहास, पृ. 279
10. फ़िराक गोरखपुरी, उर्दू कविता, पृ. 18-19
11. देखें, मुहम्मद हुसैन आज़ाद, आबे-हयात, पृ. 1
12. किशोरीदास वाजपेयी, हिन्दी शब्दानुशासन, पृ. 520
13. देखें, रामचन्द्र शुक्ल, हिन्दी साहित्य का इतिहास, पृ. 406
14. फ़िराक़ गोरखपुरी, नज़ीर की बानी (भूमिका), पृ. 9-10
15. डॉ. नज़ीर मुहम्मद, नज़ीर ग्रन्थावली (भूमिका), पृ. 29
16. देखें, फ़िराक़ गोरखपुरी, उर्दू भाषा और साहित्य, पृ. 48-49
17. Nazir laid under contribution the treasures of the mother tongue. He has done in this matter what only kings like Chaucer and Shakespeare succeeded in doing. उद्धृत, रामविलास शर्मा, भारतेन्दु-युग और हिन्दी भाषा की विकास परम्परा, पृ. 259
18. देखें, विजयदेव नारायण साही, वर्धमान और पतनशील, पृ. 134
19. देखें, रामचन्द्र शुक्ल, हिन्दी साहित्य का इतिहास, पृ. 286
20. देखें, आबे-हयात, पृ. 29, उर्दू साहित्य का आलोचनात्मक इतिहास, पृ. 64
21. रामचन्द्र शुक्ल, हिन्दी साहित्य का इतिहास, पृ. 281
22. रामविलास शर्मा, भारतेन्दु युग और हिन्दी भाषा की विकास परम्परा, पृ. 304

23. देखें, एहतेशाम हुसैन, उर्दू साहित्य का आलोचनात्मक इतिहास, पृ. 124
24. देखें, फ़्रांचेस्का ऑर्सीनी, द हिन्दी पब्लिक स्फीयर, पृ. 89 और आगे।
25. रामविलास शर्मा, भारतेन्दु युग और हिन्दी भाषा की विकास परम्परा, पृ. 281-82
26. देखें, रामगोपाल, स्वतंत्रता-पूर्व हिन्दी के संघर्ष का इतिहास, पृ. 68
27. 1887 में अयोध्याप्रसाद खत्री ने 'खड़ीबोली का पद्य' (पहला भाग) नाम से उस समय उपलब्ध खड़ीबोली कविताओं का संग्रह प्रकाशित किया था। उसमें उन्होंने खड़ीबोली की पाँच शैलियाँ गिनाई हैं। भूमिका में लिखा : I divide Khari Boli into five classes, namely, Theth Hindi, Pandit's Hindi, Munshi's Hindi, Moulvi,s Hindi and Eurasian Hindi. अयोध्याप्रसाद का आग्रह मुंशी हिन्दी के प्रति था। देखें, अयोध्याप्रसाद खत्री स्मारक ग्रंथ, पृ. 112
28. 1873 के आदेश का सख्ती से पालन नहीं हुआ। पुनः अप्रैल, 1880 में आदेश निकला कि जनवरी, 1881 से अदालत के सभी पत्र नागरी लिपि में लिखे जाएँ और जनता की ओर से जो पत्र अदालत में पेश किए जाएँ, वे भी इसी लिपि में हों। 1880 वाले आदेश को ही ऐतिहासिक मान्यता प्राप्त है। विशेष देखें, रामगोपाल, स्वतंत्रतापूर्व हिन्दी के संघर्ष का इतिहास, पृ. 22-27
29. मुंशी राधालाल माथुर ने शब्दकोश तैयार किया था। उसका कई दृष्टियों से ऐतिहासिक महत्त्व है। शब्दकोष की भूमिका (1 मार्च, 1873 में लिखित) में राधालाल माथुर का वक्तव्य इस प्रकार है : "हिन्दुस्तान की पुरानी और असली बोली हिन्दी है। ...हिन्दी बोली सज-सजाकर ऐसी निखरे कि जो सुने लोटपोट हो जावे।... सारे हिन्दुस्तान में एक ही बोली बोली जावे और धीरे-धीरे सारी विद्या और कानून के शब्द भी इसी तरह बन जावें तो हमारे देशवासी अपनी बोली से काम निकालें।" उद्धृत, डॉ. रामनिरंजन परिमलेन्दु, भारतेन्दु काल का अल्पज्ञात हिन्दी गद्य साहित्य, पृ. 347
30. देखें, सरस्वती के आविर्भाव के समय हिन्दी की अवस्था, अम्बिकाप्रसाद वाजपेयी, सरस्वती, हीरक जयंती विशेषांक, पृ. 18
31. फ्रांचेस्का ऑर्सीनी, द हिन्दी पब्लिक स्फीयर, पृ. 108
32. रामचन्द्र शुक्ल, हिन्दी साहित्य का इतिहास, पृ. 302
33. देखें, वही, पृ. 299
34. देखें, महावीरप्रसाद द्विवेदी रचनावली, खंड-1, पृ. 95-109
35. देखें, अयोध्याप्रसाद खत्री स्मारक ग्रन्थ, पृ. 120-123
36. देखें, रामनिरंजन परिमलेन्दु, भारतेन्दु काल के भूले बिसरे कवि और उनका काव्य, पृ. 316-17
37. पत्र अंग्रेज़ी में लिखा गया है :

City Banaras, 21.09.1887

Sir,

In reply to your letter of the 19th instant I am sorry to state that now I lead a very retired life and have no time to go through the book you have so kindly sent or to write anything about it.

Yours faithfully

Shiva Prasad.

38. इस सम्बन्ध में चन्द्रधर शर्मा गुलेरी ने बहुत मार्मिक संस्मरण लिखा है : 'बाबू अयोध्याप्रसाद खत्री के स्मरण'। देखें, पुरानी हिन्दी और शेष रचनाएँ।
39. स्वयं गुलेरी जी ने यह लिखकर विद्वेष का परिचय दिया है—''जिन बिहारियों का नाम बाबू अयोध्याप्रसाद खत्री बड़े आदर से लेते हैं, उनके खड़ीबोली काव्य हिन्दी-काव्य की दृष्टि में मर चुके हैं।'' देखें, वही, पृ. 221
40. देखें, रामचन्द्र शुक्ल, हिन्दी साहित्य का इतिहास, पृ. 330
41. देखें, रामचन्द्र शुक्ल, हिन्दी साहित्य का इतिहास, पृ. 330; और रामगोपाल, स्वतंत्रता पूर्व हिन्दी के संघर्ष का इतिहास, पृ. 48-54
42. मदनमोहन मालवीय डेपुटेशन में शामिल थे, पर इसमें मतभेद है कि उन्होंने उसका नेतृत्व किया था।
43. देखें, आलोक राय, हिन्दी नेशनलिज़्म, पृ. 85
44. चित्र पुन:प्रकाशित, अयोध्याप्रसाद खत्री स्मारक ग्रन्थ।
45. रामविलास शर्मा, भारतेन्दु-युग और हिन्दी भाषा की विकास परम्परा पृ. 310
46. रामचन्द्र शुक्ल, हिन्दी साहित्य का इतिहास, पृ. 326
47. देखें, महावीरप्रसाद द्विवेदी रचनावली, खंड-13, पृ. 208-11
48. मैथिलीशरण गुप्त ने भारत भारती की भूमिका में लिखा है, ''जो आर्य जाति कभी सारे संसार को शिक्षा देती थी वही आज पद-पद पर पराया मुँह ताक रही है!...बड़े खेद की बात है हम लोगों के लिए हिन्दी में अभी तक इस ढंग की कोई कविता-पुस्तक नहीं लिखी गई, जिसमें हमारी प्राचीन उन्नति और अर्वाचीन अवनति का वर्णन भी हो और भविष्यत् के लिए प्रोत्साहन भी।'' (पृ. 8)
49. फ्रांचेस्का ऑर्सीनी, द हिन्दी पब्लिक स्फीयर, पृ. 116
50. वही, पृ. 194-95
51. मैथिलीशरण गुप्त, गुरुकुल, भूमिका, पृ. 10-11
52. कृष्ण अवैदिक? और राम भी? ठहरो धीरज धरो,

    वेदवादरत! ठंडे जी से सोचो और विचारो!
    राम-कृष्ण का रूप कहाँ से देखे दृष्टि तुम्हारी?
    इन्द्र वरुण तक ही परिमित है यह श्रुति-सृष्टि तुम्हारी (द्वापर)

53. रामधारी सिंह दिनकर, 'पन्त प्रसाद और मैथिलीशरण' में देखें, निबन्ध : 'पुनरुत्थानवाद के कवि मैथिलीशरण गुप्त'।
54. नन्ददुलारे वाजपेयी, हिन्दी साहित्य : बीसवीं शताब्दी, पृ. 63
55. रामचन्द्र शुक्ल, हिन्दी साहित्य का इतिहास, पृ. 413
56. देखें, फ्रांचेस्का ऑर्सीनी, द हिन्दी पब्लिक स्फीयर, पृ. 114
57. देखें, वीरभारत तलवार, रस्साकशी, पृ. 12

58. हंटर कमीशन के समक्ष भारतेन्दु का वक्तव्य, देखें, रामगोपाल, स्वतंत्रता-पूर्व हिन्दी के संघर्ष का इतिहास, पृ. 97 और 128
59. देखें, वही, पृ. 108
60. देखें, वही, पृ. 102
61. हौं गुलाम प्रभु स्वामी,

    जैसे उड़े जहाज को पंछी

    माधो इती अरज सुनि लीजै। —देखें, वही।
62. वही, पृ. 82.
63. देखें, वीरभारत तलवार, रस्साकशी, पृ. 12
64. रामगोपाल, स्वतंत्रता-पूर्व हिन्दी के संघर्ष का इतिहास, पृ. 97
65. खत्री जी के नाम श्रीधर पाठक का एक पत्र (13.01.88) देखें, अयोध्याप्रसाद खत्री स्मारक ग्रन्थ, पृ. 257
66. सभापतियों के भाषण, भाग-1, पृ. 148
67. भारतेन्दु समग्र, पृ. 1049
68. उद्धृत, श्री ब्रजरत्नदास, भारतेन्दु हरिश्चन्द्र, पृ. 233
69. यह कविता मुझे भारतेन्दु-समग्र में पढ़ने को नहीं मिली।
70. रामविलास शर्मा, भारतेन्दु युग और हिन्दी भाषा की विकास परम्परा, पृ. 101
71. देखें, रामचन्द्र शुक्ल, हिन्दी साहित्य का इतिहास, पृ. 412; और श्री नारायण चतुर्वेदी, आधुनिक हिन्दी का आदिकाल, पृ. 185-190
72. उद्धृत, रामनिरंजन परिमलेन्दु सम्पादित खड़ीबोली का पद्य, भूमिका, पृ. 9
73. प्रेमघन सर्वस्व, प्रथम भाग, भूमिका, रामचंद्र शुक्ल, पृ. 9
74. देखें, अयोध्याप्रसाद खत्री स्मारक ग्रन्थ, पृ. 82
75. उद्धृत, रामनिरंजन परिमलेन्दु, खड़ीबोली का पद्य, भूमिका, पृ. 10
76. देखें, रामविलास शर्मा, भारतेन्दु युग और हिन्दी भाषा की विकास परम्परा, पृ. 326
77. देखें, अयोध्याप्रसाद खत्री स्मारक ग्रन्थ, पृ. 69
78. देखें, रामचन्द्र शुक्ल, हिन्दी साहित्य का इतिहास, पृ. 406
79. देखें, हरिऔध, रस साहित्य और समीक्षाएँ, पृ. 91
80. देखें, रामचन्द्र शुक्ल, हिन्दी साहित्य का इतिहास, पृ. 412
81. देखें, रामनिरंजन परिमलेन्दु सम्पादित खड़ीबोली का पद्य, भूमिका, पृ. 13
82. देखें, श्रीधर पाठक ग्रन्थावली, खंड-1, मनोविनोद का निवेदन (1917), पृ. 145
83. रामचन्द्र शुक्ल, हिन्दी साहित्य का इतिहास, पृ. 401
84. यह मुशायरा अयोध्याप्रसाद खत्री सम्पादित 'खड़ीबोली का पद्य' दूसरा भाग में परिशिष्ट में है। सन्दर्भ के रूप में छपा है : 'श्री हरिश्चन्द्र चन्द्रिका', अगस्त सन् 1885 से। रामनिरंजन परिमलेन्दु से मालूम हुआ कि वास्तव में यह चन्द्रिका के 1879 के अंक में छपी थी। उसमें कवि का नाम नहीं दिया गया है। कविता भारतेन्दु की मानी जा सकती है। (खड़ी बोली का पद्य, पृ. 160)
85. देखें, अयोध्याप्रसाद खत्री स्मारक ग्रन्थ।

86. देखें, वही, पृ. 97
87. प्रथम हिन्दी साहित्य सम्मेलन, काशी, कार्य विवरण, दूसरा भाग, 1910 ई. खड़ीबोली की कविता : पं. श्रीधर पाठक, पृ. 33
88. रामनिरंजन परिमलेन्दु, अयोध्याप्रसाद खत्री, पृ. 82
89. नलिन विलोचन शर्मा, अयोध्याप्रसाद खत्री स्मारक ग्रन्थ, भूमिका, पृ. 6
90. अयोध्याप्रसाद खत्री स्मारक ग्रन्थ, पृ. 63
91. देखें, वही, पृ. 64
92. देखें, वही, पृ. 69
93. देखें, वही, पृ. 64
94. प्रतापनारायण मिश्र ग्रन्थावली, पृ. 166–67
95. अयोध्याप्रसाद खत्री स्मारक ग्रन्थ, पृ. 66
96. वही, पृ. 74
97. वही, पृ. 75
98. वही, पृ. 76
99. वही, पृ. 86
100. रामचन्द्र शुक्ल, हिन्दी साहित्य का इतिहास, पृ. 407
101. उद्धृत, 'समकालीन कविता में छंद' (सम्पादक : अज्ञेय) में जगदीश गुप्त का लेख, 'छंद : समकालीन अवधारणाएँ', पृ. 60
102. अयोध्याप्रसाद खत्री स्मारक ग्रन्थ, पृ. 69
103. चन्द्रधर शर्मा गुलेरी, पुरानी हिन्दी और शेष रचनाएँ, पृ. 221
104. अयोध्याप्रसाद खत्री स्मारक ग्रन्थ, पृ. 117
105. इस नामकरण का श्रेय 'खड़ीबोली कविता आन्दोलन के अगुआ स्वर्गीय अयोध्याप्रसाद खत्री' के लेखक उमाशंकर को है। उद्धृत, रामनिरंजन परिमलेन्दु, भारतेन्दु काल के भूले बिसरे कवि और उनका काव्य, पृ. 322–23
106. देखें, वही, पृ. 330–31
107. चन्द्रधर शर्मा गुलेरी, पुरानी हिन्दी और शेष रचनाएँ, पृ. 221
108. देखें, मैनेजर पांडेय, आलोचना की सामाजिकता, पृ. 234
109. अयोध्याप्रसाद खत्री स्मारक ग्रन्थ, पृ. 87
110. देखें, रामनिरंजन परिमलेन्दु, भारतेन्दु काल के भूले बिसरे कवि और उनका काव्य, पृ. 345
111. वही, पृ. 345–46
112. वही, पृ. 349
113. समकालीन कविता में छंद (सम्पादकः अज्ञेय), पृ. 60–61
114. मैनेजर पांडेय, आलोचना की सामाजिकता, पृ. 230
115. रामनिरंजन परिमलेन्दु की पुस्तक 'भारतेन्दु युग के भूले बिसरे कवि और उनका काव्य' के परिशिष्ट 'ग' में पूरी रिपोर्ट का पुनर्प्रकाशन किया गया है। देखें, पृ. 409–10
116. रामविलास शर्मा, महावीर प्रसाद द्विवेदी और हिन्दी नवजागरण, पृ. 351–52

117. देखें, महावीर प्रसाद द्विवेदी रचनावली, खंड-2, पृ. 59-62
118. वही, पृ. 47
119. महावीर प्रसाद द्विवेदी रचनावली, खंड-14, पृ. 354-55
120. रामचन्द्र शुक्ल, हिन्दी साहित्य का इतिहास, पृ. 415
121. देखें, वही, पृ. 414-15
122. वही, पृ. 413
123. हरिऔध, प्रियप्रवास की भूमिका, पृ. 8

प्रारम्भिक कविता और परवर्ती विकास

1. रामचन्द्र शुक्ल, हिन्दी साहित्य का इतिहास, पृ. 396
2. देखें, नामवर सिंह, आधुनिक साहित्य की प्रवृत्तियाँ, पृ. 17
3. नामवर सिंह, छायावाद, पृ. 45
4. दूधनाथ सिंह, तारापथ की भूमिका, पृ. 37
5. देखें, सुमित्रानंदन पंत, पल्लव, पृ. 20
6. रामचन्द्र शुक्ल, हिन्दी साहित्य का इतिहास, पृ. 408
7. देखें, वही, पृ. 426
8. देखें, वही, पृ. 460
9. देखें, वही, पृ. 459-60
10. देखें, अन्तरंग संस्मरणों में जयशंकर प्रसाद, सम्पा. पुरुषोत्तमदास मोदी, पृ. 41
11. वही
12. देखें, रामचन्द्र शुक्ल, हिन्दी साहित्य का इतिहास, पृ. 439-42, 452 और 460
13. देखें, नंददुलारे वाजपेयी, हिन्दी साहित्यः बीसवीं शताब्दी, पृ. 60
14. वही
15. देखें, टी.एस. इलियट, ऑन पाइट्री एंड पोइट्स, पृ. 89
16. नंददुलारे वाजपेयी, हिन्दी साहित्यः बीसवीं शताब्दी, पृ. 60
17. दिनकर, 'पंत, प्रसाद और मैथिलीशरण', पृ. 16
18. देखें, वही, पृ. 16-23
19. देखें, वही, पृ. 150
20. देखें, वही, पृ. 16
21. देखें, दिनकर, संस्मरण और श्रद्धांजलियाँ, पृ. 30
22. देखें, वही
23. देखें, टेरी इगल्टन, क्रिटिसिज़्म एंड आइडियोलॉजी, पृ. 80 एवं 95
24. गांधी जी, हिन्द स्वराज, पृ. 3
25. देखें, श्रीधर पाठक ग्रन्थावली, पृ. 328
26. हिन्दी प्रदीप : 1 जुलाई, 1988 (जिल्द-2, संख्या-2), पृ. 10
27. देखें, वही, अक्टूबर-दिसम्बर, 1887 (जिल्द-2, अंक-2, 3, 4)
28. देखें, भारत भारती की प्रस्तावना, पृ. 9

29. यह पत्र महावीर प्रसाद द्विवेदी ने दि. 19.04.11 में लिखा था। देखें, महावीरप्रसाद द्विवेदी रचनावली, खंड-14, पृ. 208
30. दि. 08.09.12 को लिखा पत्र, देखें, वही, पृ. 209
31. देखें, रामचन्द्र शुक्ल, हिन्दी साहित्य का इतिहास, पृ. 436
32. महावीरप्रसाद द्विवेदी रचनावली, खंड-2, पृ. 305
33. वही, खंड-14, पृ. 217
34. मैथिलीशरण गुप्त के लिए अज्ञेय द्वारा प्रयुक्त। देखें, स्मृतिलेखा, पृ. 34
35. आधार आर्य्यों के अटल जातीय-जीवन-प्राण का—

    है पाठ कैसा हो रहा श्रुति, शास्त्र और पुराण का।
    हे राम! हिन्दू जाति का सब कुछ भले ही नष्ट हो—
    पर यह सरस संगीत उसका फिर यहाँ सुस्पष्ट हो।
    —भारत भारती, पृ. 72
36. हिन्दू तथा तुम सब चढ़े हो एक नौका पर यहाँ,

    जो एक का होगा अहित तो दूसरे का हित कहाँ।
    सप्रेम हिल-मिलकर चलो, यात्रा सुखद होगी तभी;
    पीछे हुआ सो हो गया, अब सामने देखो सभी॥
    —भारत भारती, पृ. 111
37. रामचन्द्र शुक्ल, हिन्दी साहित्य का इतिहास, पृ. 416
38. मैथिलीशरण गुप्त, हिन्दू, पृ. 42
39. सियारामशरण गुप्त रचनावली, खंड-1, पृ. 193
40. 'हिन्दुओं का रणगीत, मंजु माधवी वृत्त' (1913-14), देखें, माखनलाल चतुर्वेदी रचनावली, खंड-6, पृ. 36
41. माखनलाल चतुर्वेदी रचनावली, खंड-4, पृ. 167-68
42. श्रीकान्त जोशी, सोच-समझ, पृ. 123
43. देखें, नामवर सिंह, छायावाद, पृ. 79
44. देखें, अज्ञेय, आत्मपरक, पृ. 6
45. आलोचना, नवांक-12, जनवरी-मार्च, 1970, पृ. 24
46. रामचन्द्र शुक्ल ने 'प्रियप्रवास' के लिए इसी पद का प्रयोग किया है। देखें, हिन्दी साहित्य का इतिहास, पृ. 413
47. वही
48. अज्ञेय, आत्मपरक, पृ. 6
49. रवीन्द्रनाथ के निबन्ध, खंड-2, पृ. 410
50. नंदकिशोर नवल, मैथिलीशरण गुप्त संचयिता की भूमिका, पृ. 15
51. कृष्णदत्त पालीवाल, मैथिलीशरण गुप्त : प्रासंगिकता के अन्तःसूत्र, पृ. 74
52. देखें, यशोधरा की भूमिका।
53. वही
54. मैथिलीशरण गुप्त, 'द्वापर' का मंगलाचरण, पृ. 11

55. देखें, मैथिलीशरण गुप्त, संचयिता, पृ. 18
56. रामचन्द्र शुक्ल, हिन्दी साहित्य का इतिहास, पृ. 418
57. देखें, विजयदेव नारायण साही, छठवाँ दशक, पृ. 282
58. मैथिलीशरण गुप्त, द्वापर की भूमिका (निवेदन), पृ. 9
59. रामधारी सिंह दिनकर : पंत, प्रसाद और मैथिलीशरण गुप्त, पृ. 43
60. देखें, रामचन्द्र शुक्ल, हिन्दी साहित्य का इतिहास, पृ. 417
61. देखें, मैथिलीशरण गुप्त, संचयिता, पृ. 25
62. देखें, रामचन्द्र शुक्ल, हिन्दी साहित्य का इतिहास, पृ. 417
63. वही, पृ. 418
64. देखें, विपिनकुमार अग्रवाल का निबन्ध 'एक तरह से देखो तो', आलोचना, नवांक-12, जनवरी-मार्च' 70
65. वही, पृ. 25
66. वाल्टर बेंजामिन, इल्यूमिनेशंस, पृ. 193

कविता क्या है?

1. रामचन्द्र शुक्ल, चिन्तामणि, भाग-3, पृ. 91-92
2. महावीरप्रसाद द्विवेदी रचनावली, खंड-2, पृ. 54
3. वही, पृ. 59
4. वही, पृ. 69
5. रामचन्द्र शुक्ल, चिन्तामणि, भाग-3, पृ. 91
6. वही, पृ. 91
7. वही, पृ. 94
8. वही
9. वही, भूमिका, पृ. 16
10. वही, पृ. 95
11. रामचन्द्र शुक्ल, चिन्तामणि, पहला भाग, पृ. 185
12. गांधीजी, हिन्द स्वराज, पृ. 49 (मध्यप्रदेश कांग्रेस कमेटी)।
13. देखें, नामवर सिंह, भूमिका, चिन्तामणि, भाग-3, पृ. 7
14. देखें, वही, पृ. 7-8
15. देखें, वही, पृ. 7
16. रामचन्द्र शुक्ल, चिन्तामणि, भाग-3, पृ. 26
17. देखें, वही, भूमिका, पृ. 7
18. देखें, वही,
19. वही, पृ. 27
20. वही, उद्धृत भूमिका, पृ. 17
21. देखें, इंग्लिश क्रिटिकल एस्सेज, सम्पा. एडमंड डी.जोंस, पृ. 200
22. देखें, वही

23. पूर्व उद्धृत, चिन्तामणि-3, पृ. 94
24. मार्क्स, ऑन आर्ट एंड लिटरेचर, पृ. 189
25. रामचन्द्र शुक्ल, चिन्तामणि, पहला भाग, पृ. 141
26. देखें, रामचन्द्र शुक्ल, चिन्तामणि द्वितीय भाग, पृ. 46
27. वही, पृ. 209
28. नामवर सिंह, भूमिका, चिन्तामणि-3, पृ. 19
29. वही, पृ. 93
30. देखें, रामचन्द्र शुक्ल, चिन्तामणि, पहला भाग, पृ. 161
31. वही,
32. देखें, रामचन्द्र शुक्ल, चिन्तामणि-3, पृ. 96-97
33. रामचन्द्र शुक्ल, चिन्तामणि, पहला भाग, पृ. 179
34. वही, पृ. 180
35. देखें, भूमिका, चिन्तामणि-3, पृ. 15
36. वही, पृ. 75
37. देखें, रामचन्द्र शुक्ल, चिन्तामणि, द्वितीय भाग, पृ. 1
38. देखें, रामचन्द्र शुक्ल, रस-मीमांसा, पृ. 292
39. रामचन्द्र शुक्ल, चिन्तामणि-3, पृ. 74-75
40. रामचन्द्र शुक्ल, चिन्तामणि-3, पृ. 74-75
41. रामचन्द्र शुक्ल, रसमीमांसा, पृ. 292
42. देखें, सास्यूर, कोर्स इन जेनरल लिंग्विस्टिक्स, पृ. 13-14
43. देखें, वही, पृ. 14
44. रोमान याकोब्सन, लिंग्विस्टिक्स एंड पोएटिक्स, संगृहीत-मॉडर्न क्रिटिसिज़्म एंड थिअरी, सम्पा. डेविड लॉज, पृ. 33
45. देखें, रामचन्द्र शुक्ल, सूरदास, पृ. 74
46. देखें, क्रिटिकल एस्सेज, सम्पा. एडमंड डी. जोंस, पृ. 199
47. रामचन्द्र शुक्ल, सूरदास, पृ. 76
48. देखें, नन्ददुलारे वाजपेयी, हिन्दी साहित्य की बीसवीं शताब्दी, पृ. 93
49. देखें, वही, पृ. 94
50. देखें, रामचन्द्र शुक्ल, चिन्तामणि, द्वितीय भाग, पृ. 219
51. वाल्टर बेंजामिन, सिलेक्टेड राइटिंग्स, खंड-2, पृ. 223

काव्यशास्त्रीय प्रस्थान बिन्दु

1. निराला, परिमल, पृ. 12
2. देखें, रामचन्द्र शुक्ल, चिन्तामणि, प्रथम भाग, पृ. 141, द्वितीय भाग, पृ. 209
3. देखें, रामचन्द्र शुक्ल, हिन्दी साहित्य का इतिहास, पृ. 453
4. वही
5. देखें, दूधनाथ सिंह, निराला : आत्महंता आस्था, पृ. 20

6. वही, पृ. 21
7. सुमित्रानंदन पंत, पल्लव, पृ. 22
8. निराला, प्रबन्ध-पद्म, पृ. 86
9. रामचन्द्र शुक्ल, हिन्दी साहित्य का इतिहास, पृ. 444
10. नामवर सिंह, छायावाद, पृ. 76
11. सूसन सौंटैग ने अपने प्रसिद्ध निबन्ध 'एगेंस्ट इंटरपेटेशन' में लिखा है, "व्याख्या का काम किसी काम का वास्तव में एक प्रकार से अनुवाद है।" देखें, ए सूसन सौंटैग रीडर, पृ. 97
12. रामचन्द्र शुक्ल, हिन्दी साहित्य का इतिहास, पृ. 454-55
13. वही, पृ. 458
14. "...साहित्य के मालियों (रीतिकाल के कवि) में से जिसकी विलास वाटिका में भी आप प्रवेश करें, सबमें अधिकतर वही कदली के स्तम्भ, कमल नाल, दाड़िम के बीज, शुक, पिक, खंजन, शंख, पद्म, सर्प, सिंह, मृग, चन्द्र; चार आँखें होना, कटाक्ष करना, आह छोड़ना, रोमांचित होना, दूत योजना, कराहना, मूर्छित होना, स्वप्न देखना, अभिसार करना;—बस इसके सिवा और कुछ नहीं!"—सुमित्रांनदन पंत, पल्लव की भूमिका, पृ. 21
15. डॉ. देवराज, छायावाद: उत्थान पतन—पुनर्मूल्यांकन, पृ. 54
16. नंददुलारे वाजपेयी, जयशंकर प्रसाद, पृ. 54
17. सुमित्रानंदन पंत ग्रन्थावली, खंड-6, पृ. 101
18. रमेशचन्द्र शाह, छायावाद की प्रासंगिकता, पृ. 113
19. देखें, मुक्तिबोध, कामायनी: एक पुनर्विचार।
20. उद्धृत, विलियम एम्पसन, द स्ट्रक्चर, ऑफ़ कम्पलेक्स वड्र्स, पृ. 339
21. रसभावादिविषयविवक्षाविरहे सति।
    अलंकारनिबंधो यः स चित्रविषयो मतः॥
    रसादिविवक्षा तु स्यात्तात्पर्यवती यदा।
    तदा नास्त्येव तत्काव्यं ध्वनेर्यत्र न गोचरः॥
    —ध्वन्यालोक (दीपशिखा की टीका), पृ. 335
22. देखें, नई कविता, सैद्धान्तिक पक्ष, खंड-एक, पृ. 67-72
23. वही, पृ. 70
24. देखें, ध्वन्यालोक, दीपशिखा टीका, पृ. 336
25. देखें, टेरी इगल्टन, मार्क्सिज्म एंड लिटररी क्रिटिसिज़्म, पृ. 8
26. रोमान याकोब्सन का लेख 'क्लोजिंग स्टेटमेंट: लिंग्विस्टिक्स एंड पोएटिक्स', टी.ए. सिबौक की सम्पादित पुस्तक: स्टाइल इन लैंग्वेज, पृ. 358
27. वही, पृ. 370
28. मलयज, कविता से साक्षात्कार, पृ. 115
29. विजयदेव नारायण साही, छठवाँ दशक, पृ. 207-08
30. देखें, रामविलास शर्मा, नई कविता और अस्तित्ववाद, पृ. 90 और आगे।

31. मलयज, संवाद और एकालाप, पृ. 76–77
32. फ्रांको मोरेती, साइन टेकेन फौर वन्डर्स, पृ. 105
33. उद्धृत, वही, पृ. 106
34. वही
35. उद्धृत, रोजमरे जैक्शन, फैंटैसी : द लिटरेचर ऑफ़ सबवर्जन, पृ. 28
36. देखें, नामवर सिंह, कविता के नए प्रतिमान, पृ. 201
37. देखें, मुक्तिबोध रचनावली, खंड–5/161
38. रामविलास शर्मा, नई कविता और अस्तित्ववाद, पृ. 256
39. देखें, देवीशंकर अवस्थी, आलोचना और आलोचना, पृ. 127
40. नकेन, केसरी कुमार द्वारा लिखी भूमिका 'पस्पशा', पृ. 113
41. देखें, नकेन, प्रपद्य–द्वादश सूत्री, पृ. क–ख
42. मार्टिन हाइडेगर, बीइंग एंड टाइम, पृ. 205
43. नकेन–2, पृ. क
44. डॉ. रघुवंश, साहित्य का नया परिप्रेक्ष्य, पृ. 214
45. केसरी कुमार, नकेन, पृ. 132
46. त्रिलोचन, काव्य और अर्थ–बोध, पृ. 129
47. देखें, कविताएँ शिवचन्द्र शर्मा की, अभिज्ञान प्रकाशन, रांची।
48. देखें, अशोक वाजपेयी की पुस्तक फिलहाल में लेख : 'अकविता एक नई रूमानियत'।
49. राजकमल चौधरी, बर्फ़ और सफ़ेद क़ब्र पर एक फूल, पृ. 116
50. देखें, नामवर सिंह, कविता के नए प्रतिमान, पृ. 132
51. राजकमल चौधरी, बर्फ़ और सफ़ेद क़ब्र पर एक फूल, पृ. 121
52. अशोक वाजपेयी, कुछ पूर्वग्रह, पृ. 50
53. ज्योतान तोदोरोव, फ्रेंच लिटररी थिअरी, पृ. 2
54. बद्रीनारायण, तद्‌भव–20, जुलाई–2009, पृ. 96
55. वही, पृ. 97
56. देखें, अशोक वाजपेयी, फिलहाल पुस्तक में लेख 'अकविता : एक नई रूमानियत'।
57. बद्रीनारायण, तथा, प्रवेशांक, पृ. 17
58. राजेश जोशी, एक कवि की नोटबुक, पृ. 114
59. तद्‌भव–20, बद्रीनारायण के लेख का शीर्षक।
60. पहल पुस्तिका, सितम्बर–अक्टूबर, 2005

कविता और प्रगीत

1. रामचन्द्र शुक्ल, चिन्तामणि, द्वितीय भाग, पृ. 209
2. देखें, पूर्वग्रह, 63–64
3. वही, पृ. 49
4. विष्णु खरे।
5. देखें, रेने वेलके, आस्टिन वारेन, साहित्य–सिद्धान्त, पृ. 299

6. देखें, वही, पृ. 300
7. ज्योतान तोदोरोव, श्जाँर इन डिस्कोर्स, पृ. 15
8. ओवेन बरफाइल्ड।
9. ज्योतान तोदोरोव, श्जाँर इन डिस्कोर्स, पृ. 14
10. नार्थ्रोप फ्राई, एनाटमी ऑफ़ क्रिटिसिज़्म, पृ. 271
11. उद्धृत, जोनाथन कुजर, स्ट्रक्चरलिस्ट पोयटिक्स, पृ. 162
12. देखें, नामवर सिंह, वाद-विवाद संवाद, पृ. 108
13. देखें, उद्धृत, वाल्टर बेंजामिन, इल्यूमिनेशंस, पृ. 163
14. रामविलास शर्मा, नयी कविता और अस्तित्ववाद, पृ. 247 (1993)
15. वही, पृ. 248
16. अडर्नो, एन अडर्नो रीडर, पृ. 213
17. देखें, रामचन्द्र शुक्ल, निबन्धः 'काव्य में लोकमंगल', 'चिन्तामणि', पहला भाग, 'रसमीमांसा' और 'सूरदास' में।
18. महादेवीः चिन्तन व कला, सं.-इन्द्रनाथ मदान, पृ. 9
19. रामचन्द्र शुक्ल, जायसी ग्रन्थावली, भूमिका, पृ. 50
20. शमशेर बहादुर सिंह, कुछ और कविताएँ, भूमिका, पृ. 5
21. देखें, रामविलास शर्मा, नयी कविता और अस्तित्ववाद, सं. 1993, पृ. 89
22. अडर्नो रीडर, पृ. 214
23. मंगलेश डबराल, कवि का अकेलापन, पृ. 19-20
24. रामचन्द्र शुक्ल, चिन्तामणि, पहला भाग, पृ. 229-30
25. पियर मिशरे, ए थिअरी ऑफ़ लिटरेरी प्रोडक्शन, पृ. 147
26. त्रिलोचन, काव्य और अर्थ-बोध (सम्पा. अवधेश प्रधान), पृ. 83
27. आलोचना, त्रिलोचन अंक का सम्पादकीय : 'एक नया काव्यशास्त्र त्रिलोचन के लिए'।
28. देखें, वाल्टर बेंजामिन, इल्यूमिनेशंस, पृ. 192-93
29. देखें, नामवर सिंह, वाद विवाद संवाद, पृ. 109
30. देखें, जोनाथन कुलर, स्ट्रक्चरलिस्ट पोएटिक्स, पृ. 161
31. वही, पृ. 162
32. रघुवीर सहाय, अर्थात, पृ. 140
33. ज्योतान तोदोरोव, श्जाँर इन डिस्कोर्स, पृ. 18

प्रतिमानों की राजनीति : कविता के नए प्रतिमान

1. उद्धृत, जॉन बेली, द रोमांटिक सर्वाइवल, पृ. 69
2. रघुवीर सहाय, यथार्थ यथास्थिति नहीं, पृ. 47
3. उद्धृत, एरिक हॉब्सबाम, दी एज़ ऑफ़ एक्सट्रीम्स, पृ. 226
4. मुक्तिबोध रचनावली, खंड-5, पृ. 331-32
5. नामवर सिंह, कविता के नए प्रतिमान, दूसरे संस्करण की भूमिका, पृ. 11
6. वही

7. वही, पृ. 12
8. कथ्य-रूप, 1988, पृ. 5
9. वही, पृ. 8
10. देखें, वही, पृ. 8
11. देखें, वही, पृ. 9
12. देखें, टेरी इगल्टन, लिटररी थिअॅरी, पृ. 47-48
13. देखें, वही, पृ. 50
14. नामवर सिंह, कविता के नए प्रतिमान, पृ. 174
15. पेटर बर्गर, थिअॅरी ऑफ़ आवाँगार्द, पृ. Iii-Iiii
16. देखें, टोनी बेनेट, आउटसाइड लिटरेचर, पृ. 171
17. देखें, 'कविता के नए प्रतिमान' में इसी शीर्षक से दूसरा अध्याय
18. देखें, कथ्य-रूप, 1988, पृ. 5
19. देखें, वही, पृ. 12-13
20. देखें, वही, पृ. 14
21. देखें, वही, पृ. 15
22. वाल्टर बेंजामिन, सलेक्टेड राइटिंग्स, खंड-2, पृ. 294

कविता का वर्तमान, कविता का भविष्य

1. अरुण कमल, सम्पादकीय, आलोचना : 35, पृ. 6
2. वही
3. एम.एम. बाख्तीन, आर्ट एंड आनसरबिलिटी, पृ. 1
4. वही
5. वही, पृ. 2
6. वही
7. मॉरिस ब्लैंशो, दी राइटिंग ऑफ़ डिजास्टर, पृ. 42
8. सल्वाडोर डाली का चित्र, जिसमें पिघली हुई घड़ियाँ हैं।
9. देखें, जोसफ ब्रोडस्की, ऑन ग्रिफ एंड रिजन, पृ. 201-02
10. रामचन्द्र शुक्ल, रसमीमांसा, पृ. 104

सन्दर्भिका

हिन्दी और हिन्दी में अनूदित

ग्रंथावली और ऐतिहासिक कृतियों को छोड़कर काव्यग्रंथों का विवरण नहीं।

अकबराबादी, नज़ीर, 1992, नज़ीर ग्रन्थावली (सम्पा. डॉ. नज़ीर), उत्तरप्रदेश हिन्दी संस्थान, लखनऊ।

अकबराबादी, नज़ीर, 1999, नज़ीर की बानी, (सम्पा. फिराक गोरखपुरी), वाणी प्रकाशन, नई दिल्ली।

अज्ञेय, 2003, सदानीरा, सम्पूर्ण कविताएँ-1, 2, नेशनल पब्लिशिंग हाउस, नई दिल्ली।

अज्ञेय, 2004, आत्मपरक, नेशनल पब्लिशिंग हाउस, नई दिल्ली।

अज्ञेय, 2006, स्मृति-लेखा, नेशनल पेपर बैक्स, नई दिल्ली।

अवस्थी, देवीशंकर, 1995, आलोचना और आलोचना, वाणी प्रकाशन, नई दिल्ली।

आज़ाद, मुहम्मद हुसैन, 1975, आबे-हयात, नेशनल बुक ट्रस्ट, नई दिल्ली।

आनन्दवर्धन, 1989, ध्वन्यालोक, (टीका : चण्डिका प्रसाद शुक्ल), विश्वविद्यालय प्रकाशन, वाराणसी।

खत्री, अयोध्याप्रसाद, 1960, अयोध्याप्रसाद खत्री स्मारक ग्रन्थ (सम्पा. आचार्य शिवपूजन सहाय, नलिन विलोचन शर्मा), बिहार राष्ट्रभाषा परिषद्, पटना।

खत्री, अयोध्याप्रसाद, 2008, खड़ी बोली का पद्य, पहला और दूसरा भाग, (सम्पा. रामनिरंजन परिमलेन्दु), साहित्य अकादेमी, नई दिल्ली।

गांधी जी, 1995, हिन्द स्वराज, नवजीवन प्रकाशन मन्दिर, अहमदाबाद।

गुप्त, जगदीश, (सम्पा.), 2000, नई कविता : काव्य पक्ष, लोकभारती प्रकाशन, इलाहाबाद।

गुप्त, जगदीश, (सम्पा.), 2000, नई कविता : सिद्धान्त पक्ष, लोकभारती प्रकाशन, इलाहाबाद।

गुप्त, जगदीश, (सम्पा.), 2000, नई कविता : आलोचना पक्ष, लोकभारती प्रकाशन, इलाहाबाद।

गुप्त, मैथिलीशरण, 2035 वि., रंग में भंग, साहित्य सदन, झाँसी

गुप्त, मैथिलीशरण, प्रथम प्रकाशन 1910, जयद्रथ वध, साहित्य सदन, झाँसी।

गुप्त, मैथिलीशरण, 2004, भारत-भारती, साहित्य सदन, झाँसी।

गुप्त, मैथिलीशरण, 2002, हिन्दू, साहित्य सदन, झाँसी।

गुप्त, मैथिलीशरण, 2002, संचयिता, (सम्पा. नन्दकिशोर नवल), राजकमल प्रकाशन, नई दिल्ली।
गुप्त, मैथिलीशरण, 2004, द्वापर, साहित्य सदन, चिरगाँव (झाँसी)।
गुप्त, मैथिलीशरण, 2006, साकेत, साहित्य सदन, चिरगाँव (झाँसी)।
गुप्त, सियारामशरण, 1992, सियारामशरण गुप्त रचनावली, खंड-1, 2 (सम्पा. ललित शुक्ल), किताबघर, नई दिल्ली।
गुलेरी, चन्द्रधर शर्मा, 1988, पुरानी हिन्दी और शेष रचनाएँ (सम्पा. डॉ. मनोहरलाल), किताबघर, नई दिल्ली।
गोरखपुरी, फिराक, 1962, उर्दू भाषा और साहित्य, हिन्दी समिति, सूचना विभाग, उत्तरप्रदेश, वाराणसी।
गोरखपुरी, फिराक, 2001, उर्दू कविता, वाणी प्रकाशन, नई दिल्ली।
चतुर्वेदी, माखनलाल, 1983, माखनलाल चतुर्वेदी रचनावली, 7 खंड, वाणी प्रकाशन, नई दिल्ली।
चतुर्वेदी, श्री नारायण, 1973, आधुनिक हिन्दी का आदिकाल, हिन्दुस्तानी एकेडमी, इलाहाबाद।
चौधरी, राजकमल, 1988, इस अकाल वेला में, (सम्पा. सुरेश शर्मा), वाणी प्रकाशन, नई दिल्ली।
चौधरी, राजकमल, 2006, बर्फ़ और सफ़ेद क़ब्र पर एक फूल, (सम्पा. देवशंकर नवीन), वाणी प्रकाशन, नई दिल्ली।
चौहान, शिवदान सिंह, 1999, परिप्रेक्ष्य को सही करते हुए, वाणी प्रकाशन, नई दिल्ली।
जोशी, राजेश, 2004, एक कवि की नोटबुक, राजकमल प्रकाशन, नई दिल्ली।
ठाकुर, रवीन्द्रनाथ, 1977, रवीन्द्रनाथ के निबन्ध, दो खंड, साहित्य अकादमी, नई दिल्ली।
डबराल, मंगलेश, 2008, कवि का अकेलापन, राधाकृष्ण प्रकाशन, नई दिल्ली।
तलवार, वीरभगत, 2005, रस्साकसी, सारांश प्रकाशन, नई दिल्ली।
त्रिपाठी, रामनरेश, 2007, काव्य-संकलन (सम्पा. आनन्द कुमार त्रिपाठी), हिन्दी मन्दिर, सुल्तानपुर (उ.प्र.)।
त्रिलोचन, 1995, काव्य और अर्थ-बोध, साहित्य-वाणी प्रकाशन, नई दिल्ली।
त्रिलोचन, 2002, त्रिलोचन संचयिता, (सम्पा. ध्रुव शुक्ल), वाणी प्रकाशन, नई दिल्ली।
त्रिशूल, त्रिशूल तरंग, प्रकाशक अज्ञात।
त्रिशूल, 1921, राष्ट्रीय मंत्र, प्रकाशक-पं. रमाशंकर अवस्थी।
दास, श्री ब्रजरत्न,1962, भारतेन्दु हरिश्चन्द्र, हिन्दुस्तानी एकेडमी, इलाहाबाद।
दिनकर, रामधारी सिंह, 1973, मिट्टी की ओर, उदयाचल प्रकाशन, पटना।
दिनकर, रामधारी सिंह, 1984, संचयिता, भारतीय ज्ञानपीठ प्रकाशन, नई दिल्ली।
दिनकर, रामधारी सिंह, 1987, संस्मरण और श्रद्धांजलियाँ, नेशनल पब्लिशिंग हाउस, नई दिल्ली।
दिनकर, रामधारी सिंह, 1989, पन्त, प्रसाद और मैथिलीशरण, उदयाचल, पटना।
देवराज, 1975, छायावाद उत्थान पतन पुनर्मूल्यांकन, कल्पकार प्रकाशन, लखनऊ।

द्विवेदी, महावीरप्रसाद, 1995, महावीरप्रसाद द्विवेदी रचनावली, 15 खंड, (सम्पा. भारत यायावर), किताबघर, नई दिल्ली।

नकेन-2, 1981, पारिजात प्रकाशन, पटना।

नागार्जुन रचनावली-1, 2, 2003, राजकमल प्रकाशन, नई दिल्ली।

निराला, सूर्यकान्त त्रिपाठी, 1972, परिमल, गंगा पुस्तकमाला, लखनऊ।

निराला, सूर्यकान्त त्रिपाठी, 1998, निराला रचनावली, पे. बै. 8 खंड, (सम्पा. नंदकिशोर नवल), राजकमल प्रकाशन, नई दिल्ली।

पंत, सुमित्रानन्दन, 1977, तारापथ, (सम्पा. दूधनाथ सिंह), लोकभारती प्रकाशन, इलाहाबाद।

पंत, सुमित्रानन्दन, 2006, पल्लव, राजकमल प्रकाशन, नई दिल्ली।

पंत, सुमित्रानन्दन, 1980, सुमित्रानन्दन पंत ग्रन्थावली, 7 खंड, राजकमल प्रकाशन, नई दिल्ली।

परिमलेन्दु, रामनिरंजन, सं. 2059 वि., भारतेन्दु काल के भूले बिसरे कवि और उनका काव्य, नागरी प्रचारिणी सभा, वाराणसी।

परिमलेन्दु, रामनिरंजन, 2003, अयोध्याप्रसाद खत्री, साहित्य अकादेमी, नई दिल्ली।

पाठक, श्रीधर, 1999, श्रीधर पाठक ग्रन्थावली, (3 भाग), राजस्थानी ग्रन्थागार, जोधपुर।

पांडेय, मैनेजर, 2005, आलोचना की सामाजिकता, वाणी प्रकाशन, नई दिल्ली।

पालीवाल, कृष्णदत्त, 2004., मैथिलीशरण गुप्त: प्रासंगिकता के अन्त:सूत्र, राजकमल प्रकाशन, नई दिल्ली।

प्रसाद, जयशंकर, 1989, प्रसाद ग्रन्थावली, खंड-1, (सम्पा. रत्नशंकर प्रसाद), लोकभारती प्रकाशन, इलाहाबाद।

प्रेमघन, पं. बदरीनारायण उपाध्याय, 2003, प्रेमघन सर्वस्व, प्रथम भाग, हिन्दी साहित्य सम्मेलन, प्रयाग।

भारतेन्दु समग्र, 1989, हिन्दी प्रचारक संस्थान, वाराणसी।

मलयज, 1979, कविता से साक्षात्कार, सम्भावना प्रकाशन, हापुड़।

मलयज, 1984, संवाद और एकालाप, राजकमल प्रकाशन, नई दिल्ली।

मोदी, पुरुषोत्तमदास (सम्पा.), अन्तरंग संस्मरणों में जयशंकर प्रसाद, विश्वविद्यालय प्रकाशन, वाराणसी।

मिश्र, प्रतापनारायण, 1987, कवितावली (सम्पा. नरेशचन्द्र चतुर्वेदी), हिन्दी साहित्य सम्मेलन, प्रयाग।

मिश्र, प्रतापनारायण, ग्रन्थावली, 1987, हिन्दी साहित्य सम्मेलन, प्रयाग।

मिश्र, भवानीप्रसाद, 2003, संचयिता, (सम्पा. प्रभात त्रिपाठी), राजकमल प्रकाशन, नई दिल्ली।

मुक्तिबोध, ग. मा., 1980, पे.बै. 1985, मुक्तिबोध रचनावली (छः खंड), राजकमल प्रकाशन, नई दिल्ली।

नवल, नन्दकिशोर, 2006, कविता पहचान का संकट, भारतीय ज्ञानपीठ, नई दिल्ली।

रघुवंश, डॉ., 1968, साहित्य का नया परिप्रेक्ष्य, भारतीय ज्ञानपीठ प्रकाशन, वाराणसी।

रामगोपाल, 1964, स्वतंत्रता-पूर्व हिन्दी के संघर्ष का इतिहास, हिन्दी साहित्य सम्मेलन, प्रयाग।

रेने वेलेक और वारेन, 2000, साहित्य सिद्धान्त, लोकभारती प्रकाशन, इलाहाबाद।
वर्मा, महादेवी, 2000, महादेवी साहित्य समग्र, खंड-1, 3, (सम्पा. निर्मला जैन), वाणी प्रकाशन, नई दिल्ली।
वर्मा, लक्ष्मीकान्त, नई कविता के प्रतिमान, भारतीय प्रेस प्रकाशन, इलाहाबाद।
वर्मा, लक्ष्मीकान्त, 1996, नए प्रतिमान पुराने निकष, लोकभारती प्रकाशन, इलाहाबाद।
वाजपेयी, अशोक, 2007, फ़िलहाल, राजकमल प्रकाशन, नई दिल्ली।
वाजपेयी, अशोक, 2003, कुछ पूर्वग्रह, राजकमल, प्रकाशन, नई दिल्ली।
वाजपेयी, किशोरीदास, सं. 2033, हिन्दी शब्दानुशासन, नागरी प्रचारिणी सभा, वाराणसी।
वाजपेयी, नन्ददुलारे, सं. 2031 वि., आधुनिक साहित्य, भारती भण्डार, इलाहाबाद।
वाजपेयी, नन्ददुलारे, 1995, हिन्दी साहित्य: बीसवीं शताब्दी, लोकभारती प्रकाशन, इलाहाबाद।
वाजपेयी, नन्ददुलारे, 1976, जयशंकर प्रसाद, भारती भण्डार, इलाहाबाद।
वात्स्यायन, सच्चिदानंद (सम्पा.), 1986, सामाजिक यथार्थ और कथा-भाषा, नेशनल पब्लिकेशन, नई दिल्ली।
वात्स्यायन, सच्चिदानंद (सम्पा.), 1987, समकालीन कविता में छन्द, नेशनल पब्लिकेशन, नई दिल्ली।
वात्स्यायन, सच्चिदानन्द, 1996, स्मृतिच्छन्दा, नेशनल पब्लिशिंग हाउस, नई दिल्ली।
शर्मा, पद्म सिंह, 1951, हिन्दी उर्दू और हिन्दुस्तानी, हिन्दुस्तानी ऐकेडमी, इलाहाबाद।
शर्मा, नलिन विलोचन, 1956, नकेन, इंडियन नेशन प्रेस, पटना।
शर्मा, रामविलास, 1975, भारतेन्दु युग और हिन्दी भाषा की विकास परम्परा, राजकमल प्रकाशन, नई दिल्ली।
शर्मा, रामविलास, 1977, महावीरप्रसाद द्विवेदी और हिन्दी नवजागरण, राजकमल प्रकाशन, नई दिल्ली।
शर्मा, रामविलास, 1993, नई कविता और अस्तित्ववाद, राजकमल प्रकाशन, नई दिल्ली।
शर्मा, शिवचंद, 1965, कविताएँ शिवचंद शर्मा की, अभिज्ञान प्रकाशन, राँची।
शुक्ल, रामचन्द्र, 1959, चिन्तामणि, भाग-1, इंडियन प्रेस, इलाहाबाद।
शुक्ल, रामचन्द्र, सं. 2014, चिन्तामणि, द्वितीय भाग, सरस्वती मन्दिर, वाराणसी।
शुक्ल, रामचन्द्र, सं. 2042, हिन्दी साहित्य का इतिहास, नागरी प्रचारिणी सभा, काशी।
शुक्ल, रामचन्द्र, 1983, चिन्तामणि-3, राजकमल प्रकाशन, नई दिल्ली।
शुक्ल, रामचन्द्र, सं. 2023 वि., रसमीमांसा, काशी नागरी प्रचारिणी सभा, काशी।
शुक्ल, रामचन्द्र, सं. 2030 वि., सूरदास, नागरी प्रचारिणी सभा, वाराणसी।
शुक्ल, रामचन्द्र (सम्पा.), 2035 वि., जायसी ग्रन्थावली, काशी नागरी प्रचारिणी सभा, वाराणसी।
सहाय, रघुवीर, 1984, यथार्थ यथास्थिति नहीं, (सम्पा. डॉ. सुरेश शर्मा), वाणी प्रकाशन, नई दिल्ली।
सहाय, रघुवीर, 2008, अर्थात्, राजकमल प्रकाशन, नई दिल्ली।
साही, विजयदेव नारायण, 1987, छठवाँ दशक, हिन्दुस्तानी एकेडेमी, इलाहाबाद।

साही, विजयदेव नारायण, 1991, वर्धमान और पतनशील, वाणी प्रकाशन, नई दिल्ली।
सिंह, दूधनाथ, 1972, निराला, आत्महन्ता आस्था, नीलाभ प्रकाशन, इलाहाबाद।
सिंह, नामवर, 1974, कविता के नए प्रतिमान, राजकमल प्रकाशन, नई दिल्ली।
सिंह, नामवर, 1979, छायावाद, राजकमल प्रकाशन, नई दिल्ली।
सिंह, नामवर, 1983, आधुनिक साहित्य की प्रवृत्तियाँ, लोकभारती, इलाहाबाद।
सिंह, नामवर, 1989, वाद विवाद संवाद, राजकमल प्रकाशन, नई दिल्ली।
सिंह, नामवर, 1994, कहना न होगा, (सम्पा. समीक्षा ठाकुर), वाणी प्रकाशन, नई दिल्ली।
सिंह, शमशेर बहादुर, 1989, शमशेर बहादुर की कुछ गद्य रचनाएँ, (सम्पा. मलयज), सम्भावना प्रकाशन, हापुड़।
सिंह, शमशेर बहादुर, 1990, प्रतिनिधि कविताएँ, (सम्पा. नामवर सिंह), राजकमल प्रकाशन, नई दिल्ली।
सिंह, शमशेर बहादुर, 1992, कुछ और गद्य रचनाएँ, (सम्पा. रंजना अरगड़े), राधाकृष्ण प्रकाशन, नई दिल्ली।
हरिऔध, अयोध्यासिंह उपाध्याय, 1930, प्रियप्रवास, खड़गविलास प्रेस, बांकीपुर (पटना)।
हरिऔध, अयोध्यासिंह उपाध्याय, सं. 2013, बोलचाल, हिन्दी साहित्य कुटीर, वाराणसी।
हरिऔध, अयोध्यासिंह उपाध्याय, 2021 वि., रसकलस, हिन्दी साहित्य कुटीर, वाराणसी।
हरिऔध, अयोध्यासिंह उपाध्याय, 2032 वि., वैदेही वनवास, हिन्दी साहित्य कुटीर, वाराणसी।
हरिऔध, अयोध्यासिंह उपाध्याय, 1940, पारिजात, लहेरिया सराय (बिहार)
हुसैन, एहतेशाम, 2002, उर्दू साहित्य का इतिहास, लोकभारती, इलाहाबाद।

अंग्रेज़ी और अंग्रेज़ी में अनूदित

Adorno, 1986, Adorno Reader, (ed., Brain O'Connor), Blackwell, Oxford.
Althusser, Louis, 1982, Montesquieu, Rousseau, Marx, Verso, London.
Bakhtin, M.M., 1990, Art and Answerability, University of Texas Press Austin.
Belly, Jhon, 1957 Romantic Survival; A Study in Poetic Evolution, Constable, Londan.
Benjamin, Walter, 1982, Illuminations, Fontana Collins.
Benjamin, Walter, 1997, Selected Writings (2 Vol.), The Belknap Press of Harvard University Press, Cambridge.
Blanchot, Maurice, 1995, The Writing of the Disaster, University of Nebraska Press, Lincoln and London.
Brodsky, Joseph, 1995, On Grief and Reason : Essays, Farrar Straus Giroux, New York.
Bürger, Peter, 1984, Theory of the Avant-Garde, Manchester Unv. Press.
Culler, Jonathan, 1973, Structuralist Poetics, Routledge, London.
Culler, Jonathan, 2002, The Pursuit of signs, Routledge, London.
Edmund, D. Jones, 1961, English Critical Essay, Oxford University Press, London.
Eagleton, Terry, 1983, Marxism and Literary Criticism, Methuen & Co. Ltd.

Eagleton, Terry, 1983, Literary Theory : An Introduction, Basil Blackwell, Oxford.

Eagleton, Terry, 1986, Criticism and Ideology, Verso, London.

Eliot, T.S., 1958, Selected Prose, Penquin Books, Great Britain.

Eliot, T.S., 1969, On Poetry and Poets, Faber and Faber, London.

Frye, Northrop, 1957, Anatomy of Criticism, Princeton University Press, London.

Jakobson, Roman, 'Closing Statement : Linguistics and Poetics' in T.A. Sebeok (ed.), Style in Language, Cabridge Mass. M.I.T. Press.

Jakobson, Roman, 1966, Linguistics and Poetics, in Modern Criticism and Theory : A Reader, David Lodge (ed.) Longman.

Halle, Morris, Fundamental of Language, (Janua Linguarum Series Minor, I, The Hague, Mouton, 1956).

Hardwick, Eligabeth (ed.), 1983, A Susan Sontag Reader, Penguin Book, England.

Heidegger, Martin, 1967, Being and Time, Oxford Basil Blackwell.

Hough, Graham, 1966, An Essay on Criticism, Gerald Duckworth & Co. Ltd., London.

Jackson, Rosemary, 1981, Fantasy : The Literature of Subversion, Methuen, London and New York.

Kristeva, Julia, 1983, Desire in Language, Basil Blackwell, Oxford.

Lodge, Devid (ed.), 2000, Modern Criticism and Theory, Longman, U.K.

Macherey, Pierre, 1978, A Theory of Literary Production, Routledge & Kegan Paul, London.

Marx/Engels, 1976, On Literature and Art, Progress Publishers, Moscow.

Mayakovsky, V., 1987, Volume-3, Reduga Publishers, Moscow.

Moretti, Franco, 1983, Signs Taken for Wonders, Verso Editions, London.

Orsini, Francesca, 2002, The Hindi Public Sphere, Oxford, New Delhi.

Rai, Alok, 2002, Hindi Nationalism, Orient Longman, New Dehli.

Saussure, Ferdinand de, 1974, Course in General Linguistics, Fontana,

Todorov, T., 1981, Introduction to Poetics, The Haserster Press, U.S.A.

Todorov, T., 1982, French Literary Criticism, Cambridge University Press, Cambridge.

Todorov, T., 1995, Genres in Discourse, Cambridge University Press, Cambridge.

Velery, Paul, 1958, The art of Poetry, (Translated by Denise Folliot), Routledge & Kegan Pual, London.